"十二五"国家重点图书出版规划

客家研究文丛·客家经典书系

客家学的正本清源

谭元亨 著

华南理工大学出版社
·广州·

图书在版编目（CIP）数据

客家学的正本清源/谭元亨著. —广州：华南理工大学出版社，2024.4
ISBN 978 – 7 – 5623 – 7449 – 7

Ⅰ.①客… Ⅱ.①谭… Ⅲ.①客家人－民族文化－研究－中国 Ⅳ.①K281.1

中国国家版本馆 CIP 数据核字（2023）第 200953 号

Kejiaxue de Zhengbenqingyuan

客家学的正本清源

谭元亨　著

出 版 人：柯　宁
出版发行：华南理工大学出版社
　　　　　（广州五山华南理工大学 17 号楼，邮编 510640）
　　　　　http://hg.cb.scut.edu.cn　E-mail：scutc13@scut.edu.cn
　　　　　营销部电话：020 – 87113487　87111048（传真）
策划编辑：王　磊
责任编辑：刘一行　王　磊
责任校对：盛美珍
印 刷 者：广州市人杰彩印厂
开　　本：787mm×960mm　1/16　印张：12.75　字数：213 千
版　　次：2024 年 4 月第 1 版　印次：2024 年 4 月第 1 次印刷
定　　价：58.00 元

版权所有　盗版必究　　印装差错　负责调换

目录

绪论　大历史、大数据：为客家学正本清源 ·················· 1

一、谱牒与血脉 ·················· 12
　　祖地：身份认同与精神谱系 ·················· 12
　　姓氏·谱牒·地域与精神传承 ·················· 19
　　郭氏文化略述——从郭璞说起 ·················· 25

二、"土著说"证伪 ·················· 29
　　客家与畲族："土著说"证伪——关于畲族族源问题 ·················· 29
　　《度戒》：一个族群成人仪式的礼赞 ·················· 36

三、客家的人文生态 ·················· 43
　　从义招到程乡，解读客家先民在粤东的聚落 ·················· 43
　　河源的"三重绿色" ·················· 49
　　广州客家，作为都会客家之研究 ·················· 52
　　客家与南方的人文生态群落 ·················· 63

四、"客人开埠" ·················· 68
　　历史投影与未来构想 ·················· 68
　　"客人开埠"：海上丝绸之路上的盛誉 ·················· 77
　　潮汕铁路民营-国有-民营模式的反复与辛亥革命之爆发 ·················· 80
　　悲悯情怀：香花佛事与客家文化的遗传图式 ·················· 84

五、传统与创新 … 90
从"地方主义"到改革开放——叶剑英与广东经济建设思想的演进 … 90
客家人的"全球化" … 95
客家人真正的自我实现 … 97
客家协同创新平台的培育与建设 … 105

六、文化泥土与精神建树 … 112
客家文学：身份的认同与背离——客家长篇文艺作品的主题思考 … 112
《客家魂》：家族、族群、血脉与乡愁 … 118
文学人类学视野下的客家人 … 125
欲知大道，必先为史——评罗可群的《现代广东客家文学史》 … 132
爱情、历史与文化泥土——评韩素音长篇小说《瑰宝》 … 134
结语 … 139

七、两岸客家 … 141
中国内地客家学术研究现状与海峡两岸客家关系展望 … 141
《广东客家史》编后断想 … 149

八、全面深化客家历史研究 … 154
从近古到当代的客家研究 … 154
全面地提升客家历史研究的品位 … 163
不同地理空间的客家 … 168
处于不同时代大规模的历史变迁中的客家 … 170
当以新史观建构客家史 … 178

结束语　去中原化，还有客家学吗？ … 184

参考文献 … 197

绪论
大历史、大数据：为客家学正本清源

一

近年来，华南理工大学图书馆与华南理工大学出版社先后获得"中国客家文化大数据平台建立"等多个项目，这是新时代的契机，对于客家学的正本清源以及未来的发展，无疑是具有深远意义的。当今诸如"去中原化""客畲论"等说法，必将在大历史、大数据的佐证下得以清除，客家学将会更加健康地发展。

20世纪80年代中期，我就读于武汉大学。那时，武汉大学的学术开放程度在全国都是数一数二的：率先实行了学分制，可以任意选课，包括非本专业的课程。那时，吴于廑任武大的副校长，他讲授的世界史是全校热门课程。我不仅去听他的课，而且还与热衷于历史的同学一道，常上他家请教。其中有位历史专业的同学后来还出版了关于林则徐流放新疆的长篇历史纪实。而我，则就世界史上的"世界民族大迁徙"提出了问题。毕竟我身上流有客家人的血液，当时也多少了解一些"客家中原说"。世界民族大迁徙，肇因是欧亚大草原遭遇"冰川期"，原来地肥水美的草原适合游牧民族休养生息，可"冰川期"一到，旱魃肆虐、牧草枯萎，已不适合匈奴人生存了。但是世界史上记载的是西匈奴人向西横扫，一直攻打到今日的匈牙利，最终导致古罗马沦落，末了，则是"千年黑暗时代"中世纪的到来。我当时向吴老提出的问题是："世界民族大迁徙"只有西方部分，是否缺少了东方部分？五胡乱华和永嘉之乱导致"衣冠南渡"，其大迁徙的规模未必比西方的小。但是，华夏文明却不曾有像古罗马文明覆灭般的命运，还出现了相对于西方"千年黑暗时代"的盛唐。记得吴老当时很高兴地说道："没想到，你这搞文学的却提出了搞历史的都不曾提出的历史问题。"

之后，我又读了陈寅恪的《述东晋王导之功业》①，此文称淝水之战阻遏了蛮族的南侵，"民族因得以独立，文化因得以续延。不谓民族之功臣，似非平情之论也"。而著名史学家雷海京更在《断代问题与中国历史的分期》中称："以公元383年淝水之战为分界点，中国四千年的文化历史被分为古典的中国和综合的中国两大周期。"他以此与世界史比较，认为中国文化的发展自外于世界史，是例外，却是得天独厚，大有作为。我国的学者们对这一"世界民族大迁徙"的东方部分，可谓厚爱有加。

于是，我尝试写出了题为《古希腊罗马文明的断裂与华夏文明之维系——补写世界民族大迁徙的东方部分》的史学论文，还向中国社科院哲学所所长、著名历史唯物主义学者王锐生求教，他鼓励道："就得有自己的创见。"

连我也没想到，在随后出版的几部世界史中，关于世界民族大迁徙的部分，作者几乎都采用了我的观点。由于参加国际客家文化研讨会，我把《古希腊罗马文明的断裂与华夏文明之维系——补写世界民族大迁徙的东方部分》一文的题目改写为《世界民族大迁徙中客家先民南渐新论》，之后几年间，此文被多次转载，从而奠定了我在客家研究中的地位，海外更有"前有罗香林，后有谭元亨"这一说。

严格地说，东方部分的大迁徙，主要是以汉民族为主的。客家先民只是这批汉人中的一部分，甚至不能算是主要部分。而这次大迁徙所造就或形成的民系或族群，则主要是"福佬"民系。中原人越过大别山上的光州固始，最早抵达武夷山以东。所谓"八姓入闽"，便是如今广东人称之为"福佬"的——闽南人，而闽南人也一直把光州固始视为他们在中原的"始发港"。

广东东部的潮汕人，亦即"福佬"，自然是闽南人——关于这点，我们后边再细说。

我在这里反复强调这篇论文，不是因为这篇论文的精确，也不是因为这篇论文产生的影响，而是因为这篇论文所催生或代表的研究方式——时下称之为"范式"，在当今的客家学中的作用与意义。

在"去中原化"甚嚣尘上的喧闹声中，罗香林创立的客家学几近被颠

---

①陈寅恪. 述东晋王导之功业［M］//金明馆丛稿初编. 北京：生活·读书·新知三联书店，2001.

覆,强调这一研究方式,自然是非常之必要的。

"范式"是大历史、大数据的研究方式,是以世界视野展开的宏观研究,避免、改变当今"一叶障目,不见泰山"的研究状况,让客家学重新扎稳自己的根基并擦亮眼睛,找回真正的历史。

二

我们不难看到,自秦汉以降,军事南下,文化北返,乃是中国大历史的题中之意。

仍回到当年世界民族大迁徙的东方部分,八姓入闽的路线已经很清晰了,而在粤东,"衣冠南渡"的前锋,至少已抵达义招——今广东省梅州市大埔县的范围内,这是很多学者引用过的:"义安郡有义昭(招)县,昔流人营也。义熙元年立为县。"①"义招"即是以义招徕流人之。而粤东立县之多,令人咋舌。当然,这不排除当时过度设县的弊端,但也能证明"流人营"之多,从中原南下的汉民族即便到此也仍成规模。换个角度看粤北,屈大均在《广东新语》中提到,侯安都数次招聚文士,有阴铿、张正见等名家,"梁曲江侯安都为五言诗,声情清靡,数招聚文士,如阴铿、张正见之流,命以诗赋,第其高下,以差次赏赐之。此皆开吾粤风雅之先者,至张子寿而诗乃沛然矣"。②《陈书》亦有"数招聚文武之士,或射驭驰骋,或命以诗赋,第其高下,以差次赏赐之"。有人称之为"始兴诗会",可见当日粤北有不少南下汉人聚居,否则,也称不上"开粤风雅之先"了。诚然,此时的始兴郡乃属湘州,而粤北成为客属地则比粤东晚上百年——粤北的客家人是在珠玑巷移民大批辗转落户珠江三角洲、又在明初被军队清空后(因当地曾支持陈友谅与朱元璋争帝)才填补进来的。

如果说永嘉之乱属于世界性大迁徙的一部分,那么中原人大批南下,则由安史之乱、黄巢之乱,以及后来的元兵扫荡、厓门之役造成。安史之乱不必细说,有当年众多大诗人的诗作为凭证。如李白在《永王东巡歌十一首·其二》中写道:"三川北虏乱如麻,四海南奔似永嘉。"杜甫的《无家别》有云:"寂寞天宝后,园庐但蒿藜,我里百余家,世乱各东西。"吴融在《和峡州冯使君题所居》中也有写道:"记得街西邻居否,投荒南去

---

① 王象之. 舆地纪胜 [M].
② 屈大均. 广东新语·诗语 [M]. 北京:中华书局,1997.

五千余。"……而史志上更明确,如《旧唐书·地理志》中称:"自中原多故,襄、邓百姓,两京衣冠,尽投江、湘。"《新五代史·商汉世家》更有:"是时,天下已乱,中朝人士以岭外最远,可以避地,多游焉。"

"岭外",自是南岭之外,粤地也。

罗香林在其著作中未提及安史之乱,我在此特补上一笔。而黄巢之乱已提及,这里就不赘述了。

两宋的形势,与当年的晋代及南北朝几近相似,但最后的结局则完全不同,蒙古兵并未止步于淝水,而是一直攻打到南海之滨,"崖山舟覆沙虫尽,重载天来再破荒"。

持"中原说"的学者达成了一个共识:客家民系或族群是在唐宋年间,而且主要是在宋代形成的。此时,大规模南下的汉人——他们来自中原,抑或江南,越过武夷山,进入夷蛮之地,脱离故土开始独立发展,从而使得这样一个民系得以形成且定型。他们视石壁为祖地,正是为了强调自己的汉民族血统与身份——这与广府人在南岭南脚下视珠玑巷为祖地一样。

自古以来,"郁孤台下清江水,中间多少行人泪"。一部大历史中,永嘉之乱、安史之乱、元军灭宋等,无不是逼得中原、江南一带的汉人一次又一次成规模地南下闽粤之地。因此,无论广府、潮汕(福佬)、客家,他们的第一祖地,都是中原而非他处。这是不可否认、史所共识的事实。"客畲论"凭什么说宋朝时的赣闽粤边区皆是畲族而无中原南来的汉人?凭什么把畲族加到了整个客家人的头上?

在医学伦理学中,不可以只挑符合自己需要的少数个案冒充整体,从而让不良药物来蒙骗所有患者,这是性命攸关的原则问题。像人类学的基本方法论田野调查,只取符合自己的观点的个案,抓住一点,不及其余,从而把少量的个体说成大量的事实依据,歪曲历史捏造历史——这对于一个民族,同样是性命关天的原则问题,这便是"去中原化"的要害所在。可以说,历史研究和人类学调查存在问题,这绝对不是创新,或者什么"范式"问题,而是重新祭起当日侮蔑客家人的白幡。

一部中原汉人南下的大历史当有大数据的支撑,有些人无视这样的大数据,以偏概全,甚至视而不见,其后患显而易见。

平心而论,对于客家形成之前的大历史,我们深化得还不够,不少历史类著作甚至不及罗香林早期的论述,也许人们以为那样就够了。就算在今天，衣冠南渡、文化中心南移，也务必需要借助大数据作支撑，而不是简单地描绘出固始、过筷子巷、越武夷山到宁化，以及上杭瓦子街几个节点或中转站就够了的。客家形成之前的大历史同样要做得扎实、深厚才足以服人。如今，"去中原化"者或多或少是无视这一点的。

三

一种"取消客家"的新论认为，客家人的族谱上不乏"福佬"（闽南人）或广府人属地的记录，所以客家人应是由这两大民系在内的"南方各民系相互融合而成的"[①]。诚然，广府人、闽南人的形成都比客家人早得多。于是，更有人得出结论：客家人只是广府人的一部分，客方言更与广府次方言，即下四邑话尤其是台山话相似，因此"客家人"无非是罗香林等学者在20世纪编造出来的，事实上并不存在。

在广东，也许我们更能明确地区分出三大族群的不同之处，不至于仅靠谱牒、个案便妄自下结论。我曾举过一个例子：在广府中心区的番禺，有一个"阙里南宗"，是孔家一个支脉在广府的开基地，建立时间早于唐代，因为当年请韩愈写祭鳄鱼文的孔戣已是岭南东道的官员，后来该支脉分为十一房，散布广东各地。我观看了他们的祭祖仪式，发现这十一房中，从潮汕地区来的讲潮汕话，从客家地区来的讲客家话，而从五邑（由四邑演变来的）来的讲五邑的广府次方言。同一个家族的人，由于去的地方不同，他们也就各自成了潮汕人、客家人、五邑人。类似的情况还有不少，如广州著名的陈家祠，则是广东全省陈氏家族共同捐献建成的，这些家族也同样来自不同族群属地。广东有句话："天下李，广东陈。"可见广东陈姓居多。福建也有"林陈半天下"一说，陈姓也不少，但这并不能成为取消各大族群的理据。

其实三大民系在广东的形成与定型，是有先后顺序的。

广府因汉武帝平定南粤、"广布恩信"而设的广信刺史部而得名。汉武帝在广信周遭设立的县，其密度堪比今天，足以证明当时从中原和平迁移而来的人口之多，西江流域由此成为广府人的摇篮。无疑，这批移民具有人数、经济与文化方面的优势，他们把中原文明带到了南方。迄今，粤语比其他方言保留了更多的古汉语成分，尤其是发音。

[①] 陈支平. 客家源流新论[M]. 广西：广西教育出版社，1997.

有人会问，为什么广府人把粤北珠玑巷视为其祖地？关于这个问题，我也曾著有专文：首先，民族危亡之际，南下汉人为了强化民族认同心理；其次，这批南下的中原人的数量同样十分巨大，与首期抵达的广府人迅速交融在了一起，所以，沿西江传播的广府方言与后期抵达珠江三角洲形成的广府次方言不至于互不相通，而且还有很多共同的发音。支持"取消客家论"的人提出，广府人中，相当一部分是宋末来到广东的，客家人也是在宋代才进入了客属地，而且二者的方言也近乎一致，所以客家人只能是广府人的一部分。

有人甚至以成百上千个词语去论证惠河音（即客语中的水源音）就是广府方言。惠河地区与梅州等地相比，的确要与广府属地接近得多，互相影响的概率也更高，因此处于边缘地区的方言相互渗透也就难免多得多，但是，只要我们看基本的发音就能辨别出广府话与惠河话显然不属于同一个语音系统，非把客家话说成广府话，哪怕论证成千上万个词语也无济于事。这一点，语言学家王李英、周日健已讲得很透彻了，这里就不重复了。

其实潮汕人与客家人更密切一些。在粤东，客家与潮汕交互的地方，已出现了"半山客"或"半潮客"，而在客家与广府交界处，却不曾出现什么"半广客"，可以说，客家人与福佬（闽南人或潮汕人）接触得要早一些。历史上，潮客械斗的记载也比广客械斗要少得多，更不曾发生类似双方伤亡上百人的广客"粤西械斗"（此事件被学者刘平写成《被遗忘的战争》一书）。客家人从形成之际，便在福建与粤东较早与福佬发生接触。历史上，有的客属地还一度被划入潮州府，以至于饶宗颐一度称客家学应从属于潮学，完全没把他的老师罗香林的话当真，虽然潮州府内自古以来便有"大埔无潮，澄海无客"的民谚。

而福佬人的形成，如前所述，则应发生在晋代，也就是世界民族迁徙发生之际。"八姓入闽"类似于汉代统治者于广信立刺史部之初，而陈政、陈元光父子率万人入闽，当类似于广府人南迁定居珠玑巷。由此，这一个族群便得以定型。唐代诗人张籍诗云："北人避胡多在南，南人至今能晋语。"当然，晋语并不完全等于福佬话，但是视福佬话即今天的闽南话为中古汉语，并非虚言。

江西与闽西客家祖地同为客家摇篮，宋元乃至明初，东江与汀江皆是客家人继续南迁的水路。而宋元之后，古汉语已不复存在，故若干语言学家论证，客家话已是最后期的古汉语了。而南迁的客家人从赣南至东江中下游惠河地区和从闽西经汀江进入嘉应、潮州府，因广府人已据有西江、珠江三角洲，潮汕人已据有海滨的潮汕平原，客家人只能居于粤东北山地一带，再往西南渗透，蛙跳似地建立新的飞地。这一时间差及迁徙路线注定了他们不可能是由广府人或潮汕人等"南方各民系相互融合而成"，他们抵达的时间、各自的地域边界乃至文化边界，均是相当分明的，直到今天仍是如此，以此否定他们的中原血统，实属无稽之谈。

四

厓门战役之后，汉人所建立的制度、经济、文化都遭到了不同程度的破坏，所以人们认为，包括族谱在内，元明时期的记录大都是不可靠的，以攀附形成的谱牒，最多只能认到明初。这样一来，就给了"去中原化"论者可乘之机。他们只认可明代以来，从赣闽粤边向外扩张的客家迁徙，而把这之前的大迁徙史抹得干干净净。

就赣闽粤边而言，并不只存在向外迁徙，还有向内流动——粤北梅州、龙川的客家人再度反迁到了赣南，从而在赣南客家中有了"老客""新客"之分。我曾到井冈山上山下乡五年，那里大都是新客，来自兴宁与龙川等粤东地区。不少广东学者上赣南深入调研，也证实了新客多于老客的事实。

在割断了中原血脉之后，称赣闽粤边为畲地，明代的客家迁徙即畲客的扩张，从而称客家不是非地域文化，而是与粤、湘一般同的地域文化，即赣闽粤边地域文化，在"去中原化"之后进一步"去客家化"，也就大功告成了。

赣闽粤边竟然不是中原血统的客家大本营，而是畲族属地么？

畲族迁往广东的路线是自西向东的，视粤东凤凰山为其祖地，其民族史诗中有"广东路上有祖坟"的说法，指的便是凤凰山。凤凰山主要接壤的是潮汕地区而非客家地区。畲族并未止步于凤凰山，他们从此向北，历江西、闽西，最后到达了浙江南部。畲族在前往粤赣南的路上留下了不少以他们民族命名的地名，如"畲坑""茅畲"等。有些地名显然是当地人取的，指有畲族人在那里待过、烧过荒（畲族保留原始的刀耕火种方式，一旦烧出的地不再肥沃了，便立即迁往别处，一路烧山而去）。由于他们的生产方式落后，整个族群的繁衍显然并不旺盛，所以总人口增加速度也不快。1994年,我担任《中华民族风情录》(国家民族事务委员会项目)总撰稿时,全国的畲族人口才六七十万。由于他们的流动性太大,形成的稳定居所不多,所以在过去不仅无自治县,连一个畲族的镇也不多,不似其他民族还能有自治区、自治州。直到20世纪80年代中期,因各种考虑,他们最后到达浙江南部才设立了景宁畲族自治县,人口约17万,尚包括其他民族。在广东,留下的畲族人很少,他们在自己的村落中说畲话,在广府区域说广府话,在潮汕地区则说潮汕话,而在客家属地,自然也就说客家话了。有人试图以"方言群"[①]界定客家人,其实这概念早在三四十年前已为中国台湾学者麦留芳[②]所用,依此观念,在客地说客话的畲族人也就成了客家人。

瑶族、畲族均有自己的图腾崇拜,这便是盘瓠。在瑶族千家峒或畲族畲村中心,一般都保存有盘王图腾,画的是龙犬,两个民族皆视其为祖先。而来自中原的客家人,以舞龙著称,乃龙的传人,且客家人吃狗肉,客家俗语有"狗肉滚一滚,神仙企不稳",说明客家人与畲族、瑶族信仰不同。

按计划生育政策,少数民族可以多生,客、潮属地的确有几万人要求恢复原来的畲族身份。客家人本来就重生育,这种繁衍后代的诱惑不可谓不大,但这几万人在客家人中的占比,又实在太少了,连1%都不到,甚至这几万人也不曾完全被认定为畲族。据1990年人口统计,经过申请与识别,广东畲族人口增加了约2万,其中包括广府、潮汕中的畲族人,不独是客家的。

我熟悉的是广东这边的情况,赣南、闽西实际情况如何?畲族人离开广东凤凰山"祖坟"向北迁移的速度,是否比他们在粤北、粤东时要慢一些?从而产生的影响是否也稍大一些?留下的钟、盘、雷、蓝姓是否也多一些?不过,钟姓在中原也是大姓,未必能说明钟姓就是畲族,在唐代有中兴名臣钟绍京,祖籍河南,只怕畲族那时还未出现。

中国有8000万至1个亿人口的客家人,而畲族只有100万人,数据并不对称,强行把客家人说成是畲族人,哪怕罗列上万个案,也是站不住脚的。畲族"路过"一说,我倒是从很多地方得到证实。

[①]王东. 那方山水那方人:客家源流新说[M]. 上海:华东师范大学出版社,2007.
[②]麦留芳. 方言群认同[M]. 台湾:台湾地区研究院民族学研究所,1985.

在清康熙年间，屈大均在《广东新语》中提到，"澄海山中有輋户""潮州有山輋"①。当时，"輋即猺族"，为了污蔑客家人，用的是"獠"，二者有区别，不能混为一谈。就算当时被视为少数民族，客家与畲族也从来不曾被看作同一个族群，而畲族也不曾因受官府歧视而隐身于"獠"中。

畲族从来就不是客家研究的症结，事实上也没有任何一位广东客家学者，把客家与畲族混同起来。就算是房学嘉的"土著论"，也只是把梅州发掘出的新石器时代的遗存视为古越人在这里生活过的依据，从而把古越人当作当今客家人的祖先，但这也与畲族无关。②我在1994年负责《中华民族风情录》总撰稿时，也只查到凤凰山、莲花山一带有畲族群居的记载，当时出版的《广东历史地理》③则称：经统计，广东畲族人口仅3000人，远比瑶族的10多万人少。如今，将近30年过去，那些在象牙塔里的非客家学者，却凭空将广东3000万客家人统统说成是畲族人，简直匪夷所思。

依此，凤凰山也成了客家人的祖地。

既然凤凰山在潮汕范围内，这些学者为何不去论证一下潮汕人就是畲族人呢？而且，潮汕人中蓝姓、雷姓的比例还大得多。

我到过粤西北，包括连南瑶族自治县，甚至为瑶家古寨南岗写过文章，后来又去了湖南江永城北的千家峒，专门为湖南作家王青伟的瑶族史诗《度戒》④写了颇长的评论。瑶族在湘粤两省有数10万人之多，评论中，我自然也写到了客家人，因为连南所在地周遭，基本是客家人，瑶族人出来做生意，自然都会说客家话。同样，在江永，那里的瑶族人也会说湖南话。如以"方言群"来界定，那么，瑶族人当划为客家人还是湖南人？这本是一个基本的生活常识问题，却被我们的学者玩弄"范式"弄得玄而又玄了。

社会科学发展到今天，具体如客家学，如何提升其科学性，吸取自然科学的成功经验，已迫在眉睫。传统社会科学以抽样调查为基础的数据获取与分析方法已到了非改不可的地步，而大数据正是从数据支撑的层面上改变这一现象。本文试图从大历史、大数据的角度对当今客家学中出现的

---

① 屈大均. 广东新语·輋人［M］. 北京：中华书局，1997.
② 房学嘉. 客家源流探奥［M］. 广州：广东高等教育出版社，1994.
③ 司徒尚纪. 广东历史地理［M］. 广州：广东人民出版社，1993.
④ 王青伟. 度戒［M］. 长沙：湖南人民出版社，2014.

所谓"方言群""客畲论"等谬论予以层层剥茧及证伪，否则，当贻害后世。

五

无论如何，军事南下、文化北返，是中国几千年的大格局，汉民族的中原南迁史是我们无法否认的。其间，于三四世纪出现的冰川时期所造成的世界民族大迁徙，于中国也是一个重要的节点，从那时开始，中原汉民族的南渡，一直不曾有多少改变。一位赞同"方言群"说的学者，不久前亦有专文论及自然气候的变迁，尤其是"冰川期"造成的人口迁移。当然，他并没有提及客家先民的南迁，但是，他对中原汉人南下这样的基本历史，却是无法回避的，那么他对"去中原化"又当如何解释？

从三四世纪东方部分的大迁徙开始，中原汉人南下现象一波又一波出现，包括更早到达广东的广府人，其相当一部分也是自南北朝历唐宋，先期沉积在了粤北，使得这一期间岭南的文化中心从广信迁移到了南韶连一线，出了阴铿、张九龄等一批文化名人。而珠玑巷移民南下珠江三角洲，这些移民并不仅仅指即时自梅岭下来的宋代难民，还有已在这里居住很多代的粤北人。对此，我已有专文论及。

形成一个民系或族群，不仅需要相应的规模、数量，还需要各自在不同的时间差中抵达不同区域发生集聚效应。为此，对福佬人而言，自是闽南；而对客家人而言，则是闽西，并自此开始脱离母体独立发展。在广东，凭此我们可以清晰地区别出来自西江、北江的广府人，来自东江、汀江的客家人和来自福建边域及海路的潮汕人。广府人自汉始，潮汕人自晋始，而客家人自宋明始。至于进入广东由粤西北向东迁至凤凰山，再转而北上的畲族人，几乎是与客家人逆向而行，而且也有一定的时间差。重要的是，畲族人基本上是"路过"，用烧荒的方式不断前行，在一处待不了多久。由于畲族人的数量对客家人而言实在是太不对称了，所谓客家即畲论是无法成立的。

恩斯特·卡西尔曾指出："尽管历史学不可能预告未来的事件，只能解释过去，但是人类生活乃是一个有机体，在它之中所有的成分都是互相包容互相解释的，因此，对已经逝去的过去的新理解同时能给予我们对未来的新展望，而这种展望反过来成了推动理智生活和社会生活的一种动力……认识是为了能够预见，预见是为了指导行动。"

客家学的研究当然不仅仅从属于历史学,但其指向是非常明确的。当今,我们进入了大数据时代,这对于大历史研究无疑是一件好事。对于数据采集,如客家、广府方言相似乃至相同的用词与发音的选取,还有海量的谱牒的筛选、采用,都存在一个数据质量的控制问题,无论是定量研究的数据,还是定性研究的资料,都受研究者的观念影响,先入为主、六经注我的现象比比皆是。

其实,无论是大历史,还是大数据;无论是史料、语音、谱牒的采集与选取,还是更广义的范围,一切历史都是思想史。其间,人类的精神史体现在方方面面,包括文化艺术、民俗风情。人们把谱牒等视为大历史,自然没错,从中同样可以有历史学、人类学的内容,但被视为阳春白雪的文学艺术或下里巴人的民俗风情,不也同样是题中之意么?所以本文无需引用李白、杜甫等大诗人的作品"以诗证史",而且在今天,"中原说"的铁杆大都是文学家、诗人等。

社会科学研究到了今天,已经与自然科学的实证研究愈来愈近了,大数据就是如此。世界民族大迁徙的动因,本身就是自然科学与社会科学的交叉融合,数据的推动使得二者的边界不再那么泾渭分明了,这有可能推动基本数据研究的科学共同体的建立。

一、谱牒与血脉

祖地：身份认同与精神谱系

改革开放以来，由于寻根文学发端，我从文学创作逐步转入了文化研究。如果说我在1981年写的《抓来的老师》表现了客属地老区崇文重教的传统，尚处于一种非自觉的族群意识状态，那么我在1987年动笔的《客家魂》三部曲则已经有了相当自觉的文化意识。其间，我开始发表有关客家学的研究论文，这才有了1992年桂林会议上引发争论的《世界民族大迁徙中客家先民南迁新论》。从此，便一发不可收，有了近千万字的研究与创作专著。而我对广府学的研究则相对靠后，是从20世纪90年代重返广东后，即1993年开始关注珠玑巷移民、1996年考察古广信人文地理、2004年寻找良溪罗贵落籍地后，逐渐累积起来的。迄今为止，也有了诸如《广府寻根》《千年国门》《罗贵传奇》《正道沧桑》《十三行遗嘱》四卷本等数百万字的作品。

在广东，客家与广府这两个民系不仅方言迥异，而且民系文化个性也有着非常鲜明的对比。这两个民系的发生，无论从时空上，还是从文化、精神上，都有着不少可比之处，从中可以引发出更多更好的深刻思考。本章节仅就"祖地"本身展开讨论。

1. 从地望到祖地

我曾写有《祖地的解读》一文，正是将宁化石壁的客家祖地与南雄珠玑巷的广府祖地作了一个初步的比较，不妨引用其中的一小节作为本文的引子，再进一步深入阐释。

《祖地的解读》是从地望入手，进而论及祖地的发生：

在中国的南方，无论哪个民系都很在乎自己的"祖地"（开基之地）。而这些"祖地"或"开基地"并不在中原——这本可以依姓氏的源流一直追溯到中原，因为姓氏的堂号都很清晰地指明了这个姓氏在中原的相应位置,如王姓为"三槐堂",属太原郡;陈姓为颍川堂,出自河南许昌;张姓为清河堂;罗姓为豫章堂;周姓为汝南堂;郭姓为汾阳堂;刘姓为彭城堂;黄姓为江夏堂;韩姓为南阳堂……这里罗列的,都是客家的大姓,在百家姓中也都很靠前。无疑,这些姓氏的根在中原,他们的祖先最早开始生息的地方就是"地望"所在。所以姓氏对"地望"与"祖地"的指向是再明确不过的。中国人的姓氏源远流长,从伏羲氏开始的"正姓氏,别婚姻"算起,亦有五千年的历史,诚然,客家民系的姓氏亦不例外。《左传·隐公八年》云:"天子建德,因生以赐姓,胙之土而命之氏。"《通志·氏族略序》称:"三代之前,姓氏分而为二,男子称氏,妇人称姓。氏所以别贵贱,贵者有氏,贱者有名无氏……姓所以别婚姻,故有同姓、异姓、庶姓之别;氏同姓不同者,婚姻可通,姓同氏不同者,婚姻不可通。三代之后,姓氏合而为一,皆所以别婚姻,而以地望明贵贱。"

仅凭借姓氏,我们就可以追溯到几千年前,这是地球上除了中国没有哪个国家可以做到的。欧美各国,其姓氏大抵源于中世纪之后,再早,也就是古罗马帝国时期,也就两千多年,仅及我们的一半时间。

客家人以"郡望"自矜是众所周知的,那么他们为何不以姓氏的"地望"为最大的归宿,却非要认出又一个"祖地"来?为何广府人非要找出个"珠玑巷"为整个民系的开基之地呢?

我在研究客家民系之际,对相邻的民系,尤其是广府民系,也作了深入的研究,出版了多部有关广府民系的文化研究专著,在其中的一部《广府寻根》中,我是这么阐释的:

研究广府民系的形成,尤其是珠江文化或广府文化的"源"与"流",都不可能不触及珠玑巷的传说。这不仅在于广府民间一讲到祖上开基之处就必提到珠玑巷,甚至有的学者沿袭这一说法,去论证广府民系是直到珠玑巷时期才得以正式形成——这自然值得讨论,而且还在于这一传说所包含的文化意蕴,其在广府民系发展史中所具备的无可回避的重大影响。①

因此,学者们在写广府民系与广府文化时,无视珠玑巷,甚至不知珠玑巷,那便是对这一历史课题的无知。同时,他们如果对珠玑巷本身不加以研究,简单几笔带过,也同样不可能真正认识与了解广府民系及其

---

① 谭元亨. 广府寻根[M]. 广州:广东高等教育出版社,2003:180-181.

文化。

　　无疑，广府人有太深的"珠玑巷情结"——这被他们视为自己的汉文化之"根"，以此证明他们不曾脱离任何一部中国的整体文化史。然而这正是问题的症结所在。近年来，关于珠玑巷的研究沸沸扬扬，学者们出了不少书，提出了不少新的证据，也有一些不同的见解。其间，大量的观点是谱牒证明——至于谱牒的真伪，不少专家各有不同的说法，这里且不加以妄断。但研究一部文化史，有时更真实可信的依据，是那个时代的思想演变——那正是从史实中提炼出来的，不存在虚拟的可能。故史学家有思想史是唯一的"信史"一说。

　　因此，我们可以断言，珠玑巷的传说，与其说是基于大量谱牒的发现，予以进一步的证明，还不如说是产生于一个非常时期、作为一个民系共有的认同观念。这点，我在论及广府民系形成于"广信期"中提到——"珠玑巷传说"正是产生于中国积弱、屈辱，开始走下坡路的南宋时期。宋代进入"后儒社会"，实用理性占了上风，强调汉民族文化传统乃至汉族血统，而且南宋时期处于风雨飘摇之际，这相对激发起了汉人的民族文化自尊乃至血统至贵的观点，"珠玑巷传说"的内涵正是在此。民族危亡之际，南方人民激发自身的民族自尊、强化自身汉文化的身份，以强调汉民族于岭南开基，作为广府民系的汉族血统。

　　这里需说明的是，广府民系萌发于汉初之广信周遭，其"广"字便源自广信，并由广信派生出广州，又由广州分出广东、广西……否则无以解释珠玑巷移民南下（宋末元初）之前，生活在两广尤其是西江流域、珠江三角洲的百姓主体是什么人——我已在《广府寻根》作了充分的论证，这里就不复述了。

　　无独有偶，几乎在广府民系于珠玑巷"开基"的同时，在福建宁化之石壁，也有一个客家民系"开基"。对于广府民系而言，珠玑巷开基的意义主要在思想上，而非历史事实上。但是对于客家民系来说，石壁作为"客家祖地"，无论对思想还是对历史事实而言，都具有重要的意义。

　　两宋积弱，石壁的客家先民此时已具备形成一个独特民系的所有条件：第一，跨过了武夷山余脉进入福建，便割断了与中原紧密联系的脐带，开始了独立发展的历程；第二，汉民族的积弱、挨打，激发了他们更强的民族自尊，他们已作为一支独立的力量承担起了民族救亡的责任，有了思想上的传承及进一步成熟、提升的需要，即有了共同的文化意识；第三,客家方言也终于脱颖而出,不再被一再侵入中原古韵的其他民族语言所改变;第四,这批越过文化、军事边界的先民不再是零散的,而是有了相当的规模,彼此的认同不再有障碍……

我们不难在石壁的姓氏上找到有力的论证。

《宁化客家姓氏源流》的作者余兆廷先生据其所能收集的现有资料,做了细致的考证,他说:"据资料所载,自东汉开始,特别是在唐、宋、元之间,流迁于宁化的客家先祖姓氏相当频繁。……据现有资料统计,在宁化落籍(留居)过的姓氏近200个,其中,有谱牒依据的计129姓;未见谱牒而来自外地寻根问祖、地情书刊所载及1985年全县姓氏普查证实的姓氏有69个。"①

如今,每年都有上万的海内外客家人到设有152个姓氏的客家先祖牌位的石壁客家公祠朝拜,寻根问祖,自是有其充足理由的——在他们的族谱上,都明确记录有这样一个"祖地"的名字,他们的祖先曾经在这里聚落,而后才从这里走向如今的客家属地,走向世界。

那么,除开姓氏的"地望"——最早的祖地外,宁化石壁又为什么要被视为祖地,或者说第二祖地呢?这里作为地理上的空间区位便凸显了出来。

2. 身份认同与文化认同

我们不难解读出两大族群在不同地域中的文化定位乃至方言确认。而这种定位与确认,迄今几乎是一种共识了,没有太多的争论。

正如客家族群视赣州为客家摇篮,闽西为客家祖地,梅州为客都,河源为客家古邑,且将河源的水源音(或惠河话)确认为客家古音(这也是近30年来客家研究的并得到公认的成果),广府族群亦可视广信(含梧州、封开)为广府首府、发祥地,珠玑巷为广府祖地,广州至香港则是广府的轴心或中心,而五邑,即泛良溪之区域,也就是从珠玑巷南迁的移民最后抵达的珠江三角洲腹地,则成了广府乃至全国最大的侨乡。无论广府人还是客家人,均是两次到位乃至多次到位才得以形成。语言的多元化也说明族源的多元构成,广府有自广信至广州的标准白话,客家亦有梅州的标准客语,而五邑话与水源音也都同样是各自族群的次方言。这都已经没多少争议了。

---

①余兆廷. 宁化客家姓氏源流[M]. 北京:中国华侨出版社,2000:10.

摇篮与发祥地、祖地与开基地，标准白话与标准客语、古音与次方言……虽说表述上略有差异，但大致都一样。从宏观上而言，这种历史文化定位或许会因为不同时代的语境而有所变化，但各自的文化指向、历史内涵却已经不会有太大的歧义了，这也是改革开放以来文化的自觉、族群意识的自觉、多元一体格局的形成、思想解放与民主政治推进的表现。

我们可以找到这两大民系诸多的文化共性。

首先，从地理上看，众所周知，中原自古以来，对东南西北方位的族群，有着非常明确的"华夷"之分，"北胡""南蛮""东夷""西狄"的称呼就是这么来的，虽然后来大部分胡人都融入了汉民族当中，但汉民族的"华夷"意识却一直很是顽固，甚至延续到了近现代。中原的东南方位便是东夷、南蛮。著名的爱国将领袁崇焕在汉民族王朝统治的明代，每每还被崇祯皇帝唤作"南蛮子"。虽说他本是客家人，是中原汉族的后裔，他被冤杀，固然有清军反间计的原因，但与崇祯皇帝根深蒂固的"华夷之辨"的观念是密切相关的，他认为"南蛮子"与"北胡人"互相勾结，非我族类，其心必异。

我们也同样从大量的历史典籍中得知，汉族的前身华夏族的边界在东边，以武夷山脉为界，过了武夷山乃是"东夷"。同样，在南边，过了五岭也明显为"华蛮之界"。也就是说，过了五岭，即南岭，便是南蛮之地，而非汉族或华夏族的地域了。

因此，从江西（古华夏族或汉族地域）进入福建（东夷）、广东（南蛮），无疑是离开汉民族的世界而进入了异族的世界。而这时，如何重新确认自己的汉族身份，明确显示自身的世系乃汉族世界、是汉民族的正朔、是炎黄子孙呢？

这就需要一个证明其炎黄子孙身份、汉族根系的"第二祖地"。

于是，便有了广府民系珠玑巷的传说。

于是，客家人也几乎同时有了石壁葛藤坑的传说。

有了这么两个"祖地"，无论是客家人还是广府人，也就都有了与中原、与华夏文明史密切相关的历史渊源。否则，他们生活在夷蛮之地，并且子子孙孙都得在这里繁衍下去，又能怎么去认同中原，认同汉族，认同一部中国的历史，并昭示后人呢？这就不难理解，早已于汉代就有发祥地的广府人为何仍要在宋代时的南岭脚下确认自己的祖地。

这个观念，在民族危亡的宋代，殊为强烈。

张九龄凿开大庾岭道至产生珠玑巷传说之间有 600 年之久，正是这 600 年间，大量的中原移民过梅关古道，进入南雄、韶关等粤北地区，使那时粤北的人口比包括广州在内的南海郡要多得多。那么，为何把这 600 年的大迁徙都浓缩到了宋末元兵南下之际短短的几年间？为何广府民系数以千万计的后裔都在族谱上写下自己来自珠玑巷？不少学者已对此提出了质疑。

其实，广府人也同客家人一样，有着同样的身份认同，即：

（1）都是来自中原，根在中原，后来才在各自的祖地开基创业；

（2）都经历了大迁徙，身上有着迁徙的印记与血液；

（3）都凭借族谱、传说乃至神话，拥有汉民族的身份。

虽说到今天，仍有人对罗香林关于族谱"事出有因，不见正史；并无实据，不容忽视"①的观点提出非议，认为其研究非科学亦非行时了，但是，笼统地否认族谱的记载，恐怕更不科学。

我在这里强调族谱，并不是认同那些牵强附会的内容，也不是把神话传说当成了信史，而是想说明，当不少人视身份认同、文化认同为子虚乌有之际，族谱所揭示的血缘认同，却是再实在不过了的。

其实，身份认同、文化认同，也绝对不应视为虚的。

3. 不同的精神谱系

很多文字记载的历史都备受质疑，更不必说民间的野史以及族谱上的家族史了。但是，这些记载所揭示的历史思想的进程，却又是再真实不过了的。而一个民族，包括民系或族群，各自的精神史则更是无法否认，也无以篡改的了。

因此，包括神话、传说，也同样可以纳入精神史之中。进而言之，在特定的时空背景下人类的认知方式与所采取的表述方式，构成了不同层面上的历史。神话、传说则是其中的一个层面。换句话说，神话传说不仅可成为历史的一部分，更是人类鸿蒙初开之际一种特有的、不容抹煞的表述方式。

两大族群对祖地的解读，呈现出各自不同的精神史或思想史的谱系。

从神话的角度而言，客家人曾视"葛藤坑传说"为"创世纪神话"，客家人因此得到了拯救。我甚至还在一部关于犹太人的作品中，把葛藤坑

---

① 罗香林. 大地胜游记 [M]. 香港：亚洲出版社，1959.

传说与以色列的逾越节相提并论。

广府人的珠玑巷"胡妃传说"却与葛藤坑迥然不同。胡妃逃亡到珠玑巷并被追杀,被视为是造成珠玑巷居民大规模南下最重要的原因,可同是神话,同是迁徙的动因,客家葛藤坑农妇是一位被神化、几乎创造了世界的女性神灵,而胡妃却是招致灾祸的根源,最后连自己也不得不投井身亡。因此,在珠玑巷传说中,这才有罗贵率36姓97家一同南下的壮举,起到救世作用的不是女人而是男人了。罗贵的故事,也渐渐褪去了神话的成分,成为历史记载的事件。后人为罗贵及其儿子所建的墓就位于当时南迁后抵达的良溪,其族谱上也有几乎是翔实可信的历史文件,如《赴始兴县告迁徙词》《赴南雄府告案给引词》《南雄府给发文引》《冈州知州李从芳批》等十数份。

于广府人而言,神话最终被还原为现实。

而客家人则始终赋予神话一种浪漫主义情怀。

我们继续往下探究。

据考证,中国历史上被称为"珠玑巷"的地方有数十处之多,几乎都落在古代商业发达的历史名城,如洛阳、长沙、南昌等,且都是商业通衢、百货集聚的繁华之地。广府人在历史上素以经商出名,珠玑巷于他们而言,当实至名归。

而葛藤坑无疑是一个乡村的名字,叫葛藤坑的地方更有数百处之多。中国本就讲究耕读传家,以农耕为本,客家人身上的儒家文化色彩也就比广府人浓重得多。

客家人强调的大迁徙,是上千年来从中原到东南沿海的万里长旅,是几乎永无终止的风雨征程,更具神话色彩。

而广府人自珠玑巷到良溪的迁徙,仅仅是几个月、几百公里,虽说一路上也是险象环生,诸如散筏、破排、九死一生,但毕竟时间不长,也是真实发生的。

皇妃—农妇、商街—山乡、长旅—短途、神话—纪实等,当中的差异很明显。这些对比,构成了两大民系在大迁徙中不同的精神谱系。

无论是宁化石壁还是南雄珠玑巷,在历史的进程与文化演绎中,都一致被视为所在民系或族群的"祖地"。

当我们回顾并梳理这两个祖地形成的过程,可以与很多同类的圣地相比较,如国外三大宗教的圣地耶路撒冷,如国内畲族人的凤凰山等。可见，这已非一种文化特例，而是在长久的竞争与文化传统的博弈中多维发展起来的，使人们获得一种认同。

如今的珠玑巷，已经不复有广府人了，可广府人仍一如既往地前往祭祀乃至朝拜。

在这点上，宁化石壁是有幸的，迄今，客家人仍是那里的主人，并以东道主的身份，在第25届世客会上，迎接来自全世界的客家人！

姓氏·谱牒·地域与精神传承

广东有"天下李，广东陈"的说法，可见在广东的陈姓人口之多。在广府、客家、潮汕三大族群里，陈姓都占优势，尤其是客家、潮汕的陈姓比例更高。

而在福建，则有"陈林半天下"之说，依旧是陈姓占优势——无论是在闽南还是客家都如此。

姓氏的分布，每每与族群的迁徙有关。陈姓以如此之大的比重分布在粤闽两大省，当与客家人、闽南人的迁徙分不开。而在中国历史上，有记载的、规模最大的一次迁徙，则是西晋末年的"永嘉之乱"所引起的"士族南渡"。而中原士族离开故土的最后一站，则是处于大别山阴的光州固始，所以，无论是闽南人还是客家人，他们的原乡或祖地都是固始。《闽中记》称："中原士族林、黄、陈、郑先入闽。今闽人皆称固始人。"书中只提到四个姓，其中已有林、陈二姓，而史称"八姓入闽"，则是路振的《九国志》中说的，河洛"衣冠入闽者八族，所谓林、黄、陈、郑、廖、丘、何、胡是也"[①]。

其实，有的"入闽"者并未止步于闽，而是往南进入了粤东，当时在今广东大埔县有一个"义招"县，其意就是以中原之义招募流人，其时义招周围已形成了不少"流人营"，皆是由南下的中原人组成的。后来，有一句谚语说"大埔无潮，澄海无客"，也就是说，大埔只有客家人而没有潮汕人（福佬），澄海则相反。从地理位置上看，大埔偏内地，是山区，澄海则在海滨，在大埔与澄海之间，则有广东的饶平、福建的诏安。这两个县则客人、潮人皆有，亦有称"半潮客"或"半山客"的人。这些地方

---

①路振.九国志[M]//福州府志·外记.

的客家人中陈姓居多，也不乏林姓。

然而，客家人的姓氏远不止这八姓，许多的客家大姓如郭、赖、温、谢等，就不在这八大姓之列，也许他们并不是随同"八姓"一同到达福建的。

"八姓入闽"可以说是"一次到位"，也就是一次性地从固始出发直接到达福建。其时的福建，由于汉武帝恼怒东越王"脚踏两只船"，而对东越采取了清空的政策，所以，两汉时的闽地是几乎没多少开发的。当这次"士族南渡"引发中原文化第一次南下高潮时，"东晋南朝，衣冠望族，向南而迁，占籍各郡……其流风遗韵，衣冠气习，熏陶渐染，故习渐变，而俗庶几中州。"① 因此，福建、粤东有了显著的文明开发，尤其对福建整体的开发更为巨大，以至到唐代，古诗中称"南人至今能晋语"。我在十多年前曾论证潮汕人（闽南人）的移民特点之一是"一次到位"，得到了吴永章等一批老专家的一致肯定。

而客家人则不一样，他们离开固始后，辗转江南，逐步到达后来被视为"客家大本营"的赣闽粤三省边缘地区，这才有赣北的"筷子巷"等多处属于客家人的民间传说，到最后才有"葛藤坑传说"，于赣闽交界地形成了客家族群。其实还可以从其迁徙路线的众多节点上，得出其"多次到位"的结论。同样，这也可以从姓氏的流动中找到，包括各姓的谱牒上给予的证明。而且客家形成后，其大迁徙的脚步并未停止，这才有沿南岭往西进入桂东、沿罗霄山脉进入湘东，以及"湖广填四川"时到达成都、洛带古镇等地的路线。闽客一家，在出发地固始是毫无疑义的，后来的分家，则在于这"一次到位"与"多次到位"，在于南迁路线上或走或停，形成了各自的分支。

固然"八姓入闽"时已有陈姓，但无论哪一部典籍里的记载，陈姓都还不是排在第一位。直到唐代，大批陈姓族人进入福建、广东。

唐代入闽的规模，显然大于西晋末年及南北朝。

那是唐总章二年（660），"泉，潮间蛮獠啸乱，民苦之。咸乞镇帅有威望者，以靖边方。朝廷以政刚果敢为，而谋猷克慎，进朝议大夫，统岭南行军总督管，镇绥安"②。于是，陈政奉诏率领府兵3600名、将领123

---

① 道光. 广东通志: 卷92 [M].
② 《云霄县志》

人，自中原千里戍闽，平息啸乱，实施唐朝绥靖与开发东南边陲的战略部署，于"七闽百粤交界"开屯建堡，旋即又有58姓将校前往增援，其间陈政病死，其子元光任鹰扬将军，百战方休，于唐永隆元年（680）八月，历时11年，最后在蒲葵关（今福建漳浦县盘陀岭）歼灭"蛮獠"主力，大致平息了动乱，而陈元光在唐景云二年（711）殉难。第二年，即唐先天元年（712），唐玄宗赐陈元光"忠毅文惠"谥号，诏书中称他："环甲缮兵，积三十四年之苦；建邦启土，垂二十五载之平。"也就是说，陈元光在入闽后苦战时间长达34年，其间屯垦云霄，率入闽的7000将士烧荒垦殖、力推农桑，更大兴水利，惠工通商，这才有后人的赞颂："由是北距泉兴，南逾潮惠，西抵汀赣，东接诸岛屿，方数千里无烽火之警，号称乐土。"老百姓终于有了长期的安定，得以休养生息，明代更封陈元光为"开漳圣王"。

从上边的引文可看到，"北距泉兴，南逾潮惠，西抵汀赣，东接诸岛"，不仅仅是福建的地域范围了。

纵然前后入闽的陈姓族人也不少，但追随陈政、陈元光于唐代入闽的陈姓成员则是空前绝后的多，所以，陈姓在牢记其郡望之地颍川之际，也视这次平乱的出发地固始为自己的原乡。

不过，这一批陈姓，以闽南人为今日的主体，据考证，其中有6个派系，大都在泉州、漳州所属地域，并延伸到金门、澎湖以及台湾岛，大都自认为（根据族谱）是陈元光的后裔。

还有两个派系，分别在诏安与平和，他们成了当地的客家人，主要聚居在诏安太平、平和大溪，同样认陈元光为入闽始祖，而使用的昭穆字辈大抵无异。

另外还有两个派系，既有闽南人，又有客家人，即福客并存，有的先祖讲闽南话，后代则讲客家话，或者相反；抑或血缘很近，但由于生活所在地及使用方言不同，各自成了闽南人或客家人……类似复杂情况，不一而足。①

而潮惠、汀赣这些客家属地，则是客家人居多了，尤其是潮惠，过去的潮州，包括大埔、丰顺客家县在内，现在都已划属梅州市了。

---

①廖庆六. 福客本是同根生：以陈元光之裔孙族谱文献为证［M］//固始与闽台渊源关系研究. 北京：人民出版社，2009：494-496.

这是以闽南人为主体的陈姓分布状况。

而客家人呢？

江西石城的客家温氏族谱，则提供了温姓迁徙的路线：原籍河内温邑（今河南温县），迁山西太原，再到光州固始，而后则是固始—安徽—江西—福建—广东—广西……

进入客属地，具体迁徙路线则有江西宁都—石城—福建宁化石壁—上杭—广东梅州梅县、兴宁、五华等。

广东郭氏的客家族谱中，亦有其迁徙的路线图，据福建长乐郭氏族谱所载，郭嵩于唐末迁居河南固始，后随王潮、王审知南迁福州——这是在陈元光之后，闽、客又一次共同从固始出发，居于新宁；据上杭城关（郭坊村）编纂的《杭川郭氏族谱》（麦园永忠公房谱）称，其十世祖文应公之后人进驻汀州府钟寮场，开发金、铜矿，携家眷开基郭坊村，此乃郭氏入闽粤之始祖。宋乾道三年（1167），县令郑稷奏准将上杭县移至郭坊村，这样，其县治便由钟寮场移到了郭氏在南方的开基地郭坊了，这才有了流传至今的"未有上杭县，先有郭坊村"的说法，上杭也就成为了客家族群南迁的一个重要节点。从上杭走出去的郭氏客家人中，就有出生于四川的中国现代作家、历史学家、考古学家、政治家郭沫若，辛亥志士、广东高等教育的开创者郭宝慈等。

从上杭走出去的众多客家人，无论在海外还是国内，他们回上杭寻根时，均称其是上杭瓦子街移民的后裔，而他们南下的踪迹里，包括其族谱中，大都没提及"石壁开基"，却有从瓦子街迁徙的翔实记载。无疑，瓦子街是客家人多次到达的一个"中转站"。据客家族谱博物馆的创立者严雅英考证："古代上杭瓦子街遗址，当是在古代上杭县政治经济文化中心，即今天上杭县治区域范畴。"[①] 详尽的考证就不重复了，有兴趣者可参阅严雅英的《客家族谱研究》一书。

回过头来再看陈姓，著名的大学者陈寅恪也是从上杭出来，迁往江西修水的。江西修水客家文化研究会在1998年编写的《迁修客属"百姓千祖"调查实录》中提到，仅清康熙年间迁自上杭的各姓客家人就至少有21户，而陈氏修水始祖陈腾远则是在清雍正八年（1730）迁来的，其后仍有上杭客家人迁来。他们是经宁化石壁入上杭的，民国《上杭县志》卷八载

---

① 严雅英. 客家族谱研究［M］. 哈尔滨：黑龙江人民出版社，2007.

有:"丘氏、江氏、朱氏、伍氏、官氏、陈氏、袁氏、范氏、黄氏、曾氏、詹氏、谢氏、严氏、罗氏、龚氏诸姓大族亦来自宁化石壁。"①

"东江客家"即经广东龙川沿江分布的客家,大抵是自东江之源赣南直接南下而来的。"汀江客家"则是沿汀江自石壁、瓦子街南下而来的。可见客家人的"中转站"及"到达站"各有不同。

诚然,"一次到位"与"多次到位"基本造成了由同一地域(河南信阳或光州固始)出发,甚至同一时间出发的两大族群(福佬与客家)的不同:形成时间不同、分布区域不同、族群格局不同、方言不同乃至精神传承不同。这是很值得研究的,是人类学中颇有价值的重大课题。

闽南人一次到位抵达了海滨,到了东海、南海相接之处,这一来,便早早受到了海洋经济、海洋文化的影响,从而有了"爱拼才会赢"这样一则代表族群敢于搏击大海风浪的人生信条,更有了南洋的"潮人占埠"、善于经商、特别是敢于立足等说法。他们身上的海洋文化气息是其他族群所难以相比的,泉州乃至整个福建,之所以被定位为"海上丝绸之路核心区",这与他们长期在海上丝路上扬帆开航的历史是分不开的。

由于经济原因"多次到位",与福佬同时出发而后到的中原移民成了"无客不住山"的客家人,其所居住的区域便是赣闽粤三省交界的丛山之中,其生存环境之艰难,更推动了他们不停地迁徙。这一来,他们背负的移民观念就要沉重得多,可中原文化的荣光又不可抛弃,于是,也就有了"宁卖祖宗田,不卖祖宗言"这一具有"文化遗民"族群性格的祖训。也许,居于大山、与世隔绝,他们才不得不更好地保存原乡文化,守护其文化边界。客家属地被誉为"人文秀区",这与他们的文化守护是分不开的。

不过,从上面的引证我们不难看到,后期由于人口的移动,会造成两大族群的交互,哪怕是同一支脉,因迁入不同属地,也会分别成为不同族群的成员。我参加过广东孔氏"阙里南宗"(不是浙江的南宗)的姓氏大会,孔姓在广东有十一个支脉,分别属于广府(居肇庆)、客家(居粤北,自唐代便有孔林书院)、潮汕(韩愈当年写《祭鳄鱼文》便是应孔癸戈所邀的),而他们族群最早到达的则是番禺,所以那里有"阙里南宗"的孔氏大宗祠。

但不管怎么说,一个族群必有其聚居的中心地,闽南及潮汕是连在一

---

① 民国《上杭县志》卷八.

起的，赣、闽、粤、客家大本营也是连在一起的，每个族群也都有相应的大姓，所以才有"八姓入闽"一说。客家的大姓同其他族群的大姓则完全不同，为赖、温、郭、谢等姓。

人们不难感受到，客家人的移民观念比闽人、广府人要强烈得多。

其实原因很明显。首先，是各自到位的时间不同。广府人于西汉初抵达粤地并汉化定型，距今已有2000多年历史了，而"八姓入闽"的时间也有1500多年了，这两个族群都已经在地化了。第二，其族群的命名同样也地域化了，广府人或粤人就以所到之地得名，闽人也同样如此。这一命名方式，使得他们的移民意识渐渐淡化了，且命名本身也不存在移民的色彩，所以到了明清，他们都被官府在典籍上写成了"土著"，成了所在地的主人，时间与命名改变了一切。

但客家不一样，毕竟他们来到南方要晚得多，形成族群的时间比其他族群也要迟，比广府人晚1000年，比闽人晚500年至600年，相对而言，他们更像是"外来"的客人。而且来了之后，无法进入珠江三角洲及沿海平原，只能生活在连绵不断的大山中，正所谓"无山不住客"。而"客"字，则不断提醒他们是外来人，是后到者而非主人。这同样在强化他们的移民身份，哪怕他们认为"日久他乡是故乡"，不过这已是无法改变的，他们便也以"客家人"自居了。

最近，我在《山歌中国——献给我的客家母亲》①一书中提到，同是从信阳固始的大山出来，为何客家人将信阳山歌带到了南方就演变为闻名遐迩的客家山歌，成为国家非物质文化遗产，而闽南（含潮汕）人却没有把这山歌承袭下去？在精神文化的传承上，客家人对中原文化南下是否更情有独钟？山歌所代表的精神、文化层面乃至民族性格的东西，客家人是否传承得更多、更广、更强一些？诚然，无论广府人还是闽人，在建祠堂、修族谱等仪式上，与客家人一样，都是对中原文化、汉文化的追溯，慎终追远，力图恪守中原传统。可他们又为何在诸如山歌等文化传承上，如此千差万别呢？

迈克·布朗以为："地域不仅仅是地球上的一些点，每一个地方代表的是一整套文化。它不仅表明你住在哪里，你来自何方，而且说明了你是谁。"他有一个生动的比喻："系物桩"——"拴住的是这个地区的人与时

---

① 谭元亨. 山歌中国：献给我的客家母亲 [M]. 广州：华南理工大学出版社，2016.

间连续体之间所共有的经历"。

这种精神的传承，应当说明了什么？

建祠堂、修族谱等仪式无疑具有人类学上崇敬、教化心灵、净肃之作用与意义，也同样是精神上的，但我们还可以做更多，在精神上有更大的开拓。要守护住客家文化的精神与边界，我们需要做的还有很多。现在是大数据时代，对于客家迁徙、姓氏、族谱等，我们可以通过现代技术手段从海量的资源中获取更多的信息并得出可靠的结论。

郭氏文化略述

——从郭璞说起

我的外祖父郭宝慈是辛亥元戎，当年率部光复南（雄）韶（关）连（州），于1912年被选为民国实行直选后的第一届国会议员，直到孙中山去世（1925），他才返回广东，所以我的母亲、几位舅舅，全是在北京出生的。

外祖父还是一位学者，负笈东洋，学的是农科，毕业归来，科举已被废除，但清朝廷仍举办了个洋科举，以延揽人才，所以他也参加了殿试，签分农工商务主事，直到1912年要上京当国会众议员，他才离任，而后由利寅、黄遵庚接任第二、第三任所长。

如此说来，外祖父作为最早的同盟会会员，当是革命家；而作为华南农业大学的创始人，则是学者；后来他还办了不少学校，写了不少诗，题了很多匾额，又是文人。

然而，我却没想到，他还是堪舆家、风水师。

几种身份，似乎一点关联也没有，风马牛不相及矣。

在他的老家，有不少关于他擅长风水的传说，有些我已经记录在《客家魂》一书中，例如，他路过一处，一家人正在溺女婴，他赶紧去制止，说你们家遭难时，还得靠这女婴救命呢，万万溺不得。果然，三年困难时期，这一家子都没饭吃，正是这位嫁到南洋的女儿及时回来救济，才逃过了一劫；又如"大跃进"时，风水林面临砍伐，也是他舍命相保，大呼"砍不得"，风水林才得以保留了下来；还有乡人在广州打官司，他掐指一算，亲自出马，才赢了官司……

正因为这些往事，让年少好奇的我，开始追溯起郭氏的源流，一直到郭璞。

原来，郭璞便是我国堪舆学也就是风水学的鼻祖。我受母亲的影响长大，自小好文学，郭璞写的关于游仙窟的诗，我很早就读过了。

在郭璞的诗文中，可以领略到风水学中无穷、博大的学问，仿佛走进一座波诡云谲、气象万千的历史长廊。这是一般诗文所不能赋予的。郭璞的诗文平易亲切，深入浅出，若醍醐灌顶、沦肌浃骨，不觉间，你会发觉这更是最亲切最贴心的一次心灵体验。

历史上，郭璞讲真话、讲直话，拯救百姓于水深火热之中，以至于无惧王敦的威逼，最终被杀害。王敦妄想篡权，战乱一起，势必令千万生灵涂炭，郭璞能不以死拒之么？

所以，郭璞在当时已不单纯是堪舆师的身份了。

记得兴武这么说过："每当此际，卫护人文是为生存第一要义。而欲蔚人文，先须判天地之文。此东晋士族如谢、陶诸公所以绝重风水卜筑，而郭璞堪舆之术以兴故。"

正是在国家与民族艰危之时，风水学才得以流行，正是"欲蔚人文，先须判天地之文"，风水乃成天地之文矣。

说"上知天文，下知地理"，究其实，则是以天下苍生为念，让百姓不为天灾人祸所害。不然，郭璞之后，唐代著名的风水大师杨筠松为何会被叫作"杨救贫"呢？一样是逢困而扶、遇危则济，杨筠松一直为客家人所称道，被尊为"先生"，而他与郭璞一样，同为贪官污吏所害，被毒死在药口坝。客家人重风水的传统，就是从郭璞、杨筠松一脉相承下来，所以，郭宝慈虽为革命家、学者、文人，也同为堪舆家、风生师，则不足为怪。

故《易》曰："观乎天文，以察时变；观乎人文，以化成天下。"

郭璞最有名的作品是《葬经》，一般人以为它讲的是阴宅的风水，其实，《经》曰："葬者，藏也，乘生气也。"

又曰：木华于春，粟芽于室，气行乎地中。其行也，因地之势。其聚也，因势之止。古人聚之使不散，行之使有止，故谓之风水。

更强调：风水之法，得水为上，藏风次之。

并不是人们简单理解的阴宅选址问题。风水学有自身的语境。

如上所述，风水学讲的便是"聚气"。"气"也是风水的要旨，我写过一篇《聚气：藏风与得水》，便是这么讲的。风水学的发轫，当追溯到先秦时期，也就是《周易》出现之际，所谓"《易》以道阴阳"，讲阴阳之气，天父，地母，天为阳，地为阴，天地之气，便为阴阳之气。到了诸子百家，则已有了"精气"一说，《管子·内业》中便有"凡物之精，比则为生，下生五谷，上为列星，流于天地之间，谓之鬼神；藏于胸中，谓之圣人；是故名气"。孟子"以志率气"，对此加以道德匡正，把人的精神修养归结为养"浩然之气"，所以，后儒们在此更有发挥高度，这才有一批志士仁人出现。及至汉代，王充有"元气自然"之说，汉后有嵇康，更称"夫元气陶烁，众生禀焉"，其在《太师箴》则称："浩浩太素，阳曜阴凝；二仪陶化，人伦肇兴。"阴阳二气，衍生出了天地万物。至两晋南北朝，更是堪舆学奇峰兀起之际，出现了郭璞等著名的先师，从此，风水学在东方几起几落，最终蔚为大观。

早在程氏《遗书》中有"天地之化，自然生生不穷，更何复资于既毙之形，既返之气""凡物之散，其气遂尽"。可见，气有生有灭，有聚有散，生与聚，当是所求，即"生气"与"聚气"也。在朱熹那里，"理气相依""理在气中"。在宋明理学的影响之下，出现了一大批浩气长存的民族志士，如宋末民族英雄文天祥，他作的《正气歌》，体现了其崇高的民族气节和强烈的爱国主义精神。

我们传统文化中的"风水"，其中风者为天文，水者为地文，得到水，能藏风，方可以聚气，而聚气，当是宜人休养生息之气，人气也。讲"天圆、地方"，也就有了"人和"。古人的风水学经过几千年的积累、凝聚，最终得以抽象为学理，却仍是经验之谈。只是中国文化系统过于抽象化——这也是一种高级形态，所以离原初状态太远，反不易辨析其间事实与经验之依据，而简单化为生态学、环境观，即用今日的实证科学语言来解释，不仅限制了它，甚至是阉割与亵渎了它。于是，依照中国文化系统，我们仍称之为风水学，方可在我们的语境中获得生命与生长。被称为"哲学家的哲学家"的维特根斯坦早已有言："我的语言的界限意味着世界的界限，离开了中国的语境，又怎有中国的世界呢？"

在客家山区，人们称村后或宅后的树林为"风水林"，视这为村舍之"胞衣"，也就是孕育生命的地方。人，在天地之间，孕育在被视为"风水林"的胞衣里，这里其实有很深的哲理或我们所认为的生命哲学。风乃天之呼吸，水为大地之血脉，有呼吸，有脉动，方可以有人的生命存在。所以，天地人，人居其中，既独立，更在于三者的互动。知天地，也就识人文了。反过来，欲知人文，须知天地。客家人如此重视风水林，其深意便在此。在"大跃进运动"中，郭宝慈不顾身家性命，拼死守护风水林，其意义不言而喻。

  我以为，从郭璞说起，就不难解释我外公为何集政治家、学者与堪舆师于一身了。风水，是将人的心理以及社会的政治联系在一起，内中颇有深义。社会乃第二自然，人生活在第一自然与第二自然之间，风水自是第一自然要义，自然、心理、社会三者虽不可彼此画上等号，可三者却密不可分。其实，心理学也有科学心理学与社会心理学之分，因此，风水、人文互为依托，互为补充，互为支撑。重风水的谢、陶诸公（谢灵运、陶渊明）不正是在卫护汉文化上有着出色的历史表现吗？而郭璞的堪舆术之兴，则在永嘉之乱、两晋年间，国家分裂、民族道德几欲断裂的时候。所谓地理环境决定论，虽说太绝对化，但是加上人文地理，不正合了风水之学么？观天地之文，则人文在其中也。因此，聚气，当首要的是人气，生命之气，浩然之气，而这则离不开大地之活水，长空中横亘古今的雄风！

  为天下苍生为谋，则可不惜身家性命，这便是最大的风水！

  从郭璞到郭宝慈，郭氏文化的传统还有很多，我讲的仅仅是其中的一脉而已。

二、"土著说"证伪

客家与畲族:"土著说"证伪

——关于畲族族源问题

"畲",在《辞海》中的注释是:"烧榛种田,即在播种之前将田中的草木烧掉,以灰作肥料。"这一习俗,在南方各省至今还被保留着。所以,"畲"字从出现起,便被视为一种耕作方式。

唐杜甫在《戏作俳谐体遣闷二首》中就有:"瓦卜传神语,畲田费火声。"宋范成大在《劳畲耕》诗序中亦称:"畲田,峡中刀耕火种之地也。春初斫山,众木尽蹶。至当种时,伺有雨候,则前一夕火之,借其灰以粪。明日雨作,乘热土下种,即苗盛倍收,无雨反是。"

也正是从这种耕作方式衍生出"畲民",后来更形成一个民族——畲族。

在广东省,关于畲族及其族源的问题,人们研究已久,但很少把畲族视为客家民系的主要族源。这本来不成问题,只是由于"土著说""本地说",一时间,似乎大部分客家人都有了畲族血统,南下迁徙便成了后人伪托的了。对于这种盲目追随西方人类学者却不尊重历史的做法,我不得不加以证伪,以免有人把水搅浑。

其实,最早把畲人与其他民系相混淆的,不是客家人而是粤人,即广府人。因为粤人在广东的时间最长,说其已成为土著亦不为过,毕竟与百越族融合了有两千年的时间。把畲人视为土著,是因为畲人的椎髻跣足与古越人很相近,当年赵陀也是这么学越人打扮的。当然,不少粤人居住的地方,亦有畲人烧荒者。但是,必须指出的是,古人用"畲"字,并不是对一个民族的称谓,畲者,火种也,指的是一种耕作方式,不能以此断定已形成了一个民族。所以,把百越族视为畲族先民,仅以一字为证,显然是不足为凭的。

如从地域而言，被畲族视为祖地或开基地的凤凰山，当与潮汕民系更为密切，而潮汕人中，是畲族又姓雷或钟的人有不少。换句话说，融入潮汕民系的畲族人可能有很多，这不仅是因为他们在地域上更接近，还在于潮汕人口比客家人口要少得多，把畲族说成是潮汕人的族源，从比例上而言，似乎还要合理得多。但是，直到今天，并没有人认为潮汕民系的主体是土著畲族，只认为畲族是其多元组合中的一元。所以，视畲族为土著并成为客家主体，显然是不顾史实的夸大其词，不足为证。潮学家饶宗颐在《凤凰山是畲族的祖先策源地》一文中称：

潮州人文现象和整个国家的文化历史是分不开的。先以民族而论，潮州土著的畲族，从唐代以来，即著称于史册。陈元先开辟漳州，筚路蓝缕，以启山林，即与畲族结下不解之缘。华南畲民分布，据专家调查，皖浙赣粤闽五省，畲族保存了不少的祖图和族谱，无不记载着他们始祖盘瓠的传说和盘王祖坟的地点均在饶平的凤凰山，换句话说，凤凰山是该族祖先策源地。

可以说，凤凰山对于畲族的意义，就如同石壁对于客家、珠玑巷对于广府民系的意义——都是祖地，是一个民系最终形成与诞生之地。

包括客家学者谢重光在内的不少人都确定畲族是从湖南等地南迁而来的"武陵蛮"，不少族谱也支持这一说法，如《盘蓝雷氏族谱》大都称："蓝氏根源血脉传统分派族开烈（列）：原是湖南潭州府永康县鹅塘都东居住……"《盆盘蓝雷黎栏族谱》也称："原是河（湖字之误）潭州永康县鹅塘都居住……"这些证据，谢重光也从另一方面的材料印证到了：

"武陵蛮"南迁到荆湘最南界即五岭北麓后，确实有一支折而往东迁徙，其迁移路线大致是顺着纵横的山脉，由浙南至赣中、赣南，再进至闽南、闽西南，最后达于粤东的西部地区。

"粤东的西部地区"当指凤凰山。谢重光进一步指出："只有越罗霄山脉进至赣闽粤边界的一支，才继续以'畲'或'畲'的通假字作为族称。到了南宋，这种族称有被广泛认同，逐渐固定下来的趋势。"因此，他认为，最后到达的"集散地"凤凰山时，这批畲民已具备了作为一个独立民族应具备的各种要素，即"共同的生活地域""共同的经济生活""共同的语言"（谢重光认为，宋代潮州的"不老音"可能专指畲语）以及"共同的文化心理和独特的风俗习惯"。

为此,他得出结论:

最迟不晚于南宋中叶,在赣闽粤边的汀、琼、潮、梅、循、赣等州郡的山区,活跃着一个新兴的民族,这就是我们现在说的畲族。

这一结论基本上是准确的。

只要留心,我们也不难发现,饶宗颐的文章中,就有"畲民"与"畲族"之分的观点,也就是说,当凤凰山被视为一个民族的策源地之前,"畲民"尚未成为一个民族。进而言之,由"畲"(一种耕作方式)到"畲民"(持同一种耕作方式的人群),进而凝聚为"畲族"(完成了一个民族的形成过程),其间,有着漫长的历史岁月。

若简单地把"畲民"视为另一个民系的族源,并且推论"畲族"为一个民系(或潮汕民系,或客家民系乃至广府民系)的族源,这在时间上就发生了倒错。

尤其是客家民系,本身就形成于宋代,用谢重光的话说,客家民系的形成与畲族的形成几乎是平行发展的。那么,二者之间就不存在谁是谁的族源的问题,也不存在谁已是土著、谁又非土著的问题。因为畲族也是同时迁徙而来的,只是他们的迁徙路线与客家不一样。客家是自赣南、闽西而进入粤东的,其先民最早于汉代、西晋时到达,如程旻一族,又如"先有杨古卜"的三姓(他们的后人到宋代后才成为客家人);而畲族先民,则是从湖南潭州,经粤北山区等处,辗转到达粤东凤凰山。

而且,畲族视广东为其祖地,有《高皇歌》这样一首流传于整个畲族的史诗为证:

当初出朝在广东。

广东路上是祖坟。

徙入潮州凤凰山,住了潮州已多年。

广东路上一穴坟,进出盘蓝雷子孙。

广东路上已多年,蓝雷三姓去作田。

……

因此,说客家即土著,土著乃畲族,从而称客家族源主要为土著即畲族,显然牵强附会,缺乏一种科学理性的态度。

直到今天，畲族村落中仍有自己的语言，即"畲话"，无论这畲话在近千年间受周边潮州话、客家话的影响而发生多少变异，但有些基本词汇还是没有变化的。与客家邻近、与客家方言相似的畲话，其"语音、词汇、语法上都与现在汉族所说的客家话不同"①——这是由一篇专门考证畲族人所说的客家话的论文得出的结论。也就是说，畲族人内部仍有自己统一的语言，无论是过去还是现在，不可混同于潮州话或客家话。至于他们的一部分人（如增城、博罗、惠东、海丰即罗浮、莲花二山一带的畲族）会说客家话，也似如今客家人会说广府白话一样，是出于与外界社会交往的需要。关于语言问题，相信会有更多的语言学家会做出更深入的阐释，这里就不进一步引申了。

民族的区别，最根本还是文化。而文化往前追溯，寻根究源，便会来到人类的"童年时代"，也就是图腾崇拜时期。畲族有着自己独特的文化，尤以祖图崇拜、祖杖崇拜和"招兵节"为代表。祖图崇拜，是把古神话人物盘瓠的故事按出生、成长、杀敌至狩猎遇难的情节，绘于白布或白绫上，视为祖图或太公图，岁时高悬于厅堂，举族祭祀。祖杖崇拜，是把刻有盘瓠头像的杖，以树根或木头加以修饰，每一个家族一支，岁时顶礼膜拜。"招兵节"即集祖图崇拜与宗教法事于一体，有相当复杂的仪式，这里不赘述。如果说客家族源主流是土著畲族，那么这些文化自然会被传承下来，但是，迄今没有人有多少这方面的证据，而只是拘泥于若干生活细节，这显然是缺乏说服力的。

广东的另一个民系，也有人称之为"次民系"，即雷州人。他们都是从福建莆田沿海迁徙来的，其语言与潮汕方言比较接近，但彼此未必认同，称其为潮汕的"次方言"也未必准确，因为莆田话并非闽南话，与潮汕话不同。可就是这个民系的所在地，却到处都是"石狗"石雕，成千上万，数不胜数。我曾参加过评审广东申报的国家级非物质文化遗产工作，石狗是名列前茅的。关于雷州文化中的石狗崇拜，与盘瓠的故事有异曲同工之妙，这里不拟深究，但至少二者之间的联系已大大超过与客家文化的联系，这反而有深入研究的必要。有学者认为，畲族的迁移分两支，有陆上迁移，也有海上迁移，这也不是没有一定依据的。

至于客家文化，其最主要、最明显的特征仍是汉文化，其图腾文化也

---

① 罗美珍. 畲族所说的客家话 [J]. 中央民族学院学报，1980.

是汉族的龙文化，《千年圣火——客家文化之谜》一书中，专门有"龙与客家文化"一节，当是最有力的证据。盘瓠与龙，各自存在于各个民族的图腾崇拜之中，没有谁取代谁，我们为什么又非要把不相干的事像硬扯到一起，不顾历史文化本身的演变规则呢？

还有一点，就是通婚问题。我绝对不可能是血统论者，文化传承每每比血统更有力量。但既然有人强调这一条，这里也不得不多说几句。

过去，客家人不与外人通婚是众所周知的，如今，深山里的客家村落仍保留这一习俗，且为了优生优育，也一直强调同姓不通婚。不与外人通婚与同姓不通婚二者，当是互为补充的，这里就不深入阐述了，毕竟这是古人长期积累的经验与智慧。

而畲族呢？在《高皇歌》中记载得很明白：

蓝雷三姓好结亲，都是广东一路人。
今日三姓好处住，好事照顾莫退亲。

再看史志上的记载，《天下郡国利病书·文东四》载：

其在邑（博罗）者，俱来自别境……自言为狗王后，家有画像，犬首人服，岁时视祭，其姓为盘、蓝、雷、钟、苟，自相婚姻，土人与邻者，亦不与通。

清乾隆《海丰县志·杂志》载：

……厥姓有五，盘、蓝、雷、钟、苟，自为婚姻，土人不与通。

清道光《长乐县志·经政志》载：

……其姓为盘、蓝、雷、钟、苟，自相婚姻，……

清光绪《浮山志》卷一载：

……分盘、蓝、雷三姓，自相婚姻。

以上的列举，至少证明清末时畲族人亦不与外人通婚。至于姓氏，盘姓在畲族已少见，钟姓与汉族姓相同，苟姓在其他少数民族中亦是少见。但雷姓、蓝姓则相对稳定一些。如以姓氏看，在广东，包括雷、蓝二姓，融入广府尤其是潮汕的亦不少，不独是客家。不过，自20世纪90年代以来，申请恢复民族为畲族的，也正是以雷、蓝两姓为主，从粤北、粤东至闽西皆如此，可见其内部文化并没被遗忘或被淹没。而且，这部分人大都是在"文革"的影响下，不得不隐瞒自己的族属，直至环境宽松之后，才重新恢复本来身份。其实，又何止他们呢？当年"反地方主义"，不是连客家人也不敢说自己是客家人、潮汕人不敢说自己是潮汕人么？

如果依史志所载，至清光绪年间，畲族仍顽强地不与外族通婚，那么，他们又怎么能成为客家民系的主要族源呢？而且那时客家至少已有几千万之众了。

有的作者为了博人眼球，竟在文学作品中写到客家男性一见到女性，马上就举旗招亲，生怕找不到老婆，无以继嗣，这实在是匪夷所思。

这里有几大谬误。

首先，别说畲族坚决抗拒与外族通婚，就是客家人内部也一直有戒律，举旗招亲明显是有违历史的，如果真是这样的话，客家民系从一开始就不存在了。

其次，要知道，客家大迁徙，是士族连带部曲一同南下的，家眷一应齐全，而非大军南下，只有士兵，没有妻儿——这应是最起码的历史常识了。而且，由于男女的基因、生理构造等不同，女性的生命力、耐力比男性强，长寿的女性比男性多得多，这已是一个不用多说的事实了，大迁徙坚持到最后，当是女性的存活率高于男性。在这样的状况下，客家村落犯得着再去招亲么？反过来，若招的是男而非女，一贯重视父辈血统的汉人，会这么做么？因此，无论从哪个角度来说，这种"举旗招亲"的事情，从宋代至民国，都很难发生，只能是虚构的。

我们从不否认中华民族的多元一体，从不否认中华民族是多民族的大融合，但是，我们也不能不顾历史去捏造、虚构这种荒诞的故事，这不仅侮蔑了自己，也侮蔑了中华民族。其实，从DNA测试来看，我们本身就无法证明何谓纯正的汉民族，而汉民族当年本身就是华、夏二族的融合，因汉朝之立而得名，之后又融合了北胡、东夷、南蛮、西狄等不少部落或民族。这本是一个不必争议的问题，但亦不可大而化之，把客家这么一个独特的民系，也说成是纯然的土著或是畲族——客家民系形成之际，畲族也刚刚形成，要同时融合，恐怕二者也不会有了。

这里还有一个基本的数学常识。

如今，据不完全统计，客家人口近亿之众，我们打个折扣，至少也有个七八千万人，构成中国最大的移民族群。

而据正式人口统计，当今正式被确认的畲族人口有60多万，主要分布在浙江省南部，他们均是当年烧山火种这么一步步移过去的，迄今，他们仍认定凤凰山为其祖先策源地。

我们不妨来一个"推理"，假定有相当于整个畲族人口的"隐性"畲人仍包含在客家人中（不算潮汕人及广府人），也有60余万，没有出来"归属"，他们又占整个客家民系的多少比例？

结果很明白。不到百分之一，为0.6%～0.7%。把0.6%～0.7%当成一个民系的主要族源或主要组成部分，能成立么？

更何况这一"推理"本身也只是推理而已，因为前边说得很清楚，至清光绪年间，畲族在史志的记载中，仍不曾与外族通婚，在那种封建社会又相对封闭的状态下，这一记载是不会有什么差误的，其真实性亦不容怀疑。这一来，"隐性"的60余万畲族也只是个假设而已。就算有这么多，也不足以改变客家人的主体。

其实，采用"畲"这种比较落后的耕作方式，本身对人口的繁衍也造成很大的阻碍，所以，这么一个民族，在繁衍、发展的过程中，困于山林间，其人口增长亦是相当有限的，人口统计上的误差当不会太大。

综上所述，我认为，有必要梳理清楚畲族与客家发展之间的联系。

首先，应把历史上记载的"畲"理解为一种耕种方式，不应当作一个民族，同样，也把"畲民"与畲族区分开来，二者不可以画等号。

其次，畲族的形成与祖地凤凰山的确认、客家民系的形成与祖地石壁的确认，可以说是并行不悖的两条历史线索。把畲族简单解释为土著而无视其本身的迁徙特征显然是一种错误，把其说成是同时平行形成与发生的客家民系的主体，也就更大错特错了。民族的文化认同，是一个民族最重大的特征。畲族并无龙的图腾，而客家人亦无盘瓠的图腾，凭此便可以把二者明确地区分开来。

再次，一个民系的人口比例也应作为重要的参照系，有些问题一旦量化也就一目了然，使争论失去意义。

简单地把客家民系源流的"南下说"归结为所谓的"血统纯正"并加以批驳，其实未见得有多高明。汉民族本就融合了古代众多的民族，这种融合迄今亦未停止，这已是学者乃至广大民众的共识了。而客家先民的南下，本身也是一个融合的过程。我们不可以用融合来否定南下，反过来，亦不可以用南下来否定融合，从而各自走向极端。所以，我们所坚持的"南下说"，正是立足于这一理念的。

《度戒》：一个族群成人仪式的礼赞

我接触瑶族的迁徙史已是30多年前的事情了。20世纪80年代后期，我便着手客家人大迁徙的探讨，同时进行文学创作与人类学研究。第一篇论文是《世界民族大迁徙中客家先民南渐新论》，第一部专著是《客家圣典——一个大迁徙民系的文化史》。"迁徙"，是一个族群永恒的主题，更是永远处于进行时的生命状态乃至宿命。

一旦涉及客家学的领域，就要不可避免地提到同时在南方生活的瑶族、畲族。毕竟，在湘粤边界，广袤的客属地中，有着太多的瑶寨和畲族村落，我也不止一次登上高高的瑶寨，不止一次去追寻畲族人"烧畲"的脚步。客家研究中有"土著说"一派，认为客家人来自中原一说是"空穴来风"。其实他们本身全是瑶族人、畲族人，20世纪90年代前后，仅粤北申请恢复瑶族、畲族身份的客家人、潮汕人就有数十万之多，几乎相当于当年统计少数民族时这两个民族人口数量的总和，令人吃惊。"无山不住客，无客不住山"当改为"无山不住瑶，无瑶不住山"了。客家人南迁，进入南方，正好与"武陵蛮""过山瑶"向湘粤边界大迁徙属同一时期。当然，客家人口近亿，瑶族、畲族的数十万人也不过占其中的百分之几而已，但能作如此简单的推算么？

我在不少瑶族山寨都见到了很多老人——他们自然是族群的长老，小心翼翼地展示出其祖先的图腾画像——龙犬，声称族群中人均为龙犬之后。这与粤西的石狗，作为一方的保护神、匡扶正义的"雷祖"一样又不一样，一样则在于其同为图腾崇拜，不一样则是指依托的故事、表现的形式不同，粤西数以万计的石狗并不处于隐蔽状态当中，而是几乎无所不在，威风凛凛，以震慑奸邪。

毫无疑问，任何一个民族或族群，都有自己的图腾崇拜，都有自己的创世纪神话，都有自己的生命礼仪，都有自己的英雄史诗。

客家如此，瑶族更是如此。

作为一位作家，尤其是一位人类学学者，我从来都是满怀敬意地去了解不同民族或族群的一切，甚至可以说，是用一种敬重乃至敬畏的目光，否则，无以拓展自己的视野。"虚者，心斋也"，了解民族或族群需要彻底澄清或者清空自己的内心已有的一切，包括世俗偏见、思维定式、历史束缚以及固化的观念。仅仅是设身处地也还是不够的，因为这还排除不了"我"的存在，而要用纯然的"他者"的目光——这是需要素养并有一定的过程的，我们才可能了解其自身的信仰与价值观。我以为《度戒》的作者正是这么努力去做，并做到的，这才有了这样一部瑶族人的心灵史诗。

客家研究与瑶族、畲族的历史分不开，彼此之间难分难解，我意识到这同样是一个值得探讨与深入的母题。《客家魂》问世后，一印再印、一版再版，可见这类作品受众之多。所以，在收到《度戒》这本书时，我便全心拜读，可以说是触类旁通，引发了更大的思考。

无论是操着"山语"的客家人，还是史诗中"广东路上有祖坟"，一边烧畲一边迁徙的畲族人，以及《度戒》中朱先生所说的"瑶人有瑶人的活法，瑶人喜欢在山里居住，就让他们在山里居住嘛"的瑶族人——他们无一不是在山野中辗转了一代又一代、一百年又一百年的族群。山野，就是他们的世界。

来到南方，后到为客的客家人，已无海滨、河畔这样的好地方住，只能与瑶族人、畲族人一起生活在山里。山里，古树参天，龙吟细细，那是一个神秘、幽深的所在，也自然有神奇、凄美的传说产生。客家人在葛藤坑产生了他们的创世纪神话，所以他们视宁化石壁葛藤坑为他们的第二祖地。当然，这一创世纪神话强调的是血脉、血缘的关系，逃亡中的客家女之所以背着年纪大一点的侄儿而牵着年纪小的亲儿子，正是为了保住娘家仅余的一点血脉。

而《度戒》在一开篇讲到的"四十八步"是瑶族人在深山密林中的居住地，是"过山瑶"在迁徙中的一个选择。这"四十八步"是山中的宜居之地，那里有一个香草园，香草的香气"就是把整个四十八步都笼罩了，都浸泡着了，先前已居住在四十八步的瑶族人，家家门口都挂着一把枯干的香草……"，这一情景，与客家人为避灾祸，家家都在门楣上挂着葛藤又何其相似。这与人类学中的礼俗、仪式可谓一致，是人类为了生存、繁衍而形成的。在《度戒》中，这些习俗、礼仪都有着非常生动、深刻的表述。如盘庚须进行的"度戒"，是真正意义上的成人仪式；又如牛角号的传承；酒壶对外还是朝内以表示生男或生女……

而这些礼仪，与我们熟知的海滨族群的礼仪大相径庭，海滨族群有赛龙夺锦——一种不是强龙不过江的精神，有观音开库——体现了年年履约的契约观念，有自梳女的"不落家"——传递了经济独立后反抗包办婚姻的精神等，这是由不同的生存方式、地理环境所催生的，其中包含丰富的历史文化信息。

山野的世界，产生的只能是瑶族、畲族以及客家所共有的具备山的意味的礼俗。无论是鬼神的故事，还是神奇的轮回转世，抑或是评王对龙犬的一诺千金而将公主许嫁，还是上峒、中峒、下峒三个各寓深意的民间传说，都离不开山，离不开山里的氤氲云气和不绝的林涛声浪，还有山花野果……

山野就是他们的世界。

多年前，我去过萌诸岭东、九嶷山南的连南瑶族自治县，在距县城21公里处，有一座1400多年历史的南岗瑶寨，那里海拔有800米，相传八排瑶的首领曾在这里居住了上千年。显然，这百里瑶山与世隔绝，也有了上千年历史了。

整个寨子，傍山而上，古宅一排排往山上升起，方墙尖顶在云雾与青紫色中浮现，街巷纵横交错，上下叠加。据说，这是国内外保存最好、规模最大的瑶寨了，更是全世界独一无二的排瑶聚居地，古建筑有368幢之多。

我曾写下这么一段文字：

南岗的景色依旧历历在目，上山镇之际，乃天空忽雨忽晴，晴雨交替时刻，在山镇的半腰，回眸云雾中忽儿明丽的山头，忽儿隐现的丛林，还有颇具瑶族特色的古屋、古楼，宛若人间仙境，美不胜收。自己似乎也在祥云头上，饱览这古老岁月熔铸下的青黛、墨绿与苍郁，似乎每一段台阶都代表一个年轮，人说有千级台阶，于是便有千年的裁剪；且看清冽的山水，忽儿在路左，忽儿在路右，忽儿喧哗，忽儿平缓，古人留下的明渠暗沟，仿佛便是精心谱下的田园曲，有着自己的旋律。而山巅上诧异的石棺，还有瑶王家中的王位，烟熏的各色腊味……都让你进入了一个万古如斯的古老的世界，那个世界的朴质、平和与至善，仍深深地渗透在今日的生活中，不是吗？并无刻意追求的生态平衡，每每是经过风水、神话之类，早早潜移默化在这样一个山镇及其生活当中，连瑶家的山歌也都融合在这种宁沁、和谐、天人合一的美景当中，实乃天籁之声。甚至他们的服饰，也与古老的山居融为一体，令你联想到千年来中国的水墨画所追求的意境。

朋友们阅读后，竟问："你写的是不是瑶族人的'千家峒'呀？太美了，太神奇了！"

我不知怎么回答才好。

直到读到王青伟这部《度戒》，我才有所恍悟。

我不知道，是否有瑶族人视这南岗瑶寨为千家峒，诚然，它完全具有千家峒的美丽、古朴、清新、和谐。但它也可能是瑶人精心经营、建构的"四十八步"，那香气缭绕，让人若醍醐灌顶的四十八步！

对于历经千年迁徙的族群而言，一个可以安身立命、建功立业的永恒家园，永远是一个不会褪色的梦想。

然而，瑶族的祖地是千家峒，畲族的祖地是凤凰山，客家的祖地是中原，那他们大迁徙的起点会是一样的么？

客家人永远不可能重返中原，中原对他们来说只是一个符号，或者像评论家黄发有说的，只是"纸上的故乡"，无论中原曾是多么"神清气朗、雍雍穆穆"的"尧舜世界"，还是"礼仪交会、气象秩然"的"三代世界"，他们都回不去了。中原可望而不可即，每年他们都只能到"第二祖地"葛藤坑所在的宁化石壁，举行规模宏大的拜祭仪式。

畲族人对凤凰山呢？那里有他们的祖坟，他们的祖宗曾在那里生活了较长时间，烧过畲，留下过足迹。可他们也是从潇湘迁徙而来，是"武陵蛮"的一支，这是经人类学者考证的，甚至其祖先龙犬的传说也与瑶族人的大同小异。

独有瑶族人的千家峒，与客家人的中原、畲族的凤凰山不同，它指向的是精神家园，就如《度戒》最后所说："千家峒其实就在他心里""在寻找家园的宿舍中""在寻找中漂泊，在寻找与漂泊中不断地浮沉、跋涉、挣扎、死亡、重生，然后又继续踏上寻找和漂泊的旅途，就像所有瑶人一样，不惜付出生命作为代价"。

主人公常常追问："这样值吗？"

而最后得到的结论则是：

因为在这种无休无止的近乎惨烈的追寻与漂泊中，他作为一个瑶人的精神得以升华，生命得以永恒。

读完《度戒》，合上最后一页，我眼前兀立起一座座已经坍塌但仍气势非凡的客家土楼的断墙残垣，在血色的夕阳下，那厚重的土墙就如一簇簇红色的火炬——客家人的土楼集群，不正如被误以为是千家峒的南岗瑶寨么？

人类的精神之火是不会熄灭的。

我边读《度戒》，边写下了几个关键词：活在——山神的世界、族群的世界，自己的世界、心灵的世界。还有身份认同、精神、哲思、灵魂……

每个民族、族群，在与自然和社会相遇之际，都会有自身体悟出的经验，但是它们都是以不同的方式去解释、理解与重构这些经验，客家有客家的方式，瑶族有瑶族的方式。虽然他们都有着几乎相似的大迁徙的经历、经验，并经受几乎一致的磨炼，但它们却各自只认同各自的族群身份，而这身份认同，每每还以惨烈的争斗才得以完成。

20世纪90年代，粤北山区曾面临数十万人要重新认定身份的问题，其中大多数是客家人。早在20世纪二三十年代，客家人被认为"非粤种，也非汉种"，连"客"字也被加了反犬旁，这才引发他们广泛开展正名运动，也促进了客家学的产生。但这次的重新认定是反向而行，是这上十万人否认自己的汉民族身份、客家人身份，承认他们是少数民族，是畲族或者瑶族。当然，在粤北几百上千万的客家人中这仅仅是少数，可还是有人担心，因为计划生育政策，这一脱离汉族的风潮会持续。主持认定身份工作的人来寻求我的意见，毕竟我从事客家研究的时间很长，我当时不假思索地作了回答：这两个少数民族，有不同的民间信仰，山寨中都保留有其盘瓠图腾的古画像，无论再凶险，都会保存下来，此其一；他们有自己的语言，因为山寨周围的客家人人数比例占压倒性优势，所以他们会说客家话，但内部交流用的还是本民族语言，此其二；还有，他们诸多的习俗、礼仪以及禁忌，与来自中原的客家人有很大的不同，大部分更是独有的，此其三。当然，还有其他区别，但这几条回答可以说是基本的，凭此，大家可以做出判断。

同是迁徙的族群，融入客家人这一大族群的概率可以说是较大的。这种融入有种种的原因，如长期生活共处，战争、灾荒，包括当时统治者的政策等。《度戒》中写到瑶族人会合在一起去寻找千家峒，却惨遭官府镇压，被认为是聚众造反，这是其中一例。最惨烈的莫过于19世纪60年代在粤西发生的土客械斗,双方死伤竟达上百万人之多。所以,这些迁徙的族群在相当长的时间内具有隐性的身份,不能发出自己的声音——20世纪八九十年代,我国台湾的"还我客语运动"则是明证。

但我们更应当看到,无论是在和平时代,还是在离乱、逃亡乃至战火纷飞的岁月里,每个族群都依然用各种方式顽强地守护住了自己的文化边界,并在这种守护中逐渐成长起来。

客家族群,一般被公认为形成于唐宋时期,被视为"创世纪神话"的葛藤坑传说产生于唐末,以其越过武夷山开始自身的发展为独立成型的开端。但直到清中期太平天国运动的爆发,才让世人认识到其能量,而后,更在近代史上一啸冲天,完成了这个族群自立自为的过程。这可与瑶人、畲族的历史演进相参照。当下客家人口已近亿,瑶族人口也有几百万,畲族人口也超过百万,他们寻求自己的身份认同,本身就是成长、成熟的标志。

20世纪人类学的一个重要观点就是把民族志的书写看成是一门阐释性科学或者艺术,而非纯粹的科学。提出这一观点的人类学家格尔茨认为,民族志最好是人文的,而不是科学的,而后民族志学才更推进一步,把格尔茨的阐释人类学推向了更深的文学和艺术领域。

其后,不少民族志都以文学的自传形式,甚至是小说的形式出现,改变了以往的叙事方式,如《美丽与危险:同祖尼印第安人的对话》《萨摩亚人成年》等一系列名著,由历史走向文学,从人文科学走向情感心理。其实《客家魂》也正是这么努力的——"千年背景,百年展现,十年聚焦",从民族史走向文学的经典,达到格尔茨的"深描"式显微研究——而这只有文学而非历史所能做到。

自古以来,不少民族早期都有自己的史诗。正因为如此,已有了《盘瓠歌》等史诗的瑶族人,便一直在呼唤属于自己民族的文学经典的诞生。而今,终于有了《度戒》——有关这个族群"成人仪式"的黄钟大吕之作,这标志着一部民族志走向了成熟。

这也是一个族群所达到的又一历史高度。

这么说,或许有人认为,未免过分抬高了当今文学甚至整个文学的地位。其实,我很早就说过,文学本身就是历史的未尽之言,也就是说,文学当比历史站得更高,比历史更能放言,更逼近历史的心灵深处。我们可以从《度戒》中读到比瑶族史或瑶族志更多、更为深层的东西，并从中得到更为深刻的启示，并凭此感悟到司马迁为何在《史记》中用了那么多的文学表现手法。当然，就传统文学观念而言，作者在写作之际，每每意念大于形象，"成人仪式"也是如此。《度戒》下部虽不够深思熟虑，缺乏历史与逻辑有机的一致性，但瑕不掩瑜，《度戒》毕竟是一部难得的力作。

　　我仿佛又回到了南岗瑶寨，那不正是一幅浓淡相宜的水墨画，一部震古烁今的立体诗么？《度戒》正引导着我一步一步地拾级而上，去追寻那与心中的千家峒几乎无异的境界……

三、客家的人文生态

从义招到程乡,解读客家先民在粤东的聚落

一代大诗人、大外交家亦是思想家的黄遵宪,在其《己亥杂诗》中写道:

> 筚路桃弧辗转迁,南来远过一千年。
> 方言足证中原韵,礼俗犹留三代前。

这二十八个字,高度概括了客家民系的南迁史。而"中原韵"的方言,"三代前"的礼俗,则是最具凝聚力的文化,其构成了客家文化的根基。这也同样是破译客家文化的一把钥匙。

而"远过一千年",则是认定客家先民南迁乃在唐宋之前,其时,尚未有罗香林的"五次迁徙说",黄遵宪的依据自然是祖上的遗训以及族谱等。二三十年后,罗香林确认客家先民的第一次大迁徙在两晋南北朝间,与黄遵宪的"远过一千年"是相吻合的。

罗香林的学说奠定了整个客家学的基础,其中"五次大迁徙"是其精髓部分。所以,在其《客家研究导论》出版约20年后,他又抽出其中关于迁徙的部分,改写为《客家源流考》,无疑,这是他的得意之作,也是经过严格考证的。他的这些作品,一直是客家研究的经典之作,我们今日的研究都是以他的肩膀高度为起点的。

随着视野的扩大,我们对罗香林的观点不仅加以补充、夯实,而且更有了深化与拓展。一个学说,没有深化与拓展,就会失去其生命力,从而走向沉寂与消亡,罗香林的学说也是这样。应该说,他对客家迁徙的来龙去脉,在总体考证与描述上,有着不可磨灭的贡献,于史的角度而言,无人可出其右。只是,在文化精神上,在人类学上,仍留下不少空白,有待后人来填补。

以第一次大迁徙为例,其时间及历史动因当是确定无疑的,但迁徙前

锋抵达的地方，却有不少可商榷之处。罗香林根据已有的史料及谱牒，认定"避难的汉族，向南播迁，远者已达赣省的中部南部，近者则仍淹滞于颖淮汝汉诸水间，浸至隋唐，休养生息，劳困渐苏，慢慢地乃得度其比较安适的生活，故自东晋至隋唐，可说是客先民自北南徙的第一时期"①。

避开客家不谈，从中国的移民史来看，其权威的说法也与罗香林的观点大致一样，他们均认为，衣冠南渡，这次移民的浪头或前锋，涌到五岭之北及武夷山之西北时便停止了，没能进入五岭之南与武夷山之东南，即今天的广东省与福建省，也就是后来客家大本营的中心地带。但这一观点与考古学、谱牒学、人文地理学以及文献学的观点不同。

程旼一例，也是如此。

考古学的观点是，梅县程江长滩村清理出南朝"蜈蚣吐珠山墓群"中的5座古墓，其中1座为土坑墓，4座为砖石墓。砖石墓用叶脉纹砖、方格纹砖砌筑，墓长3.8～5.2米，宽、高各约1米。出土有青釉陶罐、壶、盘、碟、杯等，以及3件直耳盘口铁鼎、残铁刀与铜镜。而往南至潮安、揭阳，所发掘的砖石墓既有东晋"泰元×年"铭文的墓砖，又有南朝"大明×年"的砖铭，而这些墓室从形制到殉葬品，完全是中原的风格，与江南地区同期的墓葬风格几乎完全一致……这里就不一一列举了，可见汉文化此时已进入粤东。②

而文献学的观点认为，如《晋书·地理志》《宋书·州郡志》《元和郡县志》《太平寰宇记》及众多的地方志上，均有这一时期开始建置的记载。

这里先说明一点，粤东最早设县的是龙川，当时赵佗镇守于此，龙川不仅包含今广东东部，还包括江西、福建部分地区。东晋咸和六年（331），于今广东梅州市第一个立县的则是兴宁，是析出龙川县的东部、紫金川东北部等大片地区，县治在今五华县华城镇紫金山，当时名雷公墩。南朝时又分为兴宁、齐昌二县，治所未变，这是齐永明元年（483）。及至梁天监年间（502—519），废齐昌并入兴宁，县治则改到了佗城，今龙川县老隆。几经分并，明代及清初，兴宁一直为惠州所辖，直至清雍正

---

①罗香林. 客家源流考［M］//香港：崇正总会. 崇正总会30周年纪念特刊. 1950：15-16.
②梅州市志［M］. 广州：广东人民出版社. 1999：1572-1574.

十一年（1733），程乡升格为嘉应直隶州，兴宁才为嘉应所辖。①

在兴宁之后，据《宋书·州郡志》所记载，东晋义熙九年（413），才在粤东设立义安郡。义安郡下有海阳、绥安、海宁、潮阳与义招5个县。

义招的范围大致在今梅州市大埔县境内，当时是以东官郡五营地所立。县治设在今梅州湖寮镇古城村，历史上先后归广州南海郡、东官郡及义安郡所辖，后又归东扬州、瀛州所辖，至南陈才复归义安郡。隋大业三年（607），义招更名为万川县，并入海阳。明成化十四年（1478），立饶平县，大埔县境则在该县内。明嘉靖五年（1526），又分饶平的清远、恋州二都置大埔县，县治在茶阳。如今，海外大埔客家人，都用"茶阳会馆"作为会馆称号。②

至于程乡，则在兴宁、义招之后，其来源有两种说法，据说是在南齐年间（479—502），从海阳或是从义招析出部分地方设置程乡县，县境包括当今梅县、蕉岭、平远的全部及丰顺的一部分，当时属义安郡。梁、陈先后隶属广州义安郡，东扬州再次隶属广州义安郡。隋开皇十年（590），撤程乡县归入义安县，第二年，又重立程乡县，隶属潮州。后来隶属变化很多，有江南道、福建经略史敬州、梅州、潮州等。至清雍正十一年（1733），程乡升格为直隶嘉应州，及至嘉庆十二年（1807），又复设程乡县，仍隶属嘉应州。③

打开一部中国历史地图集，我们不难看到，最早出现的是龙川、兴宁、义招，及至程乡，其中，兴宁、义招、程乡均为晋代及南北朝所立。兴宁情况稍复杂，与龙川时分时合，原为龙川地域，其立县，当与赵佗治龙川之际有汉人跟随相关。龙川自是粤东最早有汉人聚居的地方，当赵佗到了番禺并建立了南越国，追随去的汉人恐怕相当之多，余下的则在后来融入客家先民之中。史家没有把他们划入两晋南北朝的移民之中，也就是未作为客家先民系统。④

这样，义招当是最为典型的客家先民聚居地。

一个地方，当人口聚集到一定数量、文明开化到一定程度，尤其是在编人口的增加，方可以促成朝廷设立郡县的治所。东晋义熙九年（413），义招所在地方的人口激增到了一定程度，除却早已迁入的移民及原已汉化

---

①②③ 梅州市志 [M]. 广州：广东人民出版社，1999：223.
④ 谭其骧. 中国历史地图集 [M]. 1982年版1996年新版.

的土著，所大量增加的当是这一时期南迁的中原移民——我们所认定的客家先民。从永嘉之乱（307—313）到义熙年间（405—419）的近100年，中原流民潮此起彼伏，连绵不绝，其前锋已不受五岭与武夷山的阻隔，进入了粤东地区。

"义招"的得名，则是一个明证。《舆地纪胜》引《南越志》称：

义招，昔流民营，义熙九年立为县。

"流民营"就是中原移民的管理区域。当移民达到了一定数量，就被收编一籍，以营为编制，最后再设县以管理。

但"义招"的意义不仅于此。

在这里，"义"颇具文化意蕴，它是汉语言中独具深意的辞藻。当时的史书对粤东土著的记录是："百越土著，断发文身，好相攻讨""人杂夷獠，不知教义"等。所以，"义"当是汉文化的集中表现，也是与土著的明显区别之一，当然，更是一种文明程度的表现。这也就为梅州日后从蛮夷之地演进为文化之乡埋下了伏笔。

因此，"义招"当解为以"义"招徕汉人，以汉文化聚集中原移民。我在为大埔编写的"客家文化"丛书的序中，就是这么理解的：

一部客家史，可以说，处处少不了大埔。大埔之所以早早成为客家文化的中心地，正是在于其文化底蕴之深厚。早在晋义熙九年（413），这里便设立了粤东最早的县份之一——义招。义招者，以民族之大义，召集南下汉人至此集聚开埠创业也。可以说，如果没有晋代南下汉人在粤东等地的沉积，从而产生凝聚力，就不会有日后客家民系的诞生，这正是解开客家民系形成之谜的一个关键。大埔的古县名"义招"，当包含怎样的千年沧桑。凭此，我们便可以解读出这八百年定位不移的客家文化中心之厚重内涵。

如前所述，此期间的墓葬，无论从形制上还是从陪葬品而言，都有那么鲜明的中原文化的风格，与同期江南墓葬如此一致，只有一个解释：这些"流民"顽强地坚守着自己的文化边界，其墓葬风格则反映了汉族移民与当地土著之间的严格区分。因此，不存在这一阶段汉文化过早与当地土著文化融合统一的可能性。

程旼的存在，则包括"义招"的历史遗存之密码。

换句话说，正是处于这样特定的历史时期，务必推出一个具有号召力、代表性的"义招者"，用汉民族的大义，去召唤、聚集已来到粤东的中原移民。正所谓"时势造英雄"，客家先民就是这么最早在粤东聚落的。

据余蔚文考证，程乡县的设立是在南齐建元元年（479），也就是东晋义熙九年（413）设义招县之后近70年。值得注意的是，冯君实主编的《中国历史大事年表》中，有"以义安郡五营地含后程乡县小部分，于义熙九年（413）设义招县"，所以程乡县本身有一部分是属原义招的。这也说明，在设义招县之际，后程乡的地头上已经有了中原移民的"流民营"存在。因此，我们从有关程旼的历史记载中不难认定，他便是其中一个流民营有名望的首领。

程旼"德孚于乡""信义著于乡里"，一介布衣被尊称为"处士"，正符合当时"流民营"的文化状态。《年表》中还记有，建元元年（479）二月，齐检定民籍。而《资治通鉴》则载有，民籍总册分黄、白二种，白籍为"登记北方南迁人口"，于此时设县治，当顺理成章。

程旼所在的地方被命名为"义化都"，此"义"亦一脉相承。

关于程旼如何到达粤东，是否因贬谪而来，当可存而不论。因为自永嘉之乱开始，大规模的移民潮上百年间几乎不曾停止，程旼的家族也必然是被这大潮流裹挟而来，当为避乱、求生也。正因为其有中原文化背景，方有后人称道："秉义怀仁，化行俗美。奋起南齐之世，丕变东海之区。一介布衣，俨操谳决之柄，阋邑雀角，咸服是非之公。"① 于是，"后人思之，名其都曰义化，乡曰程乡，源曰程江，最后以程乡名县"②。

这一来，粤东一带，程旼自然闻名遐迩，清代程乡县令王吉人，在《重修七贤祠记》中称：

盖程乡为程处士义化之乡，而昌黎韩公过化之邑，其祠祀二公也，固也。至若曲江张公以客游至此（止），元城刘公以迁谪留徽，武襄狄公（青）之以平寇驻节，以及信国文公之以勤王恢复，取义而成仁，进士蔡公之以邑绅统兵，捐生而殉国，均非于邑有官守权势，足施政教而行董戒者。③

---

① 平远文史：第十二辑 [M]. 梅州：平远政协文史资料编辑委员会，2003：57、59.
② 谭其骧. 中国历史地图集 [M]. 1982年版1996年新版.
③ 平远文史：第十二辑 [M]. 梅州：平远政协文史资料编辑委员会，2003：62.

这七贤均与粤东有着密切关系，程旼和韩愈就不必说了，张九龄亦到过此地，刘元城在这里创立了第一个书院，狄青在这里平寇驻节，至于文天祥、蔡蒙吉，更在这里高举抗元义旗。

因此，几百年间，七贤祠成为粤东的人文亮点。

宋代徐庚诗：

> 程旼当年一匹夫，不操三尺制群愚。
> 片言能使人心服，万古江山与姓俱。①

其核心亦在"义"上——以义服人，以义聚人，以义传人。

这无疑是中原移民带来的汉文化的精华。

从程旼身上，我们可以解读出客家人的精神源头，那便是中原深厚的文化传统，"义"的传承。可以说，离开了这一源头，也就没有了客家人文精神的演进，否则，连"出身"都成了问题，还奢谈什么精神、道德、操行呢？客家民系以"万古江山与姓俱"的程旼为荣耀，不仅仅是这个姓，而是他的布衣身份与"处士"的品格，他的"以德化人，秉义怀仁"——这是我们今天所需要弘扬的人文精神。有人试图把程旼论证为"土著"只能是徒劳。

于是，我们借助"义招"的历史，补充与纠正了罗香林学说中关于较早一次大迁徙中缺漏的部分：客家先民在这次迁徙中，并未全受五岭、武夷之阻隔，其前锋业已抵达了粤东。而这一条，我们得到了实与虚两个方面的证明："实"即是考古、文献、历史地理方面的详尽可信的考证；"虚"则侧重思想史，人文精神自中原至粤东的传播——离开了"中原说"，失去了客家人文精神的锻造，也无以确认客都形成的历史文化之必然。

不妨再以黄遵宪的《己亥杂诗》来结束本文吧：

> 野外团蕉岭上田，世传三十子孙千。
> 元时古墓明朝屋，上覆榕荫六百年。

---

① 平远文史：第十二辑 [M]. 梅州：平远政协文史资料编辑委员会，2003：68.

河源的"三重绿色"

客家人有天生的崇文重教的历史文化底蕴，与经济知识、生态经济相亲。众所周知，未来的世界将是知识经济、生态经济一马当先，客家人当与过去一样，有着天然的优势，再度独领风骚，傲立潮头。

最后到达南方的客家人，先落脚粤东北山区，再向粤北山区发展，而后，一跃进入粤西桂东山区。即便在珠江三角洲地区，也形成了他们的"飞地"，这些"飞地"在平原近侧的山地，如中山市的五桂山等。如今，这些山区已成为了绿色经济的风水宝地，更在旅游业中大有用武之地，河源、梅州、清远、韶关等地的旅游业方兴未艾。

自然生态如此，社会生态也一样。

客家属地从武夷山、南岭绵延过去，像是地球上一块绿色的宝石，生态经济的前景无可限量，大量的山川河流尚未开发，不少宝藏有待被发现，旅游景点美不胜收。加上珠江流域在环南中国海经济圈上所具有的占位优势，粤港澳与泛珠江三角洲地区的其他八省自能再创经济、文化上的新奇迹。

经济生态、社会生态、文化生态可被称为"三重绿色"，显示的是和谐、开放的生命力。推动"三重绿色"，是河源山区科学发展的战略选择。为防止照搬沿海的发展模式，准确把握外部环境变化提供的机遇和自身优势，全方位的旅游格局无疑是重要选择。这条道路以人为本，依托良好的生态环境，营造高端的发展综合环境，通过全方位的旅游格局提高地方的文明程度与人的素质，向诸如瑞士等发达国家看齐。

恩格斯在《自然辩证法》中警示："我们不要过分陶醉于我们人类对自然界的胜利。对于每一次这样的胜利，自然界都对我们进行报复。"中国改革开放在创造和享受现代文明的同时，也给环境造成一定程度的破坏。一如他所预言的，粗放式的资源依赖型的经济发展方式，造成了珠江三角洲生态环境恶化的严峻局面。这些年来虽然广东在生态环境治理的力度方面不断加强，也取得了很大成果，但是生态恶化的趋势还没有得到根本遏制。如空气质量，若以不超出PM10（可吸入颗粒物）的正常值为标准，我国有70%的城市达标了，但是若按照不超出PM2.5（可入肺颗粒物）正常值的标准，我国70%以上的城市还没有达标，而这均集中在珠江三角洲等经济发达地区。

马克思从人口、资源、气候、环境等方面论述了人和自然可能产生的矛盾,提出在未来的新社会人类需要合理地调节他们和自然之间的物质变换,靠消耗最少的自然资源,实现人与自然的和谐统一。而今,欧美发达国家的第一产业和第二产业,即农业、工业,其占 GDP 的比重仅为 25% 左右,占 GDP 75% 以上的都是第三产业,也就是服务业,其中,重中之重则是旅游业,这在一定程度上实践了马克思的提议,成为很好的示范,令人激赏。

如今,出国旅游的势头一波高过一波,但国内第三产业中的旅游景点却不尽如人意,甚至连我国 GDP 的一半都不到,与国外的差距显然还很大。

河源如何在保护和优化自然生态环境的同时,发挥自然生态的优势,实现高端发展;如何在推动经济高端发展的同时,促进社会文明和精神文明共同进步;实现绿色高端发展中人的素质全面快速提升;特别关注和超前发展第三产业,尤其是知识产业、文化旅游产业、商贸服务业和创意产业,跟上世界的脚步,合理地调节和自然之间的物质变换,靠消耗最少的自然资源,实现人与自然的和谐统一,这是当今十分紧迫的大问题。

为此,我们不妨借鉴"他山之石"。

如瑞士,位于欧洲内陆,总面积 41 284 平方千米,大概是两个河源那么大,总人口 700 万人,是河源总人口的两倍之多。瑞士是目前世界上最发达的国家之一,不仅经济发达,还实现了生态、经济、人文良性互动的发展格局。瑞士有伯尔尼、日内瓦、苏黎世、卢塞恩、巴塞尔等知名的旅游城市,人口并不多,但在全世界都颇有名气。又如西班牙的毕尔巴鄂,已近沦为"废都",可因为一个独具特色的古尔海姆博物馆就立即风生水起、起"死"回生,成了世界著名旅游胜地。近来,闽西客家利用好"两岸客家"优势,进一步丰富中华文化的内涵。永定吴伯雄故里的土楼博物馆、上杭的客家族谱博物馆、宁化石壁的客家祖地文化园等十大文化工程,斥资数十亿。本没有多少旅游资源的番禺,也因一个长隆野生动物园逆势而上,珠海横琴的长隆海洋王国更是门庭若市。

其实,粤东的文化生态不仅不比闽西客地逊色,而且远远胜之。客家古邑这一历史文化品牌,名不虚传;古龙川是最早的中原人亦即客家先民的聚居地;客家文化正是在粤东这片风水宝地上成熟的。粤东更是我国最大的侨乡之一，拥有辐射全球的历史能量，成了世界客家文化的核心地区。自赵佗始，直至今天，产生了很多哀婉动人的历史故事、文化传奇。旅游之魅力，不仅仅在于自然景观，更在于人文景观，这就离不开故事。哥本哈根的美人鱼雕塑，不就是因安徒生童话吸引了全世界的游人么？

粤东不仅人杰，而且地灵。著名的霍山是广东七大名山之一，具有申报世界文化与自然双重遗产及国家地质公园的条件，阴那山、凤凰山等也同样拥有申报"双遗"的资质。大埔则有粤东"香格里拉"的美称……随手拈来，当是挂一漏万。

粤东更是中央根据地的南部屏障，当年的五（华）兴（宁）龙（川）红区，现在一一被认定为中央苏区县。粤东整个客属地则是中央苏区的组成部分及边缘地区，当然，应是红色文化最鲜活、最具魅力的所在，红色故事更不少。

以上概括的粤东客地的生态人文资源还是非常不够的。

同样，湖南是属于内陆平原，它的文化产业就很发达。其影视节目已居全国前列，在这就不一一列举了。过去20年，我率剧组上粤东拍摄长篇电视连续剧《客家女》，呼吁筹建客家历史博物馆（2006年曾在广东省军区体育馆试展），率众多博士、硕士，踏遍了粤东乃至赣南、闽西的山山水水，感慨良多，这才有占我全部文字量三分之一、有关的客家文化研究与创作的上千万字的作品。纸上得来终觉浅，如何在考察与研究中推动客地生态文化旅游资源的开掘与发展，写好客家故事，我们责无旁贷。

因此，综合各方面的情势，有国家"一带一路"的重大战略决策，有广东省打造文化强省的"天时"，有客家古邑之"地利"，还有众多客家文化人的积极性即"人和"，我们当做到有所为有所不为。

粤东生态文化可谓丰富多彩，美不胜收。有不少地方具有打造国家5A级景区的天然优势，不可久久"藏在深闺无人识"。仅以霍山为例，其自然条件本身是具备的，遗憾的是最具震撼力的景观在其南面，须经五华进入，因此未能予以开发。粤东的人文条件则更强，不仅有秦代得名的传说，古人亦留下不少文章、诗词以及相应的遗址，所以说，世界文化与自然双重遗产的优势是显而易见的。2010年，中国丹霞地貌共六处被列为世界自然遗产。其实霍山完全可以被列为第七处世界自然遗产，可惜错失了时机。目前仅靠龙川一县之力则难以打造5A级景区，广东省亦应引起重视，协调各方关系。霍山之人文意义，在于宋人朱何云曰"非华境亦非蛮境",从而成为中原汉人越过南岭的第一个开基之地,与佗城人文相映生辉。

在保护区与功能区划分之际,政府需进一步完善旅游交通设施,力争建立起世界级的旅游目的地。因为这里是全世界最大的客家大本营所在,是客家人的诺亚方舟,是客家族群崛起的圣地,且有着深厚的客家文化历史底蕴,尤其是拥有众多的客家旅游的重要"节点"和说不尽的"客家故事"。

广州客家,作为都会客家之研究

广州客家,作为省会客家或都会客家,一方面在地理空间上呈现出其自古以来的生态群落的特征,另一方面在经济空间上呈现出其生存拓展的历史能量。对于广州而言,它在文化空间上有着更为出色的创造力与竞争力,在城市化进程中凸显一个"耕山"族群的历史性演变。随着21世纪的到来,中国城市化的进程日益加快,"无客不住山"的客家,也同样参与都市化的进程,大量在乡村的客家人进入了城市,开始了全新的创业。因此,研究"都市客家",即客家人在城市的生存与发展,客家精神在城市的延续、发扬与升华,这都是颇为迫切且非常重大的命题。

众所周知,广州自古以来便是广府文化的中心地,连它的命名都是广府的依据,而广府文化始终是广东乃至岭南的主流文化,迄今亦不可能动摇。在一种文化的中心地提出另一种文化的存在,而且对这另一种文化进行深入、全面、多次的研究,之前尚未有人进行过。因此,所面临的困难、困扰绝非简单想象得出来的。毫无疑问,广府文化在其中心地是一种强势文化,历史上的辉煌与今日的兴盛都显而易见。而另一种文化,则只能处于弱势与次要的地位,其历史模糊不清,今日的发展亦有几分暧昧。这无论从人类学、社会学、城市学乃至经济学的意义上,都是如此。

然而,客家文化未必服从在应然之则下,作为"另一种文化"处于劣势与从属的地位,它在不断地打破所有"惯例"与"常态",在发展之中愈加突出自己本身的特质,从而在地理空间中站稳了脚跟,在文化空间更有出色的表现。无论是环境生态还是社会生态,其特质日益鲜明,从而再度证明其"特立卓行"的族群个性。于是,广州客家也就在不同的文化中心脱颖而出,作为一个历史的存在形成自身的概念。

这在一个省份的省会，或许是一个特异的存在。

客家大本营——即闽粤赣三省交界形成的10多万平方公里的地带比好几个省的面积还要大，但由于处于三省的边缘地带，客家文化不可能成为某个行政区域的主流文化，连各省的官方语言也轮不上客家话。广东有广府话，江西有赣语，福建有闽语，至于其他客家人口众多的省份，如拥有600万以上客家人的广西，500万客家人的台湾，也同样或更不可能成为主流。虽然汇集起来，客家的人口甚至比很多的人口大省的人口还要多，这自然是因历史原因而形成的。客家也只是在20世纪末，世界兴起了对多元文化的认可、推动与研究之后，才有了一席之地。海峡两岸客家文化的同步复兴，或许与世界多元化这一潮流是分不开的。1991年我在欧美切身感受到这一潮流的涌动，也才真正"转型"成为一名客家学的研究者，尽管之前已开始了客家文学的创作与研究。

在江西，位于客家大本营的赣州，由于历史的双重性——是古代的宋城与现代的中央苏区，在省内无疑有自身的优势与强势。赣州所拥有的18个县全是客家县，其拥有数量不仅于江西为首位，粤、赣也无法与之相比，因此，从地域上，赣州完全可以成为江西省的一个副中心——它拥有的大学数量，在江西省内仅次于省会南昌；而今，它的国内生产总值、城市建设，要比客家大本营中另外两省的客属地都强得多，作为客家摇篮的赣州，其文化传统也先于乃至优于其他客属地。也许，正因为这"副中心"的存在，客家人的凝聚力得到相应的表现，所以他们对于省会南昌的"楔入"，不曾有太强烈的欲望。

而福建，原先作为客属地的汀州八府，在中华人民共和国成立后由于行政区的划分，被分割到了三明、龙岩、漳州等地市，而三明、龙岩亦非纯客属地，与赣州、梅州不一样。当然，由于同有中央苏区的历史优势，加上传统经济的先机，各自也还发展得不错，近年来打造客家文化的力度，如十大客家博物馆等，甚至比粤、赣两省还大，其间出现的文化名人，无论是作家还是学者，也都出类拔萃，在全国拥有很大的知名度。而客家对省会福州的"楔入"，较之还是不是很强烈的，当然，福建的城市布局，对此也是有影响的，使之不可能在省会有更强的人口集聚及文化力度。

来到广东，情况就复杂得多了。

当然，广东是中国客家第一大省，不仅客属地面积占全省40%以上，而且客家人口数量也占有30%，达3000万人。梅州、河源是纯客市，惠州、韶关以及清远的客家人也分别占该地总人口的80%及60%左右。不仅如此，"半山客"在潮汕四市也拥有相当大的比例，数以百万计。珠江三角洲、粤西各市都存在大量的客家飞地，如湛江、茂名等，甚至连被认为是纯广府人居住的番禺，都有客家村的存在。

但是，无论是作为"世界客都"的梅州还是"客家古邑"的河源，都不可能具有赣州作为江西省"副中心"的地位。历史上，粤东有潮州，粤西有湛江，成为东西两翼，轮不到梅州、河源乃至惠州。而现在，更多出一个与广州一争高下的特区深圳——深圳原住民与第一批"外来工"主要还是客家人，但它容纳的是全国新客家，甚至其主流语言早已是普通话了。所以，在广东，客属地不曾有"副中心"的地位，当然，也不似福建那样，被划得支离破碎。

这一来，在全国第一客家大省、客属地占全省近一半的广东，
也就是说，客家人显示自身生命力的舞台在哪里？

省会客家亦可以被视为省会中的一个族群，它不仅相对于省会的主流族群——广府人，同样相对于其他的客家族群，如滨海客家、汀江客家、东江客家——它们亦在同一个省份内。因此，无论是相对于广府还是相对于客家本身不同区域，省会客家的产生并不是被孤立的，更不是无本之木、无源之水，它不仅与广府人有不同特性，与滨海客家、东江客家亦有不同之处，毕竟，它处于省会这样一个特殊的政治、文化、经济、地理中心，从而形成了与他处不同的情状、特性，需要对自身作一番新的认识。尤其是与广府人之间关系的和谐相处或冲突，其间的松弛或紧张，是其获得生存机会、发展动力乃至成功的关键。所以，提出这一命题，是现实中自然发生的，而且是发生在"滨海客家"提出之后。

改革开放以来，最早结书出版的客家学研究著作，莫过于由同济大学出版社于1989年1月出版的，由张卫东、王洪友主编的《客家研究》（第一集）。此书完稿于1987—1988年间，正是我国台湾地区"解严"之后，"还我客语运动"方兴未艾之际。我一直认为，两岸的客家文化复兴完全是同步的、相互影响的，并不存在什么先后问题，彼此当是"心有灵犀一点通"。张卫东、刘丽川伉俪最早介入的是深圳的客家文化。《客家研究》中就有他们的文章——《论客家研究的几个基本问题》。20多年来，他们一如既往，直至古稀之年，仍坚持深入研究深圳及滨海客家。

"滨海客家"的概念，正是他们在研究深圳客家的基础上提出来的。但"滨海"的范围已远不止深圳了。

我曾撰文，认为深圳或当年的惠州、宝安，是客家属地的入海口，尤其是东江客家，正是从这里走向海洋、走向世界的。这有太多的典型，如马来西亚首都吉隆坡开埠功臣叶亚来，广东人民抗日游击队东江纵队领导人曾生等。我们亦深入到与深圳龙岗相邻的东莞凤岗，那里的排屋与碉楼，分明是由客家人的围屋、围堡所演变过来的。

最引起我关注的是刘丽川对龙岗"坑梓黄"的调查。她调研发现："在坑梓60平方公里的土地上，黄氏宗族从乾隆年间的'新乔世居'算起，至宣统、民国的'颐田世居'，大大小小的围堡就建造了30多座，还有不同时期（包括现今）修建的分布在各村落为数不少的'散屋'，组成了一个大黄氏宗族群落。"

为此，我也到龙岗坑梓多次，且听到一个黄氏家庭在十三行的传奇。一位姓黄的老人家，忽然想吃白胡椒，便传话给在十三行经商的儿子，儿子却误会了，立即把十三行的白胡椒全部买了下来，没想到，第二年海外的白胡椒断货，他囤积的白胡椒卖了一个好价钱，黄家就这么发达了。原本，一般人认为广州十三行不会有"重义轻利"的客家人，可这个故事却证明客家人一样进入过十三行。作者署名为"庾岭劳人"的《蜃楼志》是我国古代唯一一部关于广州十三行的长篇小说。崇文重教，善于文史者，在广东当算客家人出色，"庾岭"者，大庾岭也，在宋元之后，尤其是明清年间，生活在那里的绝大多数是客家人，因此，为十三行留下这一历史文化记录的"庾岭劳人"，也就只能是客家人了。

仅这一事实便可以证明，滨海或深圳的客家人已不仅仅是农耕文化的身体力行者，他们的身上同样已有了经海洋文化影响的印记。

因此，在张卫东、刘丽川所在的深圳大学召开的关于"滨海客家"研讨会上，与会专家就以下几个方面作了学术演讲和研讨：从滨海客家的文化发展看客家文化的现代转型；滨海客家民俗事项考察；客家文化、移民文化与文化认同；深圳客家文化与社会主义和谐文化构建。我作了发言，认为海洋文化的两大特点是向外迁徙和商业文明，这两点在滨海客家中都有突出体现。比如东南亚很多成功的华人商人都来自广东沿海客家地区，改革开放后深圳的客家人更是吃了商业发展的"螃蟹"，产生了一批在国内享负盛名的企业。在儒家传统观念中，"商"为最末一等，而滨海客家不拘泥于教条,开拓创新,才有了"客人开埠"的成就。

其他人也同样对滨海客家这一提法予以充分的肯定。

近代以来,中国历次革命的策源地大都出自沿海,新的、革命的思想文化及其代表人物也大都出生在沿海,如孙中山、康有为、梁启超等。特别是进入改革开放后的中国当代社会,在沿海兴建的经济特区被选定为中国改革开放的试验场,决定了经济特区"排头兵"的角色:不但要成为经济发达地区,而且也要成为新文化建设的先导地区。可以说,深圳本土客家文化,与改革开放后涌入特区建设者的移民文化,融汇而成一种海纳百川的新客家文化,这种新客家文化正是内陆文化与海洋文化交流融合的结果。无论是在救亡图存的岁月还是在改革开放的年代,这种得风气之先的文化形态始终是激活中华传统文化的强大力量。

这些报道只是提纲挈领式的,但无疑"滨海客家"拓开了客家研究的新领域,也颠覆了客家人只有农耕文明的传承这一说法。

其实,更大的证据远不在此。

众所周知,广东有三大侨乡。

第一大侨乡是如今的江门市,它包含曾被称为"四邑"的台山、开平、恩平、新会,其在外的华侨人口数量,几乎等同于一个江门的人数。尤其是台山,在外的台山人比本土的还多。江门是广府人的侨乡,如今,全国最大的华侨博物馆就落户在江门。那里还有个"院士广场",30多名院士皆出自本地,可见当年受世界上先进的科学技术与文明的影响之深。

第二大侨乡是潮汕地区,小小的一个潮汕平原,被誉为海滨邹鲁,可见自韩愈主政以来,潮汕文化是如何勃兴的,潮汕人自古以来就有"爱拼才会赢"的精神,敢于驾船出海,同样有"海外还有另一个潮州"之说。

第三大侨乡则是梅州,客家人聚居之地,又被视为"客都"。

前两个侨乡都在海滨,出海可谓稀松平常。可是,梅州却在远离海滨的粤东北山区里,为什么会成为侨乡?这就值得探究了。

经过多年的考察、研究,我终于发现:

长期以来,我一直纳闷,以"耕山"著称,稻作文化兴盛的客家人为何在远离滨海的山区——梅州,却出了一个海外有300万华人华侨的侨乡,可与珠江三角洲上的五邑媲美。在主编《客商》一书之际,黄启臣教授专门为这部书写了"明清梅州客商"一章,其中提到,早在明朝嘉靖年间,程乡（今梅州）就有商人林朝曦等人，与饶平的张琏结盟，自号"飞龙主人"，先后在粤闽交界经商，明万历年初，林、张二人更到三佛齐贸易，列肆为番舶长。

而这仅仅是个案。

这回，却在光绪《漳州府志》中读到：

中丞阮鄂率兵讨倭，倭走南澳，乱民从倭者，集梅岭，从万家。众议往屠之……中丞曰：其在浙、直为贼，还梅岭则民也。奈何比歼之。

不由得大吃一惊，"集梅岭，从万家"，是何等规模。

这终于消释了我心中的疑团。因为凭此，已不难解释梅州今日为何会成为著名侨乡的历史原因了。

原来，我还认为十三行行商只是广、潮（闽）人，后来又听说有骆姓的客家人，但始终将信将疑，现在看来，应该不存疑义了。

需说明的是，过去一般视"倭"为日本人或在东洋行凶的海盗——当然是中国人，如我们解决了"亦盗亦商"的认识，便能明白，为何中丞认为他们"还梅岭则民也"，不可以"贼""盗"讨之。而这里所说的"梅岭"，则是指粤东至粤北一道，并非梅关古道那一段。

可见，"集梅岭，从万家"，当是重返那里的客家商人，明嘉靖、明万历年间，客商活动于粤闽交界处，后来更至三佛齐（马来半岛）做海上贸易，甚至当上了番人的舰长——这与后来十三行行商当外轮的大股东已经太接近了。

如今，联合国已在梅县的松口——当年下南洋的客家码头建了一个通往印度洋的海上丝绸之路广场。

当年，我到南非参加国际会议，曾意外地得知，早在100多年前，到达南非开金矿的近10万中国人中，客家人与顺德人几乎各占一半。在那里，我还找到不少来自两地的老华侨，通客家话与顺德话。

通往印度洋的这条水路上，有毛里求斯等七个国家，竟有不少客家人，有的客家人还成了当地的政要和一些行业的领导人。

以上随手拈来的事实证明，作为第一大客家省中的客家人，其为谋求自身的生存机会，始终坚持迁徙、拓展的传统，这才有了滨海客家的辉煌。

在张卫东、刘丽川的"滨海客家"中，广州的增城同样被列入，而且是其重中之重，有不少与之相关的调研报告与研究论文。

这一来，滨海客家与省会客家在相当范围内发生了重叠。

其实广州十三行中的客家人，又何尝不是滨海客家呢？

从滨海客家导入省会客家，自是水到渠成了。

毋庸置疑，省会客家同样具有滨海客家的特点，即共同的海洋性与拓殖力。

那么，两者又有怎样的不同使之能被区别开来呢？

先看共同的背景：滨海的地理因素、迁徙与拓殖的与生俱来的"基因"或能量。这都是显而易见的，正是这样的共同背景，使彼此能相互认同。

不同之处又在哪里？

滨海客家对外的拓殖，是基于生存的空间，具有很大的经济因素，"客人开埠"的海外民谚证实的正是这一点。

可对于省会来说，除开经济诉求外，更大、更重要的则是政治社会的诉求，以求在这么一个南方大省的省会争得自身族群的一席之地。

因此，广州不仅是广府人的中心地，作为省会，它更是全省人的政治、经济、文化中心。全省最大的族群是广府人，第二大族群便是客家人了。

而在广东，并不存在一个如赣州这样的"副中心"。

在改革开放之前，也不曾有广东的第二大城市深圳的存在，而作为东西两翼的潮汕与湛江，历来就不是客家人的属地。

因此，在经济诉求之上，更有政治、文化上的诉求。

当年粤西的土客大械斗，除开田土的争斗外，更重要的是科举名额上的争夺，以至酿成了双方死伤总共五六十万人的历史惨剧。

毫无疑问，客家人要在广东充分争得自己的权利，展示自身的才华，充分发挥自身的各种能量，就必须有自己的一个舞台。

而省会广州，正提供了这样一个舞台。

从客家人脱离了蛰伏状态之后，在近代史上崛起，他们的第一个舞台，就是在这客家第一大省的省会广州。

太平天国运动便是由生活在广州北郊花县（今广州花都区）的洪秀全发动的，给最后一个腐朽的封建王朝以致命一击。

当年由孙中山领导和组织的同盟会中，客家人占了40%，成为骨干力量。广州黄花岗起义参与者大都为华侨子弟，其中不少是客家人……

当年黄埔军校设在广州，其中的客家子弟，国共两党均有，各自战功赫赫，有叶剑英、邓演达、黄慕松、温克刚、范汉杰等校官以及众多的客家学员，数不胜数。

广东历任的省政府主席、省长大多数为客家人，民国有廖仲恺、罗卓英、陈济棠、黄慕松等，中华人民共和国成立后，更有叶剑英、曾生、叶选平、谢非、朱光、杨资元等。

中山大学的创始人邹鲁是客家人。

大学者中，如陈寅恪、王力、钟敬文等都是客家人。

……

这是一份几乎无法穷举的名单。

在这里，我们应该特别指出的是，今日已成为显学的客家学与广州客家是分不开的，这也是客家人拓展文化空间的一次努力与成功。客家学的大学者罗香林，被视为"集大成者"。在他之前，为其集大成奠基的则是赖际熙。赖际熙是广州增城著名的学者，有"太史"之誉，他在《崇正同人族谱》中，第一次以上万言的篇幅，详细地追溯了客家人的历史源流，篇名就是"源流"，他上承和平徐旭曾的《丰湖杂记》，下接罗香林的《客家源流考》，他是客家学中承前启后、不可缺少的一个重要人物，他的增城、赤溪等县志及其他作品，亦是客家学中不可或缺的经典之作。也就是说，客家学的创立与成熟，与广州这个省会城市是分不开的，也证明了客家文化是如何在省会破土而出并生根发芽，长成参天大树的。

因为客家学的发迹，后来才有潮学、广府学相继出现。

凭此，我们便可以看出，省会客家人在各自的领域中是如何发光发热风光无限的。他们在不少方面，丝毫不逊于广府人，甚至更为出色。可以说，广州成了客家人在近现代史上最为辽阔、出色的大舞台。与重商的广人、潮人相比，客家人在从政从文上更有作为。

而这些特色，则不可仅以滨海客家来概括。

自然，这与中国的历史地理是分不开的，文化重心的南移，自南北朝时已见端倪，到了两宋，特别是南宋，经济重心更是到了南方。明清的

"天子南库"便在广州。及至晚清,李鸿章惊呼"三千年未有之变局",讲的不仅是经济重心问题,更是政治、军事问题了。最终,令两千多年的封建王朝一朝倾覆的,则是于南方启动的民主革命。

这样一来,南方更成了客家人的政治、军事的舞台。

毕竟,客家人在近千年间,由中原到东南沿海,从蛰伏到破土而出,迅速崛起,与中国政治、经济、文化的大变局密切相关。

南方的中心是广州,直到今天,"北上广"中的"广"仍是三足鼎立中的一足。这样一来,广州使客家人有了用武之地,其有深厚的文化底蕴,本就一直蓄势待发,如今迎来了历史的机遇,从生存、经济的层面,上升到文化的层面。所以,客家人在政治、军事、文化方面的突出表现令人激赏。

省会本就是凝聚全省各地精英的地方,因此,广州吸引了大量客家的人才。作为广府人的中心地,又是省会,同样也成了岭南文化的中心地。岭南文化中,也就包含了客家文化、潮汕文化,其中客家文化有着其独特的表现。所以,作为广州客家,便是省会客家,承担了省会所应具有的众多功能。而一个省会,作为行政中心,就有政治、军事、经济诸多功能——这与中国的文化史、移民史、人口史、区域经济发展史是相一致的。

纵然是"客"——外来者,却也这样牢牢地在南方扎下根来。

最让学者兴奋的是,广州客家或省会客家,在以不同的方式,成片状、带状或者点状进入省会的地域,并与本地人即广府人和谐相处,流传着不少佳话。王李英、刘丽川所专门考察、调研与论证的增城区广客的和睦交往、情同手足的历史故事,是对省会客家研究的一大贡献。本来,客家人在土地、文化上(包括科举名额)几乎不可避免地与本地人发生矛盾与利益冲突,可他们如何以柔性的姿态、宽广的胸怀化解了这一切,则值得后人仿效与深思。虽然刘丽川把这作为滨海客家的课题,却无意中打开了另一扇门。

我们做好都会客家的课题,其旨归便是,如何让客家更好地融入这样的地理文化的空间,如何更好地抓住当今多元文化发展的历史机遇,如何汇入中国改革开放、经济全球化的大潮中。

无论是从过去还是从今天出发,我们都相信,客家人无论在怎样全新、不同的环境下，都有着惊人的适应能力，都能够有更出色的表现。

让我们进一步深入到广州客家的区域之中。

如前所述，他们是呈片状、带状、点状的方式进入到广府人的中心地的。

这同样是一种生态群落。

在离中心城区较远的地方，如增城区，客家的人口数量占有约40%。客家的区域是呈片状联结在一起的，这在地图上可以清晰地划分出来，有明确的族群地域边界。而在客家人比较多的花都、从化等区，这种片状联结亦不少，有的是几个镇连在一起，有的是不同的几个镇中若干个乡交互在一起。

到了近郊，这种片状便演变成了带状或线状，最典型的莫过于白云区，从帽峰山往东南，直至白云山、龙洞一带，就是这种形态，其间，有半个镇或若干个乡连接在一起，对广州城区呈新月状。

还有则是点状了，这在中心城区的天河区、越秀区为多。

过去，在潮州府有"大埔无潮，澄海无客"一说，即大埔没有潮汕人，澄海没有客家人。而在广州，如番禺区，过去是"无客"的，但是，经我们调研发现，番禺区邻近原来的滩涂处，却有一个客家村，该村在番禺的时间也有好几百年，对此，我们做了一个专题，以引起人们的关注。

在广州的中心城区，有点状式的聚落，如过去的虹桥街道就集中居住了数千户客家人，但随着旧城改造大都搬迁了，新立起的高楼已很难划分出住的人家是什么人，大都是混住的。不过，虹桥客家留下了一件很好的"遗产"，那便是每月的十二日，他们都会在就近的越秀山举办一个山歌对唱的活动，一直持续到今天，这已成为广州一道绚丽的人文风景。

出乎意料，改革开放之后，在广州大道北的五仙桥，形成了一个全新客家人的社区。居民都是20世纪80年代之后由福建诏安迁移过来的，如今居民人数数以万计。他们在广州经营有社区、企业、物流等行业，且经营得有声有色，他们既是新客家，又是老客家。显然，广州经济腾飞给了他们大展拳脚的机会——这也成了一个有待研究的专题。

自古以来，"无山不住客，无客不住山"，无论在何处，客家人与其他族群都自会形成其生态群落。如中国台湾地区，山上是原住民，山腰大都是客家人，山下临海之地大抵是闽南人。而在广州，我们也不难看到，远郊的山区或丘陵地带，如从化、增城、花都等地，客家人所占的比例就多一些，远郊地带客家人分布得就相对少一些，到了城区，便是只点状分布的或完全分散开来了。

对于我们来说，还有另一种"生态群落"，那是与价值取向、人文观念密切相连的。

而这些取向、观念则最终导致社会分工的不同。

在过去，广州的大学中客家人的比重是最大的。

而在从商的人群中，如十三行，客家人则相对少一些。

当然，如今的客家商人也不可小觑了，我主编了一本《客商》，专门有介绍广州客商的一章。

一切都在变化中，变是唯一的不变。

综上所述，省会客家一方面在地理空间上呈示出其自古以来的生态群落特征，另一方面，在经济空间上呈示出其生存拓展的历史能量。而滨海客家，对于广州而言，它更呈示出其在文化空间上更为出色的创造力与竞争力，在城市化进程中凸显一个"耕山"族群的历史性演变。由此可见，广州让客家人更有声有色，有如洪钟大吕，留下清晰的时代足音。

今日提出都会客家这一概念，权当是抛砖引玉，相信日后将有更多的发现。

这几年，我们出版了《广东客家史》《客家文化大典》，作为个人，还完成了《客家文化史》上下两卷、《华南两大族群的文化人类学建构》等众多专著。对于这部《广府客家》究竟怎么做才能有所创新有所突破，已困扰我多年了。

这些年，无论是史、志类，还是博士论文之类，由于历史上八股文的遗患，加上近年教育体制上的僵化与混乱，致使它们都变得程式化、呆板、艰涩、空洞无物。开篇必为选题依据、概念辨析、研究现状，还有论文综述、可能的创新与观点等，千篇一律，千城一面，了无生气，苍白无力。

如果都按今天的要求去写作，那千古不朽之史著——司马迁的《史记》显然是不合格的，而古希腊和古罗马出众的经典之作，几乎只能算是纪实与小说了，够不上"史"与"论"的标准，尽管对读者而言，《史记》比今日的规范性史著要好读得多、耐读得多。

包括如今一部部译出的《剑桥中国史》，恐怕也不会规范。

因为，它几乎是一个个朝代中罗列出的一个个专题，并以一个个专题做出的一篇篇大论文，没有年代的衔接，甚至没有比文字更多的注释。自然，依我们的观念，"史"是算不上的，不够格；"论"也不足道，欠规范；只能是不伦不类，非驴非马。

但是，我们从中读到的历史却又丰富得多、深刻得多。

辗转反侧，最后"立定心肠"，就做这么一部非驴非马的东西好了，能有所得则言之，无所适从则避之，有话则长，无话则短，决不生拼硬凑，更不去套什么"起承转合"的八股，也不管它什么规范与程式。

但愿读者能从中有所得，功过是非，唯有读者知之。

元好问《论诗三十首》中有云：

纵横正有凌云笔，

俯仰随人亦可怜。

说得真好！

客家与南方的人文生态群落

众所周知，粤商曾在近代经济史上独领风骚。在晋商及其票号衰落后，徽商及其盐运式微，而粤商与近现代世界先进的经营理念较早接轨，在与浙商共同崛起后，则以其深厚的历史底蕴、更为广阔的市场或商品流通范围，成了无可争议的佼佼者。最早则有自明中叶到清中叶的广州十三行；而清末民初，粤商则成为东南亚乃至全世界海上贸易的主干。在人们的意识中，粤商似乎便是广东商人，但是，在众多关于粤商的书籍中，被当作粤商代表或典型的第一位，却是客家人张弼士。百年不衰的名牌企业张裕酿酒公司（现为张裕集团），便是他创立的，第一条纯粹由华侨投资兴建的民营铁路，也是由他与一对客家兄弟张榕轩、张耀轩筹资兴建的。也正是这些企业的兴建，他们实现了由"红顶商人"向实业兴邦的转换，并且倾资于中国的民主革命，支持孙中山推翻了两千多年的封建帝制。而这又有别于浙商、红顶商人胡雪岩等人，往前追溯，曾主持中国对外贸易数百年的十三行中不仅有广府商人、福建商人、安徽商人，也有客家商人，如骆姓的客商，又如龙岗的坑梓黄，如今他们留下的六代人不同巨大的围堡，令人惊叹。

关于客商的发迹，有着很多的传说，这些传说无不指向其凭自己的诚信与才干，把事业做大做强的历史。传说自是有神化，但当中能体现出来的，则是整体的文化精神，即创业靠的是诚信。在南洋，诸如"大伯公"张理、罗芳伯、叶亚来等，他们分别定居在槟榔屿、加里曼丹及吉隆坡——至今吉隆坡还有一条叶亚来街，以纪念这位开埠者。因此，南洋一直便有一句话：客人开埠，广人旺埠，潮人占埠。这三句话，集中突显出客家人在创业之际，如何敢于开拓，在不毛之地创造商埠的精神。

我们亦不难看到，在南洋，客家人正是凭着自身对世界经济制度的敏锐嗅觉，抓住较为前沿的产业，如铁路、航运业——这都是张弼士及张榕轩、张耀轩兄弟所从事的。而后来，又如胡文虎的万金油产业，以及胡仙建立的报业王国，都与知识传播等分不开。

粤语云：粤人社会的太阳永远不落；

客语云：凡有咸水的地方都有客家人。

现在人们总是把二者混淆，把不同个性的两大族群混为一谈，实在大谬特谬也。

客商也有四句话，那便是：诚信为本，知识为道，家国情怀，天下一家。

改革开放以来，虽然客属地因地缘关系一度落后，但后发优势也是显而易见的。不说远了，20世纪80年代打拼出来的电器业三大巨头——TCL、创维、康佳，它们的创始人全是客家人，他们都是毕业于华南理工大学的。可见，由于客家人天生的崇文重教的历史底气，使得他们与经济知识相亲，与生态经济相亲。众所周知，世界的未来，理所应当是知识经济、生态经济一马当先，客家人的企业家，当与过去一样，凭借着天然的优势，再度独领风骚，傲立潮头！

在南方，支撑改革开放、经济腾飞进程的，主要靠两股力量。

一是海外的投资而这一投资，虽说是外资，但90%左右也都是华资。

当时的华资经济，比中国国内GDP总额还高，改革开放之初，国际上华商的实力仅次于犹太人，有7000万亿元资产，是世界上最大的一个经济团体。大批的爱国华商踊跃投资中国内地的企业，建工厂、办学校、捐医院……我们所实际利用的外资，其主要部分仍是华人的"华资"，他们为中国改革开放做出的历史贡献，再怎么高估也不为过。可以说，仅从经济改革而言，中国与俄罗斯几乎是同时进行的，但正如俄罗斯学者所说的："导致两国（中俄）经济形成截然相反局面的决定性因素，是中国拥有爱国华商。"得出这样的结论，并不是草率而简单的，而是经过大量调查与深思熟虑的。

这些年来，我出国讲学次数不少，无论是在欧美还是在亚非，我都遇到不少广东华侨。在非洲的最南端，我曾遇到过顺德人与客家人，了解到他们艰难的创业史。正是他们在国家需要的时候，或投身革命，抗御外侮，粉碎法西斯侵略；或将全部身家投入到国家的经济建设之中。对于华人华侨对国内经济、文化、教育事业的有力支持，我曾用"反哺"这个词来描述。

二是最早到深圳特区创业、打工的客家人。他们早早到了深圳，有的亦到了香港，如前边提到的电子三大巨头和华为公司的创始人。当然，还有富绅集团的缪寿良、李清华等，他们都抓住了开放的机会，从无到有，白手起家。而打工者中，如安子，成了"打工作家"，也办起了自己的公司……这样的例子，不胜枚举。

无论是国内还是国外，客家人都对公益、教育、卫生、慈善倾注了大量的心血，这也是客家人崇文重教的传统，如由祖籍为广东大埔的香港企业家、慈善家田家炳资助的田家炳大楼，遍及各大城市的中小学校；由籍贯为广东梅州的香港金利来集团有限公司创始人曾宪梓捐资兴建的曾宪梓中学也是如此。只有教育薪火相传，才可保持客家人在知识经济、生态经济上的优势。

从自然地理、社会生活诸方面而言，三大民系可以说形成了广东乃至珠江流域的生态群落。最早来到广东的广府人，是沿珠江的主干——西江向东发展，占有了西江流域与珠江三角洲的广大面积，形成了"江海一体"的态势。稍后来的潮汕人，则拥有了韩江三角洲即潮汕平原。最后到来的客家人，先是在粤东北山区，再向粤北山区发展，而后，成蛙跳式地进入粤西桂东山区。即便在珠江三角洲，也形成了他们的"飞地"，而这些"飞地"则是在平原近侧的山地，如中山市的五桂山等。如今，这些山区已成为了绿色经济的风水宝地，更是旅游业的用武之地，像河源、梅州、清远、韶关等地的旅游业亦是方兴未艾，前景无可限量。

自然生态如此，社会生态也一样。广府人重商，最早办企业，当年仅顺德的产业工人，比同期上海、天津的还多。顺德可以说是中国产业工人诞生地之一，今天的"顺德制造"正是基于这样一种历史的底色。这就不难解释自立、自强的自梳女为何会出现在这些地方。而儒家文化色彩较浓的客家人恪守的是"学而优则仕"的传统，崇文重教，不读书意味着没出息。民国时期广东历任近十届的省长、省主席，全是客家人，中华人民共和国成立后，历任省长、省主席的客家人就有叶剑英、朱光、叶选平等人，更不用说孙中山、朱德、叶剑英、胡耀邦等一代伟人了。我在散文集《珠江远眺》中提到，自己在湖南生活了三十年，重返广东，与我意气相投的首先是客家人，如果抛开个人感情因素不说的话，那便是客家人与中原有着太多的血脉相连、文气相通吧。

经济发展上，这种生态群落现象也很明显。当年最早开发婆罗洲、槟榔屿、吉隆坡的便是南洋的客家人，像罗芳伯、张理、叶亚莱等。在广东商帮中，居榜首的也是客家人，那便是开创"张裕葡萄酒公司"的张弼士，客家商人当年大都是儒商，是"红顶商人"，这与他们的文化传统分不开，张弼士也不例外。他在中国近代经济史上开创了很多的第一，如创办第一个远洋轮公司，投资广三铁路、粤汉铁路，是中国民族工商业之翘楚。广府人中，有陈启沅这样的最早的制造业先驱，而闹得风生水起的则是有名的"四大公司"，四大公司之首是先施公司，后来的永安、大新、新新公司，都是从先施分出去的。马应彪、郭、蔡氏兄弟等四大公司的创建者，均系旅澳的中山人。是他们开创了中国现代百货业，以"不二价"之诚信以示国人，至今仍不乏警策意义。他们是纯粹意义上的民间资本家，没有任何官商的色彩，他们也是辛亥革命最根本的民族支柱。"广人旺埠"也是这么来的。到今天，像李嘉诚等一批潮汕商人，更跻身于世界巨富的行列，在福布斯排行榜上牢牢地占住了一席之地，这里就不一一列举了。

三大民系，精诚团结，取长补短，可以说，他们与今日的知识经济、生态经济有着天然的亲和力，是可以大有作为的。毕竟他们都重教育，重知识的力量，有着开放的心态，能在第一时间内学习、吸收来自任何方面的先进科学技术，并有所创新、有所发展。客家属地从武夷山、南岭绵延过去，是地球上一块绿色的宝石，生态经济的前景无可限量，大量的山川河流尚未开发，不少宝藏有待我们去发现，旅游景点美不胜收。加上珠江流域在南中国海经济圈上所具有的占位优势，粤港澳与泛珠江三角洲其他八省，自能再创出经济、文化上新的奇迹。

因此，在这一宏观背景下，广大的客商如乘势而上，必将再度引领潮头，在知识经济、生态经济上创造更大的奇迹。

四、"客人开埠"

历史投影与未来构想

在广东省委组织的一套关于改革开放30年广东省文化建设的丛书中,认为客家人同样拥有海洋文化精神的观点,被视作这30年间思想解放、深入研究的一个重要成果,这也是在传统文化影响下对客家文化认知的一个新突破。毫无疑义,时至今日,这已经成为一个历史共识。

海洋文化精神,概括起来集中在两点上。一是拓殖海外。客家人在南洋一直有"客人开埠"的盛誉,正是拓殖海外的最好印证。梅州是著名的侨乡,数以百万计的客家人遍布亚非、欧美。"凡是有咸水的地方就有客家人",无论这句话中是苦涩还是欣慰,所说的却是一个颠扑不破的事实。第二点,则是商业文明。西方,尤其是美国,讲的是"以商立国",且迅速成了海洋大国。而我们自古以来强调的却是"以农立国",连游牧出身的大清王朝,入主中原后也遵照历来的传统,皇帝每年都得做一次"秀",亲自下乡,装模作样地扶住犁耙耕田,以示对农耕之重视,祷告上苍,保佑这一年当风调雨顺。所以,士农工商,商为末业,不仅不被重视,还多加限制,并让人瞧不起。唯有东南沿海,远离清朝政权,且2000多年来颇受海上丝绸之路的濡染,"忧贫不忧道",走的是"通商裕国"的路子。虽说没敢称"以商立国",可当年重用改革家王安石的宋神宗却说过,广东过去是"笼海商得法",方富可敌国。而宋代的商业之发达,居当时世界之首。后来的历史学家每每不胜慨叹,如果没有崖门之役,宋代的商业文明就会发生中断,中国就有可能发生商业革命,比西方更早进入资本主义。

当然,历史没有如果。

因此,客家人的商业精神是"与生俱来"的,还是后来到达东南沿海受地域上的文化影响,才渐渐形成的?

说"与生俱来"是因为在整个国家的商业最为发达之际,客家人也脱颖而出了——目前，一般的共识是认为客家人形成于两宋之际，所以形成时便带有宋代的商业文明的历史印记，商业精神自然也就是从诞生的那个年代带来的，这不无道理。

说客家人后来受新的移民地文化影响，论据也是充足的。所谓"无客不住山，无山不住客"，但新的地域环境，以中原视角来看，也仍是在东南沿海，在"海边"——哪怕离真正的海岸还有几百里。当年，章太炎也是凭此认为客家人同属海洋文明一族的。以广府人的视角来看，客家人来自中原，来后照旧在"耕山"，而且儒家文化的色彩又那么显著，归入海洋文明一族多少还得打几分折扣。虽然客家人后来也漂洋过海，却也是生活所逼，并没"开海"的自觉。所以，"后来的影响"才是客家人拥有海洋文化精神的根本原因。

虽说提出客家人同样拥有海洋文化精神的"始作俑者"是我，但对人们就此提出的这两大争议，我一直未曾有过正面的回应。借此客商大会之际，来个追根溯源，以回应上面的问题。

人们常说的"正名"，首先便是对某事物精神、意识上的认可。对客家人的海洋文化精神的"正名"更是如此。

怎么"正名"，则是要"名副其实"。"实"又是什么？那便是客家人的历史事实。只有这一历史事实，方可证明客家人所拥有的海洋文化精神：这便叫"循名责实"。几千年来，中国人的名实之辩，从来是回避不了的。

所以，若要正名，则须溯源。

怎么"溯源"呢？

早些年间，我在做十三行的研究时，并没有把客家商人考虑在内。作为十三行行商的后裔，自是深受周围环境的影响，认为这仅仅是广府人与福建人惨淡经营的事业。当然，十三行的历史意义在于，在那样一个大航海时代，中国行商所拥有的气魄、所具有的历史能量——不仅仅指财富。尽管清朝允诺广州"一口通商"，但仍制订了中国商船的大小尺寸，让中国商船造得很小，无法"通夷"，可客家商人却敢背着清朝政府，在欧美的大帆船买下了股份，成了不少"外船"最大的股东，争取到最大的利润。他们不仅是海上贸易的商业巨子，而且同样是国际金融业的巨子，他们买下美国等多国的国债，还投资横贯美国东西的太平洋铁路与其他大工程……十三行鼎盛之际，中国的 GDP 占世界 GDP 总量的 32.4%，

"通商裕国"这一理念，正是与十三行同时发生的。

只是，我一直没与客家联系到一起。

直到近年，我才在浩瀚的资料中发现，十三行商人，不仅有广府人、福建人，也同样有骆姓的客家人，甚至有当时的"官商"及满族人。

不过，我仍纳闷，远在粤东山区的客家人何以会出现在十三行商人的行列中呢？

当年，在《客商》一书中，我曾写道：

笔者正在做"十三行商人"的研究，曾富可敌国、名列当时世界首富的十三行商人，却是在鸦片战争之后，立时败灭，不是破产倒闭便是被流放充军，但更重要的原因则在于"五口通商"以及上海、香港的开埠。无独有偶，驰名全国的晋商、徽商，也几乎同时走向了没落，晋商的没落，是因为威名赫赫的山西票号，无法与现代的商业银行相抗衡，咸丰七年，英商麦加利银行设分行于上海，票号也罢、钱庄也罢，统统寿终正寝了。而徽商的衰亡，一说是缘起于陶澍在两淮实行的"改纲为票"，令暴富的盐商（徽商的主干）纷纷破产；二说则因太平军于徽州与清军打拉锯战，兵荒马乱，徽商自身难保。然而被称为"红顶商人"的胡雪岩，作为徽商最得意的人物，恰巧在乱世中如鱼得水，聚财千万，名满天下，直至1883年才步入穷途，沦为钦犯，被抄没家产，未得善终。其以"官商"发迹，亦以"官没"而终了，其荣其衰，恐怕也是十三行商人财灭的主要原因之一，即亦官亦商分不开。

故清末期著名思想家郑观应断言，官非但不能护商，而只能害商。也许，正是有这么一位思想先导，粤商在晋商、徽商陆续败灭之际，不仅把持住自己，还能及时转变观念，由"红顶商人"向民营转换，适应历史潮流，继续在商海中充当弄潮儿，从而一直经清末、民国发展兴盛起来。

一说粤商，人们大都知道是广商，还有潮商。潮商，大抵与闽商不分彼此，因为潮人一般被视为"福佬"，本也是福建过来的。名闻天下的十三行商人，便是由广商与闽商组成的，闽商其实有相当一部分为潮人。其时，没有客家商人——他们后来才成为粤商三大组成部分之一，因此十三行走向衰亡时，客家人作为整个民系还没有真正崛起，世人知道客家，大都是因太平天国，而太平天国兴起时，十三行已灰飞烟灭十多年了。后起的客家人，跻身于商界，并不为人看好，毕竟他们农耕文化色彩更重一些，且历来有重文轻商的传统。客家人重视仕途，"红顶"不足为怪，可经商能摘冠，却未必让人相信。然而，近人在《十大商帮》等书中，拿出来作为粤商的第一号代表人物，不是广商，也不是潮商，却是地地道道的客商。这个人，便是张弼士，他先是靠诚信、勤俭创业，从当帮工开始，开商行，办矿业，成为粤商中首屈一指的巨商，而后，亦商亦官，入仕途，先后任清廷驻槟榔屿（这是客家人在海外最早的聚居地之一）领事、新加坡总领事等职。他先后投资兴办粤汉铁路、广三铁路，特别是创办了山东烟台张裕酿酒公司，成为了"中国葡萄酒之父"。①

这段文字显然带有某种武断，虽然后边仍讲到，后来粤商的翘楚恰好是客家人，是大埔出去的张弼士，虽然他是"红顶商人"——这对客家人来说，不足为怪，因为重仕途是他们的传统，"可经商能摘冠，却未必让人相信"，可张弼士"亦官亦商"，最后，仍回归为民商，则是历史的真实。

毋庸置疑，张弼士同样是来自粤东山区。而粤东山区成为侨乡，则应在他"出山"之前，这一点对我而言也仍是个谜：是怎样的历史原因，让这样一个深藏在客家腹地的山区，居然会同沿海的三邑（南番顺）、五邑（今江门所属县）一样，成为南方著名的侨乡呢？海边的县市成为侨乡，这顺理成章，可山区成为侨乡，则匪夷所思了。

幸好不久，在研究十三行的"前史"时，我终于又有了一个重大的"发现"，那便是明清之际，在粤东山区"沉积"了不少"海匪"或"海盗"。

的确，长期以来，我一直纳闷，以"耕山"著称、稻作文化兴盛的客家人为何在远离滨海的山区——梅州，形成了一个海外有300万华人华侨的侨乡，可与珠江三角洲上的五邑媲美。在主编《客商》一书之际，黄启臣教授专门为这部书写了"明清梅州客商"一章，其中提到，早在明朝嘉靖年间，程乡（今梅州）就有商人林朝曦等人，与饶平的张琏结盟，自号"飞龙主人"，先后在粤闽交界经商。明万历年初，林、张二人更到三佛齐贸易，列肆为番舶长。

而这仅仅是个案。

---

①谭元亨. 客商 [M]. 北京：人民出版社，2008：260-261.

这回，却在光绪《漳州府志》中读到：

中丞阮鄂率兵讨倭，倭走南澳，乱民从倭者，集梅岭，从万家。众议往屠之……中丞曰：其在浙、直为贼，还梅岭则民也。奈何比歼之。

不由得大吃一惊，"集梅岭，从万家"，是何等规模。

这终于消释了我心中的疑团。因为凭此，已不难解释梅州今日会成为著名侨乡的历史原因了。

原来，我还认为十三行行商只是广、潮（闽）人，后来又听说有骆姓的客家人，但始终将信将疑，现在看来，应该不存疑义了。

需说明的是，过去中国人一般视"倭"为日本人或在东洋行凶的海盗，如我们解决了对"亦盗亦商"的认识，便能明白，为何中丞认为他们"还梅岭则民也"，不可以"贼""盗"讨之。而这里所说的"梅岭"，则是指粤东至粤北一带，并非梅关古道那一段。

可见，"集梅岭，从万家"，当是重返那里的客家商人。明嘉靖、明万历年间，客商活动于粤闽交界处，后来更至三佛齐（马来半岛）做海上贸易，甚至当上了番人的舰长——这与后来十三行行商当外轮的大股东已经太接近了。

这一来，不少谜团也就解开了。

所谓的"海盗"，在历史上大都是海商。因为一开海，盗即为商；一禁海，商亦为盗。二者身份之变换，在于"开"与"禁"。众所周知，自从元朝首开了禁海的恶劣先例之后，明、清二朝，时而开海、时而禁海，反复了不知多少次。既有郑和"七下西洋"的辉煌，又有清初禁海"内迁五十里"导致数以百万计的海民背井离乡、死难无数、惨绝人寰的大悲剧。

而郑芝龙、郑成功建立的"金厦帝国"商贸基地，正是在这反复的开与禁中形成的。这个基地，货殖五洋、富甲天下，并凭此一举收复了为荷兰人所侵占的台湾。当时郑芝龙的称呼便是"郑一官"，与后来在十三行中称行商为"潘启官""谭康官"是一致的，这应是闽南人的叫法。十三行沿袭了这一称谓，可见，金厦帝国与十三行分明有某种联系，而且同是对外贸易的基地。

郑成功的队伍中约三分之一是客家人，其出色的副将刘国轩就是客家人。因此，在郑成功失败后，他的部下，尤其是大量的士兵都潜回了内地的粤东山区。

而且在郑氏之前，活跃在东南沿海的海商——海盗中，就有林凤等一批客家人——也就是说，最迟在明代，客家人在海上经商已经非常活跃了，而这时与客家族群形成的两宋时期，相去并不太远，只隔了一个存在不到一个世纪的元朝。

客家人大规模涌进粤东，是在明朝。我们从黄启臣整理出的"明清部分客家帮商人列表"中亦可以看到，在16世纪初、中期，也就是明嘉靖年间，就有好几位"经商于闽粤沿海"来自大埔、梅县的著名客商：林朝曦、肖雪峰、萧雪峰、罗袍等。

清康熙至嘉庆年间，便有罗芳伯、丘燮亭、姚德胜、吴德馨、陈振勋等客家人在加里曼丹岛、巴达维亚（今雅加达）、爪哇岛、马来亚等地经商。这与十三行时期可以说是完全同步的。

而后，便是张弼士这一代，从清末衔接到民国。紧接着，便是胡文虎等人，一直到今天的田家炳、曾宪梓，以及如今在香港活跃的一大批中青年杰出的客商。

这样一来，我们便已经大致勾勒出了自明代至今的整个客商历史演进的脉络，虽然不是很详尽，但已经相当清晰明了。

同时，我们亦可从客家人"耕山"的经济产业，看到其"外向"的端倪。在明末烟草传入中国之前，客家地区的支柱产业，先是木材的生产。毕竟山中最丰富的资源乃是木材，粤东开发得晚，原始植被未被破坏，木材当是首选，故史志中有称"终岁伐木作柴，连轲载至府城（潮州，早年嘉应州并未划出来）售卖，其大木可作栋梁者，连数百枝为群版，运至蔡家园贸易，多获厚资"，这也是客家人从商的主要出路。还有造纸业，是木材业所推动的。宋代，南雄的纸业已颇负盛名，而后发展到了粤东，长乐县（今五华县）的造纸行业更是后来居上。而粤东仅次于龙川立县的兴宁，更有"无兴不成市"的美誉。人们不难发现，兴宁的四大行业，即笔、墨、布、扇，与纸分不开，如刻书业，还有土布生产，形成了纺织产业，以至于纺织界称兴宁为"纺织之乡"。

由此，亦可以看出，即便是宋代——即客家形成之际，其造纸业便已兴盛起来，这与一个族群的文化素质还是分不开的，这还可以联系到客属地闽西的四堡雕版印刷。可以说，客家人的"耕山"便已经有与商业联系起来的意识了，否则不会在客属地有"无兴不成市"的谣谚出现。所以，说客家人"轻商"多少有一些偏颇，因为整个中国文化的旧传统中，轻商是定位不移的，相对而言，客家人的"轻商"还没那么严重。他们与沿海广府等族群的接触，也就较快地接受了这里的海洋商业文明，走出了属于自己的一条发展路来。

到此，我想我可以回应开篇中提出的问题了。

客家族群形成于宋，而宋代是中国古代商业文明发展得最大也最健康的一个朝代。在这个意义上，客家人"崇文重教"孕育于中华大文化之中，是"与生俱来"的，同样，客家人的商品意识也是与其诞生的朝代相一致，亦可谓"与生俱来"。

但是这一"与生俱来"的商品意识，与南方尤其是广东上千年来业已滋育出来的商业文明相比，还是有一定距离的。所以，客家人迁徙来之后，仍需不断强化自己的商品意识，努力向外拓展，方可以与其他族群并驾齐驱。因此，强大的海洋文化精神，也仍在不断滋养、影响客家人。因此，到了近现代，他们才在各个方面，迅速崛起，以民族资本支持了推翻千年帝制的民主主义革命，后来又支持了国际反法西斯战争，更为中国的复兴立下汗马功劳。

这样，把两个不同的观点有机地糅合到了一起，更为完整、更为全面也更雄辩地论证了客家人所拥有的海洋文化精神。追根溯源，为客家人的海洋文化精神正了名。

其实，追溯过去，不仅仅是为了"正名"，正客家人同样有海洋文化精神之名，有一般"重企""亲商"之名，有与时俱进、敢为人先之名。更重要的是，要给未来开拓一条更开阔的道路，不辜负已有的光荣与盛名，使客家人在21世纪更高地屹立于民族之林中。

历史给现实的投影从来就是未来的构想。英文中的project就包含有"投影"与"构想"的意义。可以说，中文这样的两个词，在英文中是一个词，亦是同一个词义。因此，我们追溯客商的历史，正是要把这一历史投射到今天，并成为我们构想未来的重要因素。

那么，我们从客商的历史中能把什么投影到今天呢？

而这一投影又与今天有什么必然的历史与逻辑联系呢？

首先，我们看到的是，过去的客商非常重视与文化相关的经济活动，如造纸业、刻版业，以及延伸到"笔墨纸砚"，即文房四宝，还有纸扇、通书之类。到了后来，又出现了侨批业、交通业（如铁路、海运等），以及品牌打造（如张弼士的张裕葡萄酒品牌）。一直到现在，我们在对客商的研究中，亦不难发现，他们愈来愈重视文化的附加值及品牌的打造——而这，则要倚重于人才的发掘与培养。中国的现代化进程发展到了今天，是在拼知识、拼信息。归根到底，便是拼人才，拼有创新意识、拥有丰富知识的人才。

正因客家人拥有深厚的文化底蕴、崇文重教的历史传统，才使得他们能及时体会到资金与文化孰轻孰重。当不少商人在慨叹"穷得只剩下钱"而茫然四顾之际，客家人已意识到，文化乃是重中之重。文化与历史是密不可分的。一如五四运动先驱许德珩的名言，过去的文化是历史，今天的历史是文化。文化由历史决定，一个企业的凝聚力则在于文化，因为文化又决定了未来的构想。这是一种思维方式，并决定了一个族群以及一个企业的走向。企业跟不上市场，其原因多在于企业文化模式不妥。我曾举过这样的例子，中国人好家族式经营，客家人也不例外，子贤则业旺，子衰必业败，所以若到一定时刻还做不到"杯酒释兵权"，做不到斩断经营上的血缘纽带，而是任人唯亲而非任人唯贤，势必重蹈"富不过三代"或"君子之泽，五世而斩"的历史宿命论。

过去被视为"穷山恶水出刁民"的客属地，山不再穷，水更不为恶，民也绝对不刁。如今，几乎所有客属地都成了旅游的名胜之地，从赣南、闽西到粤东，不仅是红色旅游的旺地，更是具有名山大川的生态旅游好去处——平心而论，这方面的开发，在客地仍只能算是刚刚开始。在发达国家，一般第三产业占 GDP 的三分之二，而在中国大致是三分之一，可见客属地仍大有用武之地。由于客地地处偏远，未能赶上沿海第一波的大开发、大腾飞，从而积蓄了无可估量的后发优势：生态环境保护良好，不曾遭到大的破坏，绿色经济蓄势待发等，为今后跨越式的发展提供了绝好的商机。

当然，要想第三产业的产值翻一番，不仅在于加强生态经济上的优势，还在于高新科技、文化的提升。诸如循环经济、文化产业，都有不少潜力可挖。今后，绿色 GDP 的比重只会愈来愈大，风物长宜放眼量，切切不可急功近利、舍本求末！

一如我说过的：

客商也同样是有历史底气的，他们在近代出了那么多富甲天下的杰出英才，从姚德胜、张弼士，到邓文钊，从田家炳、曾宪梓，到今天活跃在全中国乃至全世界的客籍企业家，他们为民族经济的腾飞立下了汗马功劳。可以预期，在不久的将来，他们会以更大的业绩轰动这个世界。

客商的崛起，自是历史的必然。

的确，无论是知识经济还是生态经济——这两项直指未来的全新经济，客商都具有不言而喻的优势，他们自会导演出一出有声有色的历史壮剧来！

可以这么说，彰显历代客商的业绩，揭示他们艰难奋斗、玉汝于成的成功历程，这自然是一种"投影"。把他们的历史足迹镌刻在今天的金榜上，能起到启迪后人、磨砺意志、振奋精神的作用。榜样的力量是无穷的，我们可以从不同的角度、不同的层面汲取他们的经验、智慧，尤其是那种坚韧不拔的创业精神，从而更深刻地领悟"客人开埠"的文化内涵与历史厚度，从而去开创一个美好的未来。

从理论层面去构建客商的价值观、人生观，以及经营理念、人格操守，寻找他们获得成功的内在规律是至关紧要的。当然，这必须从时代背景、族群文化以及区域环境诸方面入手，切中肯綮，让人信服。然而，理论的探索总是无止境的，不可能一蹴而就，当留下更开阔的空间以期深化与发展。这次客商大会，其意义不仅仅是对历史经验的总结、对文化传统的弘扬，更重要的是呼吁大家面向未来，为了未来，凝聚整体的力量。现如今，客商们之所以愿意走到一起，不就在于能够相互激励、相互提携、相互学习，从而为未来的发展集更大的底气、更大的力量。

因为对未来坚信，我们今天才能走到一起。

因为对客家这个族群坚信，我们今天才能走到一起。

因为对我们的国家和中华民族坚信，我们今天才能走到一起。

从千年大迁徙中走过来的客家人、数百年搏击于海洋风涛中的客商，正是这么认同了自己的身份，认同了自己的责任，也认同了同一个未来！

知识为本，人尽其才；

诚信为道，物畅其流。

约300年前，一位客籍举人，也是诗人、学者的李坛，对欲开国门、"大开理蕃"的大航海时代充满希望，他在诗中是这么写的：

尔来太平越百载，

海气净扫无秕糠。

好一个"海气净扫无秕糠"！李坛对于海洋上吹来的开放之风，是何等激赏，多么肯定！可惜，当年他却未能如愿。

今天，我们当欢呼海洋文化已在中国、在广东、在客属地，"横扫千军如卷席"，涤荡去所有的"秕糠"，带来一片知识的茂林、生态的净土，实现"裕国通商"的美好愿望了！

"客人开埠"：海上丝绸之路上的盛誉

几百年间，南洋始终流传有对客家人的美誉，那便是——客人开埠。

千年迁徙，万里长旋，客家人来到东南沿海，并不曾停止自己的脚步，他们走向了大海，走向了世界。

从中原到南方，"逢山必住客"，由于迟来，只能进山，在荒山野岭开辟出自己的田园。几百年间，山间梯田的稻作文化，显示出了客家人旺盛的生命力与开拓精神。由于战乱、外侮，客家人又走向了海外，更在一片不毛之地再度开辟自己的家园，建立通商贸易的港口。

只要简单列举，就能明白客家人为何能赢得"客人开埠"这样的美誉。

在槟榔屿有座"大伯公庙"，是为纪念在那里开埠、悬壶救世的"大伯公"张理而建的。张理是大埔的客家人，于清乾隆年间初下南洋，遇风暴漂流到那里。作为唯一的文化人，他率众伐木建房、开垦种地，这才有了今日的槟城。当地立碑云："五属（嘉应五属）之侨，凡有功绩者，不自为功，而归功于大伯公。"

几乎是同一时期，梅县的罗芳伯到达了婆罗洲（今加里曼丹岛），领导华侨与当地人反抗荷兰殖民者，并在那里创建"兰芳共和国"，任大唐总长，亦有称"兰芳大总制"或"公司"，该称谓类似于国家的体制。

之后，又有惠阳人叶亚来，18岁就去了马六甲，为吉隆坡开埠创立奇勋，被封为"甲必丹"，现在吉隆坡仍有一条"叶亚来路"。

粤商当然是海上丝绸之路上的第一大商帮，粤商自是包含广府、客家、潮汕三大族群的佼佼者。

在《十大商帮》等书中，作为粤商的第一号代表人物，既不是广商，也不是潮商，而是地地道道的客商。这个人便是张弼士，他靠诚信勤俭创业，开商行，办矿业，成为粤商首屈一指的巨商，而后亦商亦官，先后任清廷驻槟榔屿（客家人在海外最早的聚居地之一）领事、新加坡总领事等职。他先后投资兴办粤汉铁路、广三铁路，特别是创办了山东烟台张裕酿酒公司，成了"中国葡萄酒之父"。还有张榕轩、张耀轩两兄弟及姚德胜等著名客商，他们在海上丝绸之路上同样风生水起。

联合国教科文组织在松口建立了一个联合国移民广场，纪念客家人的印度洋之旅——其实是经南洋（太平洋西南）、印度洋，到达世界各地，后人亦称之为"南洋古道"。沿途的国家如毛里求斯、塞古尔则是客侨汇聚的地方，客家人还是那里的经济主干，钞票上还印有客家人朱梅麟的头像。

我去过南非，据我所知，1904年有约10万中国人在那里开金矿，10万人中，客家人与顺德人各占一半。

而今，近千万的客家人遍布全球近百个国家，仅印尼就有好几百万人，他们在中国的"一带一路"倡议下，更大有作为，发挥几百年来的历史潜能，无负当年"客人开埠"的美誉，争得更辉煌的功绩。

说到"一带一路"，尤其是海上丝绸之路，我们就不可避免地要提到广州十三行。

无疑，广州十三行是海上丝绸之路上的华彩乐章，在明清时期的300年间，经营中国的对外贸易，并承载了中国从朝贡贸易向市场经济的平等贸易的现代转型。

而且广州十三行自始至终与澳门分不开，没有澳门开启的中国与西方贸易，也就没有广州十三行。澳门始终是广州十三行的外港。迄今，澳门的十三行遗址是保留得最完好的，而广州十三行则在鸦片战争中被彻底烧毁了。

过去，人们以为广州十三行是由福建、广府与安徽三大商帮组成，而今，徽商似乎找不到踪迹，客商在历史的考证中渐渐浮出了水面，不仅有骆姓的行商，而且，唯一一部反映广州十三行商人生活的古代长篇小说《蜃楼志》的作者署名为"庾岭劳人"。庾岭即粤北大庾岭，自宋末珠玑巷移民大批南下珠江三角洲后，在明中后期填补上粤北大庾岭一带的，则是客家人，迄今，那里仍是客家属地。因此，完成于清嘉庆至道光年间的《蜃楼志》的作者"庾岭劳人"，很可能是客家人。

在广州十三行行商中，同样少不了客家人，能查到的就有骆姓者。而在深圳，有一个坑梓镇，黄姓居多，人称坑梓黄，坑梓镇的黄家围堡、围楼之多之大，令人咋舌，最有名的是龙田世居。客家人在广州十三行经商的最直接的证据，则是深圳龙岗坑梓镇的黄姓行商，其祖上在广州十三行经营胡椒生意，有一段传奇式的"发迹"故事。相传黄家在广州十三行做生意，一日，家中的老太爷想吃白胡椒，便发了话，让人从广州带白胡椒回，不知是传话的人传错了，还是听话的人听错了，到后来，黄家商人竟把广州十三行的白胡椒全买下了，囤积了起来。

没想到，第二年，白胡椒断了货，一下子，价格飙升，黄家就此赚了个盘满钵满……

传说归传说，这该讲的是商业眼光，对时机的把握。而今，保留尚好的十多座巨大的黄家围堡，则是他们当年财富的证明，只要去一趟，人们就会为一座座巨堡般的"龙田世居""新乔世居"惊叹不已。

毫无疑问，这都是海上丝绸之路带来的财富，也是客家人的聪明才智、文化底蕴的灿烂结晶。

客家人之所以能在海上丝绸之路上及时抓住发展的机遇，发现商机，与他们的文化底蕴分不开的，更与"客人开埠"的传统精神——吃苦耐劳、敢于开拓、永不言败，哪怕在一片不毛之地上也要开垦出良田茂林来的精神分不开的，也与他们崇文重教、薪火相传的努力分不开。

由于历史的原因，客家人在世界海上丝绸之路早早有了布局，不仅有"南洋古道""印度洋之旅"，更有了全球的开阔海路、陆路。如何充分发挥、利用客家人在全球分布的这一优势，让我们的经济走出去、文化走出去，从理论与实践上对接"一带一路"的重大倡议，抓住大发展的历史机遇，这是一篇大文章，值得我们全力以赴去做好。

当日的广州十三行，只是悄悄"走出去"的隐性的"影子银行"，而今天，已不可与当日同语了，中国企业借助各种力量走出去，当有更远大的愿景，更美好的明天。

潮汕铁路民营—国有—民营模式的反复与辛亥革命之爆发

多少年来，我一直在思考，为何围绕清末"铁路国有"掀起的包含川鄂湘粤多省在内的风潮，最后成功成为埋葬千年帝制的导火索，使"十战十败"的民主革命最终获得胜利。诚然，史学家们的注意力一直集中在四川惨烈的"保路运动"上，毕竟，清政府于1911年7月15日在四川总督府前的血腥镇压，距同年10月10日的武昌起义时间是最近的。"保路运动"亦是当时于全国层面上发动群众最广泛的一次运动，若说这一风潮为帝制敲响了丧钟，也实不为过。

铁路作为一门新兴运输技术，对封建帝制的瓦解起到了根本性的作用。当年英国哲学家弗兰西斯·培根也认为，中国传往西方的印刷术、火药与指南针，在文学、战争与航海方面改变了整个西方世界。没有印刷术，就没有马丁·路德的宗教改革；没有火药，世界就无以从冷兵器时代进入代表近现代的热兵器时代；没有指南针，就没有大航海时代的到来。所以，先进的科学技术，首先在经济基础上动摇了旧的时代。在中国，铁路也就发挥了这一作用。

要造铁路需要有丰厚的资金。经过资本原始积累的西方列强，早已垂涎可作为广阔市场的中国，他们已不再视中国为一个国家，而是任人宰割的羔羊，一直试图把"中国的航运、铁路、矿山等产业抓到手里，好获取最大利润。仍是"冬烘先生"的清政府，已被一系列赔款弄得焦头烂额，既想以"国有"的名义垄断这些产业，又想让外国在华投资。而铁路借款的利息支付，则几乎完全耗尽了铁路运营的盈利。向外国借款条件之苛刻是众所周知的。如此下去，这种对外借款，非但推动不了中国近代经济，反而助长了列强对中国的宰割。这种借款的恶果，一直到北洋政府时期仍在继续，与今日的引进外资显然不可同日而语。

问题出在哪？恐怕还在于"宁赐外邦，不赠家奴"的封建王朝惯性思维。甲午战争之前，清政府严禁私人创办新式企业——无外乎铁路、航远、邮电、矿业之类。甲午战争战败，不少有识之士认为强国之本乃在发展民营私企，如同日本那样。由于清政府在《马关条约》中应允外国在华投资，这一来，再禁民资办厂也就说不过去了。于是，"官办"无以为继，只好"饬令招商，多识织布、纺绸等局，广为制造"，光绪更敕令官办企业"从速变计，招商承办"，用今天的话来说，当是"国退民进"了。

广东那时仍可称得上是"山高皇帝远"的地方，据《中国农业全书·广东卷》记载："三四年间，南（海）、顺（德）两邑相继者（指机器缫丝厂）多至百数十家，其中一些工厂雇用工人达七八百人。"

顺德人曾骄傲地称，清末在顺德的产业工人人数，比津、沪人数的总和还要多，可见广东的民族工商业当时有多发达。这正是光绪开启了清末民营新式工业的浪潮，并适时制订了相应的政策、法规，对民营工商业以奖励、推动。

然而，对于与"国计"密切相关的如航运、铁路、邮电业而言，采取的是"官督商办"的方式，即官资匮乏，由民商出资，但仍由官方督办，戴上"红顶"。在广东，最典型的莫过于张振勋，即粤汉铁路的督办，由官方任命的闽广农工路矿大臣，被戊戌变法的主帅之一梁启超视为时势所造的"应时人物"。

张振勋提出了"振兴商务尤其自闽、广等省人手不可"主张。

他说这话，当有足够的底气。这是因为，他应清政府所邀回国准备筹办中国通商银行，在为国内实业筹资之际，已把自己在东南亚所有的企业委托给了他的客家老乡张耀轩全权代理。因为张耀轩善于筹划、计算，他大可放心。果然，张耀轩与他的兄长张榕轩一道，与张弼士合股，在巴达维亚、亚齐创办了"裕昌""广福"两大远洋公司，一跃成为东南亚拥有实力的大财团，声誉鹊起。

于是，当清政府决定让张弼士任粤汉铁路与广东粤山铁路总办之际，他特地邀请了张榕轩一道回国，洽谈办铁路事宜。

张榕轩欣然回国，并去北京朝见了光绪皇帝和慈禧太后。

在广东，办铁路走的是民办的路子。张榕轩提出在韩江下游修建潮汕铁路的计划，并拟出了成立公司的章程，很快便获得了批准。作为民资而非外资办铁路的利益，也同样得到了清政府的具体保证。于是，张榕轩出任了湘汕铁路有限公司的董事长，他与弟弟张耀轩立即动员广大华侨亲友认股。盛宣怀亦推荐了著名的铁路工程师詹天佑负责勘探设计。

1903年，潮汕铁路开始筹建，翌年8月完成勘测定线，9月动工兴建，于1916年10月竣工，11月正式通车。由此，张氏兄弟的潮汕铁路，与陈宜禧的新宁铁路，成了那个年代中国南方现代科技的"双璧"，自然也带来了现代科技对千年帝制经济基础的颠覆。

潮汕铁路在中国近代史上开创了民办铁路的先河。

但是，迄今为止，人们对这条铁路的历史价值，尤其是革命作用，还是未曾有过充分的估计。

让我们依旧回到"路权"之争上吧。

平心而论，张弼士留下了烟台张裕葡萄酒厂，已是中国民营实业的历史硕果了。而张振勋作为粤汉铁路的督办、路矿大臣，戴上了红帽子，却未能在铁路建设上有所成就，芦汉铁路、佛山铁路等都鲜有成功，大都夭折了，是因为"红顶"么？

潮汕铁路既成，张弼士成了一品大员，张榕轩也成了三品大员，并升任考察南洋的商务大臣，张耀轩也被授了四品大员。

而此时铁路的巨大利益已日益显示了出来，清政府又觉得这是一块大肥肉了，怎能让民营占有呢。于是，争夺由暗到明，最后便是明火执仗了，"收归国有"便成了朝廷的如意算盘。

想当初，由于修铁路耗资不菲，朝廷积弱，库存寥寥，无法承担，这才举借外债，不得已情况下方招商股，允诺民办私营。除开广东的潮汕铁路、新宁铁路外，鄂、湘、粤三省均于1905年秋以民众集权的方式从美国人手中收回了粤汉铁路利权。1907年，已是官办的川汉铁路公司也改为了商办，即民办。当然，粤、湘、鄂、川各自的股本来源也各有不同，广东自是华侨商人，如张振勋、张榕轩、张耀轩、陈宜禧等一批侨商参股；鄂、湘则由绅商集资；四川则来自"田亩加赋"，依靠"抽租之股"，也有说是参股者几乎是全体老百姓。但不管怎样，整个南方均因铁路入股，带动了整个民族商人或新兴的中产阶级乃至老百姓的发展。

所以，清政府要化民营为国有，采取一系列"收回国有"措施，势必激起民变，天怒人怨，最终这个腐朽的封建帝国的气数也就耗尽了！

短短几年间，民营—国有—民营—国有，反复了多次。

1908年，张之洞成了粤汉铁路督办大臣，紧接着，又兼督湖北境内的川汉铁路，这实际上便是要把铁路改为国家管控。

当年，在广东，惠潮铁路被撤销。张振勋作为粤汉铁路的督办和闽广农工路矿的大臣，他去咨询外务部："广澳铁路现注销葡商合同，改由华商自办，请奏明立案。"

清政府立即严斥张振勋，说他未经批准便与澳督商定条款六则，并拟定该路起讫界线，令他知照张之洞："勿得擅行交涉，致有歧异。"

潮汕铁路已岌岌可危。

由于绅商、侨商率民众反抗"收归国有",于是清政府不得不于1909年末至1910年初再度允许粤汉、川汉铁路民办,令更多的民众入股。可才过了一年,在"立宪运动"已风生水起、遍及神州之时,清政府竟又不顾民众的反对,于1911年5月,在新任邮传部尚书盛宣怀的主张下,公然宣布"铁路干线国有"的政策。

这自然是令清政府自掘坟墓的举措。

才让民众入股,让铁路民营,可倏忽之间,又悍然宣告"铁路国有"。让老百姓一致认为,这不过是穷途末路的帝国政府设下的圈套,是搜刮民脂民膏的敛财阴谋。于是,"保路运动"立时风起云涌,而且轰动了全中国,但捉襟见肘的清政府哪有能力给股民补偿。在四川,清政府采取的是低价政策,也就是以较低的折扣补偿,广东也一样,只发还六成。而最早发生风潮的"两湖",却是路股照本发还,所以事态平息下去了。也许因为"两湖"离权力中心要近一些,清政府不得不有所顾忌,而广东、四川太偏远了,清政府也不曾有太多顾虑。谁知四川的"保路运动"愈演愈烈,直到1911年7月15日才在大镇压下得以"平息"。

大众认为,广东是侨商,尽管发还了六成股份,但损失仍旧惨重,虽义愤填膺,却也是"认命"了,没有四川反应那么激烈。

广东侨商或民商是真的"认命",没有反抗这一遭"铁路国有"么?尤其是潮汕铁路、新宁铁路,都已经建成了,产生了巨大的商业利益,他们能就此甘心罢休么?非也!

其实,张榕轩、张耀轩两兄弟以及他们的后人,早已看透了清政府的卖国政策与掠夺华商资本的卑鄙行径,他们对这样一个腐败的政权早就不存有什么幻想了。所以,他们不似四川的百姓还去向官府请愿,而是直接参与到革命之中,宁可把自己的资金投入到革命当中。众所周知,广东的侨商始终是孙中山所率领的民主主义革命事业有力的支持者,尤其是客籍华商,更是全力以赴。

潮汕铁路通车后,清政府邮传部任命张榕轩的长子张步青代理湘汕铁路督办事宜。张步青在上任第二年兼任嘉应五属及福建永定八属镇海学堂校长,后来,又成为该部路务议员并多次出国考察。

但就在潮汕铁路通车的第二年,梅县松口同盟会在松口创办了"松口体育传习所",为武装起义培训军事干部,正是张步青资助该校购置了全部设备。而张耀轩更为革命党人捐献与募集了大批资金。请愿有何用？唯有革命，方可收回路权，振兴民族工商业——这早已是广东侨商的共识。

辛亥革命成功之后，1912年，孙中山先生还特意为张耀轩亲笔题写了"博爱"两个大字，以彰显其为革命做出的贡献。

民国即立，潮汕铁路又重新恢复了民营商办。

至此，我们当全面认识张榕轩、张耀轩与张步青及潮汕铁路对辛亥革命、民主共和以及中国经济做出的杰出贡献。

其一，铁路作为新的运输技术，对旧的经济基础具有颠覆作用，这就不用多说了，前边已加以了阐述。

其二，正如孙中山一再强调的，"华侨乃革命之母"，纵观孙中山发动民主革命的历史，我们不难看到，他依靠的均是民商，也就是华侨华人的资金，他们无论在怎样艰难的处境下，都不惜倾囊相助，毁家纾难，义无反顾，这方面张氏兄弟等表现得可圈可点。

其三，进而论之，中国民主革命的基石是民族工商业，是民商而非官商，孙中山之所以能够成功，能在南方赢得最广大、最深厚的支持，也正在此。而清政府的"国进民退"，动摇的正是民营经济的根基，这般"自寻短见"，所以才产生更大的腐败与黑暗。所以，铁路问题最后成了辛亥革命最终吊死千年帝制的绳索！

自古以来，在传统文化的影响下，商难入史。可时代不同了，"位卑未敢忘忧国，事定犹须待阖棺"。张家的两代人，以一条铁路牵天下兴亡，亦为民族志士矣！今日，当大书特书之。

悲悯情怀：香花佛事与客家文化的遗传图式

"香花"的发生与传播表现了宗教与传统文化，尤其是与特定文化即客家文化的契合、互动、重构的社会化进程，既体现了二者共同的图式——"悲悯情怀"，也结合了二者各自的礼仪、形式乃至文体，展示了人类思想的不同演变进程，引发我们当下深入的思考。

一

20多年前，我在参与拍摄长篇电视连续剧《客家女》时，就曾参与过客家佛教仪式——香花佛事，还有幸观看了精彩的"打铙钹花"。这么多年过去，当日情景仍历历在目，流动的音韵宛若在耳，一切都是那么难以忘怀，在客家山乡的背景下，围屋、寺庙、山树、花卉，以及多彩的人群中青色的僧人、飞旋自如的铜钹……都构成记忆深处难以磨灭的生动的印记，让我终生都有所感悟、有所眷恋。

它唤起的，是悲悯情怀。

一种大悲悯。

我有一部随笔名为《悲悯》，这本书主要记录了好几位客家学人的悲惨遭遇，以及他们在命运无常中的悲悯情怀，他们不是为个人的不幸哀叹，而是注目于整个民族乃至人类的历史灾难，并为此呼吁、奔走，明知不可，仍奋力抗争。哀婉之情，流泻于他们的笔端；悲悯之心，则遍及尘寰。凡是大智大慧之人，他们的心胸，当宽于世人，每每自觉地流露出哀悯苍生的情怀。他们无法容忍任何对生命的漠视，无论对人，对万物，乃至花草鸟虫，皆是一样。

在我，则早早感受到客家人的悲悯情怀。

儿时，母亲在我耳边吟唱《落水天》这支客家山歌，歌词与曲子充分地体现了一个人的无助、无力、无告以及哀伤与凄楚，我后来才知道，这支山歌已被列入世界名曲之列。其实，整支歌展现的情景是一个人在雨中的无助，歌词"光着头颅真可怜"则是人类在面临接踵而至的灾难时的可怜处境，具有象征意义。所以，我把这支歌写进了我200万字的《客家魂》，贯穿始终，突出了客家人哀悯苍生的人道情怀。

长大了，在"文化大革命"中，我成了无处逃避的知识青年，上山下乡到了酃县（今炎陵县）。传说为拯救万千生灵，神农氏炎帝日食草药无数，终因吃了断肠草殒身于此，如今宏伟的炎帝陵已经恢复与重建，同样，炎帝的悲悯情怀在历经"文化大革命"等浩劫后，也渐渐为百姓所接受。炎陵县是湖南第一大客家县，客家人口比例占70%以上。在那里，我一共生活了五年，发现了一种从来没见过的"仪式"——诔天。凡是有冤屈、有苦情的人，都会走出门，在砧板上一刀一刀地砍，一边砍，一边诅咒老天的不公、人间的不平、世道的黑暗……这作为一种仪式，分外震慑人心，不知那些胡作非为、横行霸道的恶人听了，是否会胆战心惊？

回到广东，当我已成为一个客家研究所的负责人时，我读到了一位好友、同样是作家的柳明所著的一部长篇小说《湖上女人》。小说写的正是我母亲的家乡——粤北客家人的故事，我情不自禁地为这本书写下了评论——《原生态的客家风情》，一开始，我就引用了作者的一句话："客家女人很苦，写客家女人也一样苦。"进而评述道："可她毕竟苦涩的泪水中，'泡制'出了这么一部饱含悲悯情怀的力作来。"书中凄美苦涩的故事就不说了，只说书中常引用的客家人的口头禅："冤枉"。客家女人动辄就以"冤枉"二字发感慨：命不好，冤枉；收成不好，冤枉；天气不好，冤枉；遭受没顶之灾，冤枉；摔一跤，依然是冤枉——为何会形成这样一个口头禅，恐怕与客家千年迁徙的大历史分不开。这一路上，蛇蝎猛兽的侵袭，风雨雷电的袭扰，还有土匪、强盗的抢劫和官兵的追杀……他们已命定"冤枉"，有谁来为他们遮风挡雨，主持公正呢？

所以在评论中我感叹道："俯瞰众生，那种悲悯、宽厚的情怀，也就不自觉地在笔端流露出来，这不仅是作为女性、作为母亲的博大，更有一种人道主义深切的关怀，能这么写下来、记录下来，便是一种叩问，一种追寻，因此，也就有了希望……"

可以说，具有这种悲悯情怀的客家人，才会不自悲、不自虐，更不自卑、自贱，永远在希望中奋行。一千年就是这么走过来的。

我正是在香花佛事的铙钹花独有的韵律中，听到这一奋行的足音。

二

为何在客家人当中，发生香花佛事——也被称为客家佛事，把客家佛教仪式叫作"香花"呢？或换句话说，一种宗教为何会在一个族群中形成自身的宗教仪式，包括一系列相对规范的"唱香花"的表演程式呢？这正是值得我们探究的。客家香花佛事，也就是客家人超度亡魂的法事，由于其影响与传播，被视为客家民俗文化的一朵艺术奇葩。凡是听过客家香花歌曲的，无不感觉其中客韵十足，它们都是些充满人生哲理、劝告世人要从善从孝之类的通俗歌曲，既动听又感人。

中国传统中，儒家讲的是入世，哪怕明知不可而为之；道家则讲的是"人法地，地法天，天法道，道法自然"；佛教强调的是大悲悯，超度亡魂，今生与来世的救赎归于至善。这让我联想到，在当代兴起的认识论中，有皮亚杰提出的"发生认识论"，皮亚杰认为"每一个认识活动都会含有一定的认识结构"，他认为任何个体都有自身的"遗传性的图式"。那么，对于客家族群而言，我所强调的悲悯情怀，正是这样一种图式，它是上千年的大迁徙，遭遇到种种磨难，在其血液中已凝结成特有的基因。也就是说，悲悯情怀成了比其他民系更为突出、更为强烈的一种基因，从而形成"遗传性的图式"。这我们不难从不少能文能武客家精英身上看出来，如朱德、叶剑英、罗卓英、黄慕松、邓演达等，又如黄遵宪、丘逢甲、郭沫若、黄药眠乃至林风眠，皆如此。

作为香花佛事，何以为"香花"？在佛典《大疏演奥钞卷一》中，二字并非一词，而是单独有义："香"为精进之义；"花"为"万善之行"。因此，"香花"二字，其意义则为精进万善之行。通俗点说，便是"精修善法，精进善举"。

佛家的"善"，也就是悲悯、感恩，是与缘（百年修得同船渡乃是"缘"）、"空"（佛教本体论为空，如同道教之无）、"悟"（感悟、顿悟等）并列的，也可以说是其感知世界的方式，也同样是对世界的回报。无疑，人世间太多的苦难，需要救苦救难，普度众生——这是包括基督教义在内的要旨，佛教的大悲悯，正是面对悲惨世界的一种救赎，这也是对"善"的意义的更广义的阐释。

这种大悲悯，与客家人与生俱来的遗传图式——悲悯情怀，有了相应的契合，于是，二者在相互适应中产生同化，发生变化并丰富了起来。在某种意义上，客家人意识到，佛家的"善"，对自己的悲悯情怀是一种强化，当然也是一种保护，所以自然而然地接受了下来。但这种接受却不会是全面的、无条件的，同样还需要作一定的调节，而这种调节，就进一步推动了新的程式或仪式的发生或变化，所以"香花佛事"就这么应运而生了。

三

香花佛事为何姓"客"？

其一，是心灵的契合，是向善、感恩，对人生苦难的一种救赎。客家人崇文重教，用学田、学谷来救助贫困的学子，让他们有书读，能成才。这与佛寺中的传统，包括自食其力及至放生等，都是不相矛盾的。

其二，则是礼仪，也就是一种仪式的形成。《诗·周颂·我将》有云："仪式刑文王之典，日靖四方。"宋代苏辙在《皇太后答书》中则称："将仪式于文考，以教孝于诸侯。"现代文化大师、客家学人郭沫若在《十批判书》中指出："礼之起，起于祀神，其后扩展而为人，更其后而为吉、凶、军、宾、嘉等多种仪制。"远古，由于礼仪没有产生，人们欲祭祀天地却无法表达内心的敬畏，这才出现了礼仪。显然，仪式是因为需要才产生的，所以仪式是人类发展到一定阶段时形成的，它有一种震慑、感动、净化的作用，身处某一氛围中，仪式也就更强化其令人敬畏、服从的无形的力量。香花仪式的唱、念、做（禅器表演）即唱香花歌词、念佛经诵佛号，以及做——于佛事现场的表演，用禅杖、铜钹为表演器具，无疑是有一种崇高、向善、哀悯的情感在传递，起到凝聚、亲和的作用。自古至今，人类重视礼仪的范例比比皆是甚至可以令人进入迷狂的状态，而调节、平衡的效能在其中便发生了。

其三，便是形式。人们不难发现，香花的曲调乃至香花的唱段，都与客家山歌分不开，这也是佛事进入客家、融入客家，从而以"香花"形成纯粹的客家佛事的认识结构的历史过程。用"发生认识论"的观点来说，它更生动、具体地体现了从遗传图式，历经同化、调节，从而达到平衡，产生出新的图式的结构性演变。客家山歌与香花文本的一致性，即口语化、方言化、通俗化、形象化、音乐化——与普罗大众的交融，这是一望而知的。深入下去，二者的艺术手法，包括比兴、譬喻、重叠、顶真等，同样不相伯仲。所以，香花曲调与客家音乐、香花文本与客家山歌，几乎到了难解难分的地步。要引述可谓不胜枚举。

例如香花唱词：

> 山也空来园也空，
> 换了多少主人公？
> 世上几多穷了富，
> 也有几多富了穷。

其口语化、方言化、通俗化、形象化、音乐化，全都一目了然，如不在意内容中颇为明显的佛教色彩、轮回思想，可以说，与山歌并无二致。

这也是佛教与客家传统文化的结合之后，一种新的宗教文化图式出现的鲜明、典型的范例。

四

李国泰《梅州客家"香花"研究》一书，以翔实的资料、认真的考证、全面的展示，为我们揭示了认识论中"香花"与客家遗传性从图式耦合，到同化、调节，最后达到新的平衡，从而形成客家佛事的过程。

"香花"的发生与传播,表现了宗教与传统文化,尤其是特定文化即客家文化的契合、互动、重构的社会化进程,既体现了二者共同的图式——"悲悯情怀",也结合了二者各自的礼仪、形式乃至文体,展示了人类思想的不同演变进程,留给后人无限想象的空间。

　　何南凤所撰的楹联,令人遐思:

> 戒律道根基,澄练一心,直令冰清玉洁;
> 慈悲佛种子,包涵万品,须同海阔天空。

　　善哉!

五、传统与创新

从"地方主义"到改革开放

——叶剑英与广东经济建设思想的演进

早在广东解放前夕,叶剑英便对广东经济建设有深谋远虑,我们从他所作的《关于解放广东的若干问题》,以及针对土改的众多讲话中可以看出,他一再强调:

第一,广东毗邻港澳,对外关系密切,与港澳的来往频繁,港澳同胞90%以上也都是从广东过去的;

第二,广东华侨众多,据估计,解放初期广东有侨眷600万人、国外华侨700万人,占全国华侨人数的63.6%。解放前广东的侨汇占全国侨汇80%,这在全国是少有的。大多数华侨在支持祖国革命和建设上作出了重要贡献,其中除了极少数富有之人外,大多是劳动人民,寄钱回家建房屋、买田地,是为了使妻儿和自己回国后的生活有保障。

叶剑英生活在侨乡梅州,梅州人口与海外的梅州籍人口之比约为5∶3,比广东不少地区的比例都要大。他本人也漂泊过南洋,与华侨关系密切,对华侨的历史与现状都有深切的了解。他提出,对众多的贫苦归侨、侨眷应予合理照顾,对华侨地主和封建地主在政策上应加以区别,尤其是大的华侨地主要经过省的批准才能划定。

1979年4月,中央工作会议形成了《关于大力发展对外贸易增加外汇收入若干问题的决定》,其中明确指出:"为了调动爱国华侨、港澳同胞参加社会主义建设的积极性,更有效地利用他们的资金、技术和设备,发展我国出口商品生产,在沿海少数有条件的省市,划出一定地区,如广东省深圳、珠海、汕头,福建省厦门,上海崇明岛等单位单独进行管理,作为华侨和港澳商人的投资场所,深圳、珠海两地可以先行试办。"

由于解放初期叶剑英对华侨十分关爱,不少华侨冲着他的崇高声誉,踊跃回国投资。当年我亦亲耳听到这些华侨说："有叶帅在，我们投资放心，他是真正对华侨好的，我们能不来么？"仅1979年至1998年，广东实际利用外资962亿美元，除对外借款外，外商直接投资和其他投资共793.53亿美元，其中华侨、港澳同胞的资金约占80%，建成"三资"企业57 665家，还捐资兴办公益事业26 615宗，约投资155亿元，使改革开放事业取得举世瞩目的成就。而1998年之后，这些数目就更加大了。

外国学者评价，中国改革开放之所以成功，其中重要的一条便是有一大批爱国华侨，中国改革开放早期的"外资"，说到底就是"华资"，是爱国华侨的资金。没有华资早早投入，改革开放不会那么容易启动。

抚今追昔，如果没有叶剑英在中华人民共和国成立初期对华侨土改政策的坚决执行，对华侨、侨眷的关爱，改革开放之后便不会有如此大量涌入的"华资"。

工商业与华侨问题本就是联系在一起的，当年不少工商业正是靠侨资兴盛起来的。所以当年叶剑英就曾再三叮嘱："广东华侨多，工商业比较发达，要特别注意保护华侨和民族工商业者的利益。"这无疑是从大局、历史发展的大趋势而提出的。

在海内外从事工商业经营的华侨不少，在工商业中负责工人、职员、店员等工作的华侨更多，此外还有小商贩、自由职业者，他们无疑都是属于保护之列的。叶剑英在1950年3月底一次工作会议上更强调："在土改前把市镇工作做好，到今冬土改时，就可以更能了解如何保护工商业，不使工商业受到侵犯，使土改工作不致犯大的错误。"他对担任省土改总团团长的李坚真，更多次表示："市镇正常营业和繁荣，也一定要保持。"李坚真在回忆录中写道，"他以十分通俗的语言教导我们：'工商业一定要保护，你想想，没有了商店，兴宁的布、紫金的锅头，这一切地方土特产，怎么能够流通？你没收了这一家商店，别的商店就不敢开了，老百姓怎么过日子呢？'"叶剑英一进广州便提出大城市是中心，小墟镇是农村与大城市间的桥梁和纽带。他在省、地、县的各种会议上多次强调墟镇工作的重要性，并于1950年5月亲笔起草了《关于墟镇工作给各地委的指示信》，他要求各地抓紧墟镇工作，"作为目前打通城乡关系，实现城市对乡村领导的关键"，他把墟镇工作的重要性提到了贯彻党的七届二中全会决议和巩固工农联盟的高度。他还把墟镇形象地作了比喻，"如果把墟镇周围的农村比作人的头发，那么墟镇就是头发集起来的辫子。抓住墟镇，就等于抓住了辫子，也就抓住了墟镇周围的乡村"。他说从原始时代，人们就懂得交换了。群众生产的东西要通过墟镇交换，群众需要的日用品，如油盐酱醋、火柴、肥皂等，都要到墟镇购置，况且农村、山区闭塞，政治消息、商品信息、文化生活信息也常常通过墟镇传播。

叶剑英还明确指出："对市镇上的小商小贩不能划为资本家，对又种田又做工或做小买卖的……不能划为地主，他们的地不能没收，要保护手工业者和小商小贩。"他认为，"保护工商业，土改区尤应注意保护墟镇工商业"。

改革开放中，广东的社会主义市场经济是发育得最早的，在冲破"鸟笼经济"时不仅发挥了先锋作用，而且成了主力军，这已是不争的事实。毫无疑问，尊重历史，首先在于尊重历史发展的客观规律，顺应历史的潮流。

此节，我将专门以一家企业作为例证，来证明叶剑英在中国经济改革进程中所具有的战略性眼光。

这里所举例的企业一身兼三任：华侨企业、民族工商业以及最早的合资企业。其创始人叫邓文钊，他是五华籍香港著名客商。抗日战争时期，1938年6月，以宋庆龄为首的"保卫中国大同盟"成立，邓文钊是七位委员之一。他家在浅水湾的房子亦作为该同盟的办事处，在那里，邓文钊接待了路过香港的叶剑英，那是他们第一次见面，从此两人结下深厚的友谊。

广州解放前夕，叶剑英从赣州发来急电，要求华南党组织火速解决大军进兵西南所缺的汽油，当时正是邓文钊在香港设法弄到了汽油，才保证了中国人民解放军解放大西南。

1950年春，广东缺粮，身为广东主政官员的叶剑英向邓文钊求援，邓文钊会同泰国归来的侨领蚁美厚及时从泰国进口了7万吨大米，解决了广东粮荒并支援了解放军解放海南岛。

正是受叶剑英实施的工商业政策所感召，加上要打破朝鲜战争爆发后帝国主义的封锁禁运，邓文钊得到华南分局与中央统战部及国务院的批准，决定成立"公私合营华南企业股份有限公司"，后来则一直简称为"华企"。

正如史料所载，邓文钊会同华侨、港澳工商界和其他有名望的爱国人士，如司徒美堂、黄长水、何贤、王宽诚、马万祺、陈君冷、陈国泉、陈祖沛、陈其尤、费彝民、蚁美厚、吴槐庭、朱竟之、陈鸣、梁明等十多人，联名发起筹备，海内外爱国人士皆热烈响应。

1959年2月，"华企"总公司正式开业。在首届股东大会和第一次董监事会议上，通过了公司的章程和一系列重大决策。主要有：（1）正式决定公司的国家资本主义性质。（2）经营方针是"以商为主，以工为副，以商养工，逐步转向工业"。（3）经营范围以对外贸易为主，兼营信托和工业。（4）资金来源以海外华侨、港澳同胞及广州地区工商界的投资为主，私股可占60%左右；同时接受各国营公司的适度投资，可占30%左右，以此体现公私合营的实质。（5）对私股投资保本保息，视营业盈余多寡，按年发付股息红利。（6）利润分配采取"四马分肥"办法，包括纳税、公积金、公益金和股东的股息红利及工作人员的职务奖金。（7）接受省商业厅和华南分局统战部的双层领导。（8）实行董事长责任制。（9）董事、监事由股东大会民主选举，但凡国营公司公股代表均安排为董事或监事。（10）选出董事和监事，经复选，邓文钊担任董事长（初期还兼任贸易部经理），陈鸣、蚁美厚、陈君冷为副董事长；谢南石、陈祖沛、蔡演雄为常务副董事；监事长由华南分局统战部秘书长罗理实担任，以体现党的监督。

邓文钊在华侨港澳工商界中享有很高威望，有号召力，善于用人，得到"华企"全体工作人员的拥戴。在做好对外贸易的前提下，有选择地先后投资近300亿元新建或扩建工厂。充分利用海外资金和自备外汇及在港澳广泛的社会关系，使进出口贸易迅速发展。为支援抗美援朝，采购战略物资，"华企"做了大量出色的工作。邓文钊的知交、"华企"常务副董事陈祖沛主持的香港大成行亦给予充分配合，在抢购贵重物资、租赁仓库、借用场地、办理运输等方面，无不千方百计地协助解决。

"华企"创办两年间，取得显著的成绩：

1. 冲破封锁禁运，两年间进口了大量国内急需的战略物资，包括各种交通器材、五金器材、橡胶、药品、科学仪器、军用手表等，有效地支援了抗美援朝和国家建设。

2. 努力组织土特产出口，特别是向外推销大量国内市场滞销的土产，既为农民解决了生产资金，又争取到大量外汇。两年间组织土特产出口232批，总值2150万港元。

3. 降低本企业的利润率，协助国营商业稳定物价。1952年4月，国内橡胶原料缺乏，价格暴涨，"华企"便将进口的几百吨橡胶碎片以低于市场的价格卖给广州和上海国营公司，平抑了橡胶市价。同年4—5月间，私商把肺针市价抬到每支8万元，"华企"大量进口，以每支3.5万元的价格出售，盘尼西林也平价供应，从而遏止了涨价之风，打击了投机商人。

4. 逐年增加对工业的投资。三年间先后投资经营了广州南方针织厂，徐闻、清远糖厂，广宁、信宜、南雄、始兴、连山、坪石等松香厂，东莞木薯加工厂，广州三联纱绸行等十多家工厂。

5. 投资130亿元兴建北京新侨饭店，又在广州投资60亿元修建南方大厦，为国家分担基建资金。

"华企"的成功起到了团结海外华侨和港澳同胞的作用。来函联系的投资者不断增加，据"华企"财务人员回忆，1953年夏投资额每日递增2000多万元。若照此持续下去，每半个月就可以扩建一间小工厂，形势喜人。截至1953年8月，"华企"已拥有资金463亿元。邓文钊高兴地说："这是'飞来凤'。"

"华企"和同时期的"华建"（广东华侨工业建设有限公司），毫无疑问，是中华人民共和国成立后最早引进外资的合资企业。成立之际，作为省政府领导人的叶剑英还亲自接见了两大企业负责人，正是在这两大企业的影响下，海外华侨纷纷回国投资，这一切得到了周恩来总理的赞扬。

之后，叶剑英则致力于经济特区的建设、改革开放的推动。在1979年6月，他就接见了正在广州参加省委三级干部会议的地市县委书记，赞同在广东首先实行经济体制改革。他所领导的全国人大常委会，很快便审议批准了《中华人民共和国广东经济特区条例》（下称《条例》）。

《条例》的批准、颁布，完成了设置经济特区的立法程序，奠定了特区的法律地位，更确认了改革开放政策下引进外资的合理性，从而增强了外商，当时主要是港商、侨商对特区投资的信心。紧接着，叶剑英又于1980年4月、1981年3月至4月，多次到特区考察，还欣然为"招商蛇口工业区"题名。可以说，他最早提出搞出口商品基地乃至"出口特区"，当是经济特区的初步构想，而这与30年前的"华企""华建"的创立，也是分不开的。

就这样，从"华企""华建"到今日的经济特区，正是叶剑英在中华人民共和国成立初期至改革开放一脉贯穿的思想体现与理论实践，在这一条上,我们当有更深入的研究,这里仅是点到为止。

历史将会更进一步揭示叶剑英对中国、对广东所作的伟大贡献,他无愧于家乡人民对他作为"客家之子"所抱有的厚望!

客家人的"全球化"

客家人是古汉族的一个分支,而且是最大的分支。她的中原根系,大中华的背景,无论是在历史研究中,还是在民间典籍中,都是非常清晰的。在地球上,能与这个历史上颇负盛名、影响深远的民系相比较的,也就只有犹太人了,同是千年漂泊与放逐、同是重伦理重教化、同样有着沉重的忧患意识,也同在世界上不可轻视……而在人口上,客家人却数倍多于犹太人。在这种历史与文化的参照下,客家人当在全球化的今天怎样建树自己全新的形象,对人类的和平与进步做出怎样的历史贡献——也许,客家人最多的地方——岭南,感受最为迫切。

在不久前的香港崇正总会大会上,我曾委托他人宣读了一篇题为《全球化与客家文化的自觉》的论文,我从乐观的角度称:

全球化不会取消文化的多元性或多样化,相反,它会把多元文化从不同民族的意识形态的禁锢中解放出来。正是经济的全球化,加速了国际的文化交流,只有这种交流有助于多元文化的兴起,使那些不为人关注、有可能无声无息地消失于极权专制下的文化得以滋养、发育与生长,这样,各种文化才可能在这种相互的交流中发展与繁荣起来。随着经济全球化迅猛的势头,尤其是以数字技术为代表的信息化高速发展,人类正经历着一场空前的信息革命,令过去视为不可穷尽的世界,变成了一个小小的"地球村"。这就意味着,这种全球化、信息化,加大了国际文化交流的广度、强度与密度。

从这个观点出发,我们也不难看到,由于近年来的全球化进程加快,客家文化再度走向了兴盛与发展。过去不曾有过的世界客属大会,先后在太平洋两岸、中国内地及东南亚地区召开了 31 次之多,一次比一次规模大,称得上盛况空前。在我国台湾,客家人的母语运动,也一浪高于一浪,当地大学还设立了客家学院,客家人比以往更加自尊、自强与自主。这恐怕是客家民系诞生以来最为光彩与亮丽的一段历史。

在《全球化与客家文化的自觉》中，我呼吁：

客家文化的自觉，由于其不仅遍布中国南方10多个省份，更遍布整个世界，它的"全球化"当有更深刻的意义，给人类文化以更新也更大的启迪。

这一段文字意味着，客家文化也存在"全球化"的大趋势。这里，不仅仅是指客家人已遍布欧美、亚非及大洋洲，还指出应以客家优秀的文化传统联结五大洲的客家人，并使之发扬光大。博大精深的华夏文化，在客家人身上，既有传承与发扬，也有改造与创新，可以说，经过千年的过滤与再造，客家人的文化无疑是具有优越性与先进性的。传统的"天人合一"、崇文重教的观点，与今天的生态经济、文化产业均有着天然的亲和力；重伦理、重教化的文化对当今人际关系的紧张、物化，无疑也是一帖良药；客家人的开拓精神，当然在今天更能激励人们向新的科学技术领域进军……我们还可以列举更多的内容，包括业已"全球化"的客属总会之类的社会组织对于凝聚这个民系，形成群体激发效应，也是功不可没的。

这里须强调一点，已在海外创业的客家人对客家祖居地的反哺，是中国改革开放中最为突出的华彩乐章，尤其是对学校、医院、桥梁等公益或福利事业的捐助，可以说，资金已达到数以百亿计。

然而，由于历史与地缘方面的原因，今天的客家祖居地的经济相对而言还是较落后。毕竟后到为客，在岭南，纵然客家人的居住地占了约一半的地方，但那里几乎全是山区、丘陵地带，有的还是石灰岩地区，工业不发达，农业也受到种种制约。虽说近年来高速公路终于贯通了整个"客家大本营"，可以说正面临经济起飞的机遇，但是由于种种原因，赣闽粤三省的贫困县，大都集中在客家地区，这些地区未能分享到改革开放的成果，甚至连九年义务教育也未普及，还得靠办希望小学来扶持。"客家人，走出来是条龙，走不出的则是虫"，这古谚一点不假，由于观念问题，这些地方的个别官员，仍是一脑门的"等、靠、要"思想，缺乏一种主动精神。我调查过几个地方，这些官员凡是捐献就要，若是投资，他们就嫌麻烦，最后则坐吃山空。这种观念不改变，通了高速公路也无济于事。

当然，我并不赞成客属地再步人后尘，专门接受从发达地区转移去的高污染的工业项目，那是造子孙的孽。过去，客属地被称为"穷山恶水"，那是一种偏见。其实，正由于开发得迟，生态环境保护得好，客属地反而与今天我们更先进的知识经济、生态经济相衔接，可以超越工业社会而提早进入生态社会。无可穷尽的生态资源，恰好是今日客属地最大的优势，可惜并不是所有人都能清醒地认识到这一点，或者有这样宏阔的胸怀。

对于岭南广大的客家人而言，发挥居住地山区的优势，包括生态优势、景观优势，以及已有的人文优势，力争早日让山区经济或者绿色产值更上一个台阶，跻身发达地区行列，让客家人再创辉煌，是责无旁贷的。换句话说，这便是重新激扬起客家人的历史主动精神。

过去，客家人已经这么做了。那么，今天还应该这么去做，去实现客家自身的"全球化"，不仅荣辱与共、生死与共，而且共同发展，共同发奋图强！

我以为，这正是今日客家人的历史使命，未来，将因客家人的希冀而壮丽无比！

客家人真正的自我实现

幸福是什么？这既是形而上的哲学命题，又是形而下的非常实际与具体的生活。哲人们穷其一生，苦苦求索；芸芸众生蝇营狗苟，于喧嚣中寻找。但得出的最终答案却大相径庭。以至有人觉得，此题只可做减法，找出最凸显的"什么是不幸福"，加以一一剔除，这个方法才可以逼近模糊的答案。总而言之，无论是哲人还是百姓，一般都无法深解其意。大哲学家康德曾说：

幸福的概念是如此模糊，以至虽然人人都想得到它，但是，却谁也不能对自己所决意追求或选择的东西，说得清清楚楚，并一以贯之。

诚如此言。

本文想探索的，当然不是大而化之的幸福观。为此，我试图缩小范围，不是从整个人类，而是从一个民族或族群、一种文化的表现类别来寻索其幸福观。

于是，我的视角，便落到了中国汉民族的一个族群当中——客家族群。

广东的三大族群：广府、潮汕、客家。各自的人文特征可以说是千差万别的，在中国其他任何一区域，都难以找到如此丰富多彩的人文差异。

因此，他们的价值观也就各有不同，因价值观的不同，所对幸福的理解就不一样了。广府人讲"平、靓、正"，务实得很，把审美与品牌摆在了后边，其市场意识非常显著。潮汕人只讲一个"赢"字，有理无理赢为上，爱拼才会赢。客家人却是见利思义，不忘祖宗言，不把利放在第一位。显然，金钱不等于幸福，在他们的幸福观里再明确不过了。

然而，三大族群对下边这样一句话，都不会不予以认同：

追求幸福是每个人应有的权利。

这似乎是一句很平常的话，大而化之。太平常的话了，说多了都会有些麻木了。

的确，不同的人、不同的族群、不同的时代，对幸福有不同的解读，也有不同的追求方式。具体到广府、客家、潮汕三大族群，也同样如此，前边简略的举例，当说明了这一点。

我们还是把重点放在客家上面。

不记得是谁提出来一个问题：假如你能选择，你愿意生活在什么地方？愿意生活在什么朝代？

大部分中国人都回答：愿意生活在中国的宋朝。

当然，我也一样，我还专门写过关于唐强宋富的文章。

唐强宋富，这已是历史的定论。连上海世博会中的中国馆，展示的也是一幅宋代的清明上河图。从这幅图中，我们可以身临其境，了解到宋代的老百姓是怎么生活的，并从中体会到幸福的意味。当然，宋代的诗词也多表达了当时人们生活的富足幸福，如柳永的名词《夜半乐》：

更闻商旅相呼，片帆高举。

泛画鹢，翩翩过南浦。

又如《望海潮》：

烟柳画桥，风帘翠幕，参差十万人家。

市列珠玑，户盈罗绮，竞豪奢。

重湖叠巘清嘉，有三秋桂子，十里荷花。

凡此等等，无不使人感受到那个朝代的富裕、和谐、宁馨。

中国的"四大发明"，其中有三大发明出自宋朝，那就是印刷术、火药、指南针，正是它们在一二百年后启动了西方的文艺复兴，尤其是大航海时代。宋代的国门是开放的，在宋神宗极力夸赞南汉"笼海得法"之际，大海上百舸争流，万邦来朝，东南沿海自杭州、明州、泉州至广州，都已形成了市民社会，有人甚至认为，若历史不发生断裂，中国的近代社会即资本主义萌芽便会以市民社会为标志，物畅其流，人尽其才。

美国历史学家斯塔夫里阿诺斯在他的《全球通史》中，关于"1500年以前的世界"的上卷本"宋朝的黄金时代"中说：

除文化上的成就外，宋朝时期值得注意的是，发生了一场名副其实的商业革命，对整个欧亚大陆有重大的意义。商业革命的根源在于中国经济的生产率显著提高。技术的稳步发展提高了传统工业的产量。同样，水稻早熟品种的引进，使作物在过去只能一季一熟的地方达到一季两熟，从而促进了农业发展。此外，宋朝兴修的新的水利工程，大大扩大了水田灌溉面积。据估计，11世纪至12世纪，水稻产量增加了一倍。

生产率提高使人口的相应增长成为可能，而人口增长反过来又进一步推动生产。经济活动的迅速发展还增加了贸易量。中国首次出现了主要以商业而不是以行政为中心的大城市。

对外贸易突飞猛进，这一点比国内贸易更为显著。自汉代起，中国对外贸易的规模已相当大。尤其是宋朝，对外贸易量远远超过以往任何时候。这一贸易迅速发展的基础，当然是中国前所未有的经济生产率。航海技术的改进也很重要——其中包括指南针、带有可调中心垂直于升降板的平底船，以及代替竹帆的布帆的使用。最后，穆斯林商人和水手从事贸易的积极性，也加快了对外贸易的发展；当时，他们是亚洲诸海的伟大创业者。

结果，海港而不是古老的陆路，首次成为中国同外界联系的主要媒介。当时，中国的经济居主导地位，这可以由以下事实看出来：中国的出口品大多是制造品，如丝绸、瓷器、书画等；而进口品多半是原材料，如香料、矿石和马匹等。最后应该指出，宋朝时期，中国人首次大规模从事对外贸易，不再主要依靠外国中间商。因而，宋朝时的中国正朝成为一个海上强国的方向发展。

宋朝是最典型的文治盛世，没有穷兵黩武的军阀，却有相当完整与成熟的文官体制。时至今日，我们仍从"宋制"吸取到不少治国的成功经验……当然，蒙古人的铁骑，粉碎的不仅仅是这东方的幻梦。

客家人形成于两宋，这是罗香林及众多学者达成的共识。

客家人形成于中国文化中心南移所在的江西及周遭地区。被誉为"中国莎士比亚"的汤显祖，便诞生于此；著名的哲学大师周敦颐、王阳明，都在此时此地锻造了他们深邃的思想学说；还有伟大的改革家王安石，大诗人、大学者欧阳修；危难之际，仍奋然举剑的民族志士文天祥……信手拈来，多不胜数。

客家人有一句没齿不忘的格言：宁卖祖宗田，不卖祖宗言。

对于那个时代以及生活在那个时代的人们而言，锦衣玉食、良田万顷可以舍弃，而文化——祖宗言却万万丢不得。

这是一种身份认同，一种文化认同。

数典忘祖是客家人所不齿的，所以"祖宗言"才那么至高无上，祖宗才那么神圣，才有"祖地"于东夷、南蛮之地的确认。失去了祖宗、祖地、祖宗言，那便成了无源之水、无本之木，连自己都不知道自己是谁，又如何承袭祖上的荫庇？身份一旦失落，文化一旦失去，就无任何依托可言，进而言之，也就无幸福可言。

中华民族有一句众所周知的谚语，那便是"平安是福"。

诚然，有人把这视为最基本、最低层次的幸福观，但是，如果连可以托庇的祖上、可以依赖的祖地、可以遵循的祖宗言都没有了，又有什么平安可言呢？

这无疑也是最基本的立足点。

而从"祖宗言"这一文化的载体出发，我们当可以明确客家人的价值观，进而再去讨论客家人的幸福观。

一如大家所知，谚语之类，正是一个民族或族群恒久的非物质文化遗产。这些谚语、格言，不仅记录了他们的历史、所面对的灾难、价值取向，还积淀有他们面对历史灾难时深沉的思考及从中获得的教益与经验。总而言之，这是一个民族或族群的精神所系，是他们思想与生活的结晶。因此，这些谚语、格言，也就获得了恒久的价值，成为颠扑不破的类似真理的遗训。

客家人重文重过一切，在客家民谚中有：

> 不贪郎田地，只贪郎精致。
>
> 做官买田，不如子孝妻贤。

> 好子不贪爷田地,好女不求嫁时衣。
> 家有千金,不如书藏万卷。
> 做不尽的子孙屋,买不尽的子孙田。
> ……

精致、孝贤、藏书万卷——无一不是"祖宗言",一个以"言"高于田、高于生命的族群,显然把自己的最高使命放在"言"的传承上面,而这就是教育,客家人的崇文重教,便是由此而来的。

"夫善国者莫大于劝教",这是中国古代哲人的遗训。唯有教育,薪火相传,一个民族或一个族群的文明成果方可世代相传。因此,拥有受教育的权利,是这个民系的最主要的幸福指数。得不到受教育的权利,也就无幸福可言,"唔读书,瞎眼珠""不读书,冇老婆,让人瞧不起",孩子们自小便在这样的童谣中长大。

而读书,更要青出于蓝而胜于蓝,所以客家民谚中有:

> 有状元学生,无状元之先生。
> 茅寮出状元。
> 补漏趁天晴,读书赶少年。
> 读不尽的书,走不完的路。
> ……

这些民谚,不仅有长江后浪推前浪的鞭策,亦有"行万里路,读万卷书"的勉励。这一类谚语,在客家还有很多,它们不仅仅是话语,还体现在具体的实践中。几百年间,客家山乡里的"学田""学谷"是出了名的,无论贫富,谁学习精进,谁便可以得到家族共有的学田或学谷的资助,从而去完成全部的学业。

接受教育,又为了什么?当然不仅仅是为了衣锦还乡、光宗耀祖,更重要的是开拓创新、建功立业,为民族、为国家也为全人类做出贡献;立言、立功、立德,有崇高的人格,自信、自立、自强,尤其是自尊。

客家谚语中就有:

> 走得出去的是条龙,走不出去的是条虫。
> 死田螺唔晓过山丘。
> 铁打担竿——硬程。

命长不怕家乡远。

……

不难看到,在大迁徙中备受苦难的客家人有着与生俱来的忧患意识,特别是有着忍辱负重的坚强与刚毅。他们坚信,"恶人自有恶人磨""人会算,天会断",是非曲直总归会大白于天下。所以,要自律、廉洁,毕竟"行得夜路多,必有遇鬼时"。

知足常乐、勤俭朴素当是美德:"人生不知足,冬要屋知矮,夏要屋知高""宁可与人比耕田,不可与人比过年"。特别是,"勤快之人汗水多,贪食之人口水多"。

见义勇为、见利思义、重义轻利,是客家人的价值观,"冤枉钱,水流田;血汗钱,万万年",不是有钱便是有福的。"只顾眼前花,日后会戴枷",这都是警世的格言。

当今世界正处于信息大爆炸的时代,而其大趋势,则是低碳经济。低碳经济的理想形态则是充分发展阳光经济、风能经济、生态经济。而客家文化重知识、重生态的本源特质,无疑是符合当今科学技术发展的大趋势的。而这甚至被视作"第五次全球产业热潮"。

客属地的名城,如梅州等,不仅可以发展成为旅游名城、花园城市、最具竞争力的城市,还可打造成绿色名城、低碳城市——这当更持久,更有永久的魅力!

自然的和谐,人与自然的和谐,人与人之间的和谐,当是绿色文化的最后指向和归属。从客家文化中,可以发掘出更多的内容,以上仅仅是点到如此。文化是历史的层累而形成的,绿色开发则是从自然与人文出发,指向了未来,客家文化与绿色发展,便是这样相辅相成、不可分开的。

客地城市规划中,也同样有"近河莫枉费水,近山莫枉烧柴"的生态原则。

城市规划有它自身的"应然之则""实然之则"与"卓然之则"——这是我们把美学概念引入的结果。"近河莫枉费水,近山莫枉烧柴"的生态原则当是审美之"卓然之则"。

所谓"应然之则",是城市还处于"伦理秩序"当中,按行政级别来决定城市规模、档次、设置等,不可越雷池半步。行政是高于一切的,假如一个县级市的某个行政机构的设置超过了地级市,那便是僭越,甚至是大逆不道了。

"实然之则"则出现在市场经济发展起来的时候，按照市场流通的需要，而不顾行政划分。其实，我们的物流管理、邮政通信等，大都已突破原行政的樊篱，"自行其是"了。欧洲的商业城市布局也很明晰，不曾有体现皇权的中轴线之类，而是根据商品流通的便捷来设置的，随行就市，广州已是如此，梅州当可参考。

至于"卓然之则"，当是超越伦理秩序与市场格局，进入到现代城市，包括世界上评比的"花园城市""宜居城市"，以及我们讲的山水城市、园林城市、森林城市在内，讲究的是生态平衡、环境保护以及人类愈来愈高的审美追求，这是人类认识水平的又一次超越，是对城市的否定之否定。正是在这一原则下，城市与乡村的模糊或交融，城市边界的消失——所谓不知道艺术在哪里终止，自然在哪开始，或城市在哪里终止，乡村在哪里开始，便是这一意义。

因此，在全新的文化生态思维下，文化区域内城市规划、城市社会的演进，不要简单地理解为自然的对立面。也就是说，拥有粤闽赣客家大本营这么广大的区域，我们完全能做到，使城市建筑的艺术不知在哪终止，而与之相连的自然景观不知从哪开始。这一条，无论是北美洲还是大洋洲，均有不少国家可以借鉴。

的确，在这样一个社会圈内，其所拥有的活力，便是战胜任何困难的灵丹妙药，这灵丹妙药不是别的，正是人与人、人与城市、人与自然之间的交流、理解，从而有所发现，有所创造。人才的聚集，财富的聚集，生产能力的高度提升——这，便是"社会圈"的真义。梅州及其文化圈内，应当以自身的"风生水起"，去感染、去营造这样的生命圈。

行文至此，我与一幅卫星摄下的地图不期相遇。

大家知道，中国的沙漠化已经非常严重。仅看卫星拍摄下的亚洲，在中国上方，那是俄罗斯广袤的土地，比中国大一倍还多，是一片无垠的碧绿，从西伯利亚到东欧平原，绿得让人沉醉。可是，往南看中国，绿色已被割裂得支离破碎了，大片大片的，竟是焦黄。

再往南至北回归线，众所周知，珠江流域是北回归线上唯一的绿洲，而北回归线穿过的南亚、阿拉伯半岛、北非等均是沙漠。然而，这唯一的绿洲还能保得住吗？

当我们把目光投向广东，令人吃惊的是，除粤东北这一块地方还是绿色的外，珠江三角洲、粤西均已成了焦黄色。也就是说，仅剩客家属地还保留有一片宝贵的绿色。若广东用绿色GDP衡量，梅州、河源当是排名最靠前的，唯有这里的生态环境保护得比别处要强得多。绿，是这里最强大的资本。

当我们失去赖以生存的环境，生态平衡被打破，满目葱茏的绿色世界被废气、污水所取代，古人一直维护的"天人合一"被分解，从而遭到大自然无情的报复时，我们是否想起客家谣谚中的警句：

> 山上树木光，好田会变荒。
> 人误地一时，地误人一生。
> 靠山吃山，吃山养山。
> 千棕万桐，永世不穷。
> 一年红花草，三年地力好。
> 源头有水来，河坝也流干。
> 山上多种树，好过修水库。
> 千桐万竹，永世享福。

开发无度，河流干涸，山林荒芜，人类若与大自然都无法和平共处，那还能有什么退路？一切都会毁灭。今天，我们讲绿色崛起、生态经济、可持续发展、低碳，讲和谐、讲幸福，却早已失去赖以休养生息的家园，那我们还能做什么？

客地的"双遗"，即自然遗产与文化遗产，坦率地说，开发得很不到位，缺乏整体构思、团体精神。本来作为一条"客家文化之旅"的线路，是足以打造世界级的旅游目的地的。名胜与文化息息相关，展现客家文化与名胜地的开发，和彰显其历史内涵是分不开的。旅游既是文化产业，也是无烟工业，即绿色经济。梅州，作为国家级的生态保护区，拥有的"双遗"资源实在是太多了，应该全面加以梳理。要做到心中有数，要有一个宏观的布局以及大气的蓝图，将其与城市规划有机地结合起来，让梅州本身不知道城市在哪里终止，乡村在哪里开始，或者说艺术在哪里终止，自然在哪开始。要高瞻远瞩，高屋建瓴，也要细致入微，深入下去，当身在宝山要识宝，充分发掘客家文化的各种题材。

其实，无论传统与现代，我们的幸福观毕竟是一脉相承的。我们不得不转过头来，从传统的"祖宗言"，包括民谚、格言、警句中，吸取我们民族几千年的生存智慧，从而去争取今天真正的幸福。我们要重视生态，重视文教，包括重视第二自然的生态平衡——伦理观，从而可以有真正的自我实现：成为在人与自然和谐相处中能过上体面生活的大写的人——"不忘祖宗言"、有文化、有身份、有尊严、有出息的炎黄子孙！

客家协同创新平台的培育与建设

"创新"无法人为创造，创新是一种文化，是一种生活方式。中国文化的特点为"天不变，道亦不变"，黑格尔认为"缺少一种对峙"[1]。"缺乏对峙"带来的麻木与自迷遏制了中国创新的发育。但是，中国文化中仍旧蕴含着丰富的创新因子，激活这些创新因子，焕发创新文化新动力，是中国文化发展的重要任务。

作为客家族群，传统与创新色彩都是非常显著的。

纵观客家族群的演进，"创新"是客家人生存和发展的重要精神财富，其创新因子主要有二：

一是挖掘潜能，激发开拓进取的"硬颈精神"。客家人在"前程未卜"的情况下选择迁徙，面对"无山不是客""片板入海"的艰辛环境，客家人不怕吃苦、不怕远离家乡，自谋发展，男女老幼一齐动手，开拓进取，"处处为客，处处为家"。尤其是"客人开埠"更是体现了远迁海外的客家人的开拓精神。越是困难、艰苦、一穷二白的环境，越能激发起客家人挖掘潜能、开拓进取的"硬颈精神"。客家人的谚语中，处处强调这种"硬颈"的精神："'眠倒打唔（不）跌'——就算是睡着了，也打不倒；磕着了，也得挺立不扑，像个人样。'人怕人打落，火爱人烧着'，愈是磨难，火只会愈烧愈旺，愈有挑战，就愈显出色。"[2]

二是敢想敢干，争当出头鸟，敢为天下先的精神。客家人四处迁移，

---

[1] 黑格尔. 历史哲学 [M]. 北京：三联书店，1956：161.
[2] 谭元亨. 客家民谚与"祖宗言"[J]. 华南农业大学学报，2008（1）：87.

却以务农为业，崇尚"耕读传家"，奉行"农本商末"的原则，在"湖广填四川"期间，大量客家人跋涉数千里到川蜀就是为了谋得务农的"沃土"。在西方文明的启迪和催化下，客家族群率先进行近代文化启蒙；通过学习外国先进的生产方式、科学技术和管理经验，提高了劳动生产力，实现了生产力水平的提升；在不断创新的过程中形成了敢想敢干、争当出头鸟、敢为天下先的精神。

19世纪70年代，英国人势力控制了马来半岛，面对欧籍锡矿家的激烈竞争，客家企业家积极改革企业的管理方式，并购买西方先进的蒸汽机来增加生产。1881年，叶亚来在他的安邦锡矿场安装了一架新式的蒸汽抽水机，这在当时雪兰莪境内可算首创。到1885年雪兰莪境内共有11架新式的抽水机，叶氏就拥有其中的数架。① 在19世纪中叶以后，随着近代航运的发展以及苏伊士运河的开辟，东西交通与贸易日趋发达，有远见的客籍商人乘机发展交通航运业。梅州大埔籍客家人张弼士就是一个很好的例子，当他在荷属爪哇地区经商有成后，就抓紧时机积极发展交通航运业，他创设现代轮船公司，穿航于东南亚和中国南部各港口。张弼士是中国南部铁路的创建者。嘉应籍客家人张煜南更是大力创办了中国第一条民办的铁路——潮汕铁路，在中国近代铁路史与东南亚华族史上写下了光辉的一页。②

法国人赖里查斯在其所著的《客法词典》中说道："一般来说，中华民族的特性是保守的、保留的，但是客家人例外。因为客家人的特性，其精神是革命的、进取的。"英国学者巴素博士在其所著的《马来亚华侨史》一书中也认为："客家侨民素来被认为是具有急进与独立见解的声誉的民族。"美国人拜尔德在其《客话易通》《客话浅说》中也有类似的说法："现代客家人，均具有一种聪颖坚强的特性。求知欲亦随时发达。"③ 客家区域特定环境和历史条件下形成的客家族群独有的特性是客观存在的。从创新的角度上看，客家族群文化保留着浓重的小农意识，狭隘守旧，既自

---

①颜清湟. 东南亚历史上的客家人［J］. 南洋问题研究，2006（1）：58.
②颜清湟. 东南亚历史上的客家人［J］. 南洋问题研究，2006（1）：55.
③胡希张，莫日芬，董励，等. 客家风华［M］. 广州：广东人民出版社，1997：7.

负又自卑，重本轻末不善变通①，在不同程度上束缚着客家人的理性自觉和创造精神，也给传统客家社会发展进步带来了消极的影响。但是观察客家族群演进的过程，尤其是在近现代中国历史中，客家人却成为中国最具有"创新"色彩的族群之一。"国民性是基于人们与自然、社会、历史三重现实的对象性关系中产生的，在民族的文化滋润下成长的多层次的统一体。"② 客家族群的移民性特征为其与周边多族群的互动提供了打破"缺少对峙"的机会。尤其是近现代以来，客家人大量移民海外及东南沿海地区，成为中国对外交往的"南风窗"，始终面对着"新事物""新环境"，生存和发展的压力促使一部分客家人开始不回避外界新事物，而是积极认识外部客观世界。

随着对西方文明的深入了解，客家族群的觉醒和思想解放促进了客家族群文化中"创新因子"的培育，这个过程中海外客家人起到了极其重要的作用。正是海外客家人率先引领"创新"之风，在互动中促成"客家人"的生产生活方式、语言、风俗乃至族群文化的创新发展。

因此，海外客家人与国内的互动，也就促成培育"创新因子"的重要平台的自然形成。

历史上，海外客家人"结社"成风。这些社会组织各具功能，成为海外客家人联谊、互助的重要平台，具有强大的影响力。在近现代，海外客家社会组织为中国的近现代革命、抗战、建设起到了积极作用。随着中国改革开放持续发展，分布于世界近百个国家的海外客家人与祖国的联系也日益密切。从个体到团体，从经济到政治，从自发到组织，形式日益多样。海内外客家社会组织的影响日益壮大，成为沟通海内外客家社会的重要媒介。这些组织及其联系成员是中国最宝贵的海外力量之一。

培育和谐的海内外客家社会组织协作平台，不仅是中国进一步发展的需要，也是海内外客家人的需要。从中国文化软实力传播的角度，协作平台的培育和发展，是客家人向世界传播客家族群文化的机会，也是客家族群文化的一次发展成熟的机会，有利于提高中国的软实力，提升中国在国

---

①江金波，谭元亨. 论粤东北客家民性及其生态成因［J］. 华南理工大学学报，2003（12）：14.

②温元凯，倪端. 改革与国民性改造［M］. 北京：中国青年出版社，1986：5.

际上的文化话语权，也有利于中国文化获得国际社会的更多认识、理解和支持。

在族群文化这个层面，可以促进客家族群精神家园的创建，意味着既不是简单僵化地强化政治层面的"民族同化""大而化之"，也不是分裂的、离散的、异质的"多元文化"。其现实诉求及有效的实现方式必然是尊重客家族群文化历史现实，尊重客家族群文化的独特性及发展规律，缓解政治与文化不协调的局面，求同存异，以海内外客家族群文化自觉为契机，积极促成客家族群分布区域文化的全面发展。

"学术界"话语代表的是某种意义上的"精英"的自觉。但只有"学术界"的平台是远不够的。客家文化传承与创新更重要的在于全民参与，"个体"与"群体"协力，跨越地域、国家、年龄等界限，建立覆盖客家文化圈的传承与创新团队；同时，积极主动参与世界文化各类交流，向世界传播客家文化，促进客家文化对其他文化的影响，推动不同国家和地区之间、不同文化之间的交流与对话。尤其要主动加强全民对海外客家文化的认识、发掘、传播，使之成为新时期客家族群文化的有机组成部分，激活客家文化的新生机，使客家人的主体自觉性在客家文化创新发展过程中得到充分体现。自觉摒弃发展中的"零和博弈"思维，成功摆脱二元分立、非此即彼的冲突模式，谋求"双赢""共赢"，和谐发展，以实现费孝通先生所说的"美人之美，各美其美，美美与共，天下大同"的客家文化发展的美好愿景。

同样，国内客家大本营平台的建立，更是极其重要的基础。

客家大本营有极大潜力：绿色平台，即文化产业、旅游业、养生业等。众所周知，发达国家的第三产业产值就占了GDP的60%以上，我国第三产业的产值占GDP的比例还不到40%。而客家文化早就闻名于世，有众多的历史、风俗题材可发掘，在文化产业上是可以加以充分培育的。但可惜，由于种种原因，在文学、影视、戏剧等方面有影响力且足以传世的客家文化作品很是欠缺。如何甄选题材，写出大气魄，进行大制作，始终是客家人所应努力的。在美国、法国当代著名文学家的作品中，早已出现了客家人的艺术形象，可见这样一个族群在世界的深远影响。人家尚重视，那我们呢？包括自戊戌变法开始至中华人民共和国成立这一时期，陈宝箴、陈三立、陈寅恪祖孙、黄遵宪、丘逢甲，以及邓演达等历史人物，尚未见用文学、影视手段来表现，令人扼腕。

如客属地的"双遗"，坦率地说，开发得很不到位，缺乏整体构思和团体精神。客属地，几乎全部是国家级的生态保护区，拥有的"双遗"资源实在是太多了，应该全面加以梳理，有一个宏观的布局以及清晰的蓝图。从闽西被誉为客家神山的冠豸山，到梅州的阴那山、凤凰山，再到河源的霍山、博罗的罗浮山，内中的自然人文资源数不胜数，如果我们整体把握好了，能以丹霞地貌入选世界自然遗产的就远不止六处，而这些地方包括度假、养生资源的开发，大都还没有起步——今天面对珠江三角洲地区及东南亚地区人口老龄化产生的这方面市场，正大有可为——这也与梅州的绿色经济息息相关了。

客属地不似珠江三角洲，要建立绿色开发机制，必须重新花巨资治理污染，恢复生态。客属地拥有的绿色GDP是他处所不能达到的，但目前尚未建立绿色GDP的代偿机制，不少地方只注重生产总值。要扭转这一观念尚有待时日，但这却是势在必行的，客属地应当开此先例，敢为人先，虽然这做起来尚有一定难度，但总归要有一个开端。

在国际上，已经有不少国家和地区在碳排放问题上提出了相同的可行性方案，即进行排放额度买卖的"排放权交易"，即花钱从超额完成任务的国家或地区买进超出的额度。如一个地区，为保证水源及植被，作出了重大牺牲，不能引进高产值项目，而水源与植被受益的地区，则当予以补偿。粤东北山区亦可与发达地区在碳排放量上做"交易"，而不是接受发达地区恩赐式的"一帮一"。"排放权交易"的实质是互惠，没准拥有绿色GDP者有更长久的实力与可持续发展的底气呢。

其次，充分开展绿色信贷。这是一本万利的长线信贷，切不可鼠目寸光，急功近利。虽然近期太阳能、风能等清洁能源开发提取的商业化目标尚远，但我发现，客属地的农户花几千元买上一台太阳能热水器使用的行为，亦不罕见。只要我们投入规模化生产，加上技术革新，成本是可以压下来的，推广面也会更广，而在这，绿色信贷更大有可为。不仅太阳能如此，其他生态经济亦可如此，思路还可以更广一些。

我们还可以把客属地的名城，如赣州、汀州、梅州、龙川等，发展成旅游名城、花园城市、最具竞争力的城市，更要打造成绿色名城、低碳城市。当然，这需要赣闽粤形成三省共同的网络与平台。

自然的和谐，人与自然的和谐，人与人之间的和谐，当是绿色文化的最后指向和归属。从客家文化中还可以发掘出更多的内容，以上仅仅是点到即止。文化是由历史的层层累积而形成的，绿色开发则是从自然与人文出发，指向未来。客家文化与绿色发展，便是这样相辅相成，不可分开。

其次则是红色平台。众所周知，客家大本营与当年的中央苏区几乎完全重叠。赣闽粤三省各自的苏区县全部都是客家县。

再次是古色平台。无论赣州、汀州，还是龙川、梅州、惠州等，都是历史文化名城，这已不用多说了。

若这三个平台能形成并能有效整合，客属地则会有更多的创新机遇。

客家族群作为始终"在路上"的族群，身无长物，但是却能演进发展至今，这与客家族群文化的稳定性密切相关。千年漂泊，千年的流离失所，让客家人产生不同的心态，有不同于"安土重迁"的传统中原人的价值取向。客家方言体现了客家人的思维方式。语言表述方式不同，每每凸显出思维上的巨大差异，在行为上甚至出现格格不入的表现。① 被视为客家立身格言，且广为人知，最具代表性的谚语，便是"宁卖祖宗田，不忘祖宗言"。"祖宗言"不仅是话语，而且是整个客家的文化传统，是祖上的遗训，包含了客家人整个的人生观、价值观，言如同真理，须臾不可忘却，更不可以变卖与背叛！② 只有身处不同文化世界的人才有不同的自由和不同的需求，也才有实现自由的可能和满足需求的选择。③ 正是出于对文化传统的坚守，客家人的族群认同才表现得自觉、自主和有理性，因而他们能在族群互动中保持独立自主的文化自信，甚至在强势的外来势力压迫下，愈发坚持自身的文化传统，充分展现出其文化的自信与自为。

在一定时期内，中国大陆地区"打客家牌"的主要方式是"文化搭台，经济唱戏"，以海内外客家华人华侨的认同及家乡情怀为基础，吸引海外资金、技术扶持客家地区建设。如广东梅州"世界客都"、闽西宁

---

① 谭元亨. 客家民谚与"祖宗言"［J］. 华南农业大学学报，2008（1）：85.
② 谭元亨. 客家民谚与"祖宗言"［J］. 华南农业大学学报，2008（1）：85-86.
③ 杨建毅，朱永胜. 自由追求中的文化构成与发展模式［J］. 探索与争鸣，2011（12）：121.

化石壁"客家祖地"、赣南赣州"客家摇篮"、广东河源"客家古邑"……在中国台湾地区,自1987年"解严"后,台湾本土化运动中"客家运动"成为重要的内容之一,其中蕴含着强烈的政治色彩。如1988年的"还我母语"运动,抗议执政政府的"语言政策"。其后由于客家运动的兴起,台湾当局对客家问题与客家运动进行了积极回应:成立"行政院"客家委员会、设立客家学术机构、成立客家电视台、建立客家文化园区等。海外客家人,也在经济、政治之外,逐渐认识到在"文化层面"加强客家人认同的重要性。"文化寻根"也由传统的偏重经济、政治活动转向为更注重文化认同的文化活动,甚至在一定程度上"加强了东南亚华人再中国化的趋势"[①]。

在新时代,客家文化要引导客家人在全球化、多元化、现代化的现实中弘扬客家的文化价值,遵循客家文化原则,在实践中改造自然和社会,从而创造面向未来的客家文化新景观。

---

① 周建新,程瑜. 全球化、文化自觉与客家文化[C]. 地域族群与客家文化研究,2008(11):213.

六、文化泥土与精神建树

客家文学：身份的认同与背离
——客家长篇文艺作品的主题思考

1991年9月，我在美国马里兰大学举办了题为《儿童文学：天赋身份的背离》的讲座，这也是几天后我在巴黎参加的第10届国际儿童文学研究大会的入选论文题目。由于论文具有独特的视角，我又应邀在大会上作了一个小时的长篇发言。这也是中国学者首次在国际儿童文学研究大会上的专题发言，获得了热烈的掌声。这么多年来，我出席众多的学术会议，独有这次是最难忘的。

当时我很诧异，为何我这一论题会引发这么大的关注，毕竟我只是在儿童文学的领域内提出了"身份背离"这一理论观点。回国后，一位著名的文艺理论家在读了我的儿童文学专著后，这么对我讲："你的理论很独特，甚至有点古怪，很久读不到这样完全让人在阅读上一下子难以跟上的作品，我读上几遍才可以在惊诧之余品味出真意来。你的理论不要急于让人们认可，它的价值总会显现出来的。"

及至七年之后，在我应邀去巴黎大学贝洛学院主持由法国举办的第一个"中国儿童文学日"之际，一直与我联系的佩若教授给了我一份国际会议的邀请函，这是一个涉及哲学、社会学、人类学诸方面的学术大会，会议的主题便是身份认同与背离的问题。

佩若给我解释了大会的意义：当下的欧洲，已有了欧盟，更有了马约，也就是说，在欧洲大陆，不少国家的边界就此消失了，不用再办签证就可以从这个国家到那个国家，而后，还会统一货币，使用欧元，到哪个国家用的都是同一种货币。那么，对于一个统一后的欧洲，没有了边界，没有了国家货币，我们凭借什么来认同自己的身份，认同自己是法国人或是德国人？

乍一听，一般中国作家很难理解，认为这算是钻到牛角尖里去了，这能成为问题么？我倒是译过一些外文的哲学、文学著作，对于他们的抽象思维、逻辑思维多少有点了解。但我仍然没料到我的"身份背离论"会引发他对"身份认同"如此强烈的反响。

在1994年至1998年间，我已出版了多部有关客家的长篇文艺作品。《客家魂》是1994年首次出版的，1997年后再版多次。《客家圣典——一个大迁徙民系的文化史》被人们视为学术专著，但由于其属于散文体例，反而有了更多读者，第一版之后不足三个月又重印，而后，更出了四个版本，重印不下10次，对客家身份的认同理论，可以说是出自这部作品并由这部作品引发出热潮的。

特别在我国台湾地区，该书引发了从未有过的轰动。其时，台湾的"还我客语运动"方兴未艾，他这么一说，我也老泪纵横了。前国台办负责人张铭清认为："从一定程度上讲，客家文学架起学者研究与民众情趣共通的桥梁，实现雅俗共赏，推动客家文化的传播，提升客家文化自觉。以1997年谭元亨的《客家魂》三部曲问世为标志，体现客家文学与客家精神的贯通，甚至改编自该书的12集电视连续剧《客家女》也在海内外热播……可见，丰富的历史文化资源与现实丰富的客家文化生态，催生了丰富多彩的文学创作和理论探讨，蓄积了强大的文化软实力。"

台湾的客家电台还专门播出了由我作词的《𠊎是客家人》，直到今天，这首歌已经唱了近20年了，仍在唱下去，每逢盛会，几乎都少不了唱这首歌的环节。

《𠊎是客家人》的歌名包含有身份认同的意义——这对于当年不敢讲客家话、不敢自称为客家人的老人而言，大声说出"𠊎是客家人"该是多么不容易。而一旦说了出来，又证明多元文化以及思想解放已经获得长足的发展。

从儿童文学的"身份背离"到客家人的"身份认同"，我面对的同样是上亿人的群体，但却是完全不同类型的群体。我明白，《客家魂》会被视为"20世纪世界最具影响力的客家名著"，并不一定是在它的文学意义上。

这却让我深思：一个族群的身份认同，就这么难吗？

项小米的长篇小说《英雄无语》及由该小说改编的同名电影，张永和的长篇小说《大山寨》，还有《葛藤凹》等电视剧，再现了客家先民筚路蓝缕、艰难迁徙的悲壮历程，其指向无一不是身份认同。

《英雄无语》中贯穿始终的《迁徙诗》，正是这样一个身份的历史性追问，作者以相当大的篇幅，寻问客家之"根"，实质上是想回答老一代"我爷爷"的客家英雄从何而来的问题，认同客家的血脉。"我"及申建等当代青年在探索"我爷爷"的故事与破译《迁徙诗》的过程，正是对客家传统文化的疑惑、思考、理解、领悟直至认同的过程。一个族群或民系在漫长的时空上的迁徙，怎么也比不上思想文化上的跋涉。客家传统与土地革命在历史区域上的耦合，亦未能终止这一思想的长旅。

作为长篇电视连续剧的《葛藤凹》，则是再现了当年的中原人为避战乱，为保住血脉而进行的历史上的"万里长征"，但是它的指归，无疑便是身份认同，客家人来自中原，客家人就是汉民族的一员！

与《客家魂》一样，《英雄无语》也是家族小说，是对客族历史的追根溯源。当然，《客家魂》是以辛亥元戎郭玉祠（真名郭宝慈）的家族史展开的，不少故事有史可稽；而《英雄无语》则是以"红色客家""我爷爷"项与年的家族史铺陈的。颇有意味的是，两个家族都有一个共同的"关联人"——莫雄。莫雄是郭宝慈的学生，又是把情报交给项与年，让红军逃出生天、开始长征的关键人物。

《大山寨》的主人公在篇末说道："这里原是上祖开拓的驿道，沉积了先人多少苦难的经历，隐藏了世间太多的坎坷，也印满了驿夫沧桑的脚下履痕……"

但《大山寨》的历史背景，已经是大陆改革开放、台湾"解严"之后了，来自闽台本属两大阵营的乡亲，终于一同回客家山寨认祖归宗，共同迎来海峡两岸历史发展的新机遇，实现经济腾飞与文化复兴！

儿童之所以要背离其天赋身份，为的是后天的获得身份，要做大人，这是儿童心理的表现。而在中国的历代的文学作品中，在森严的封建统治下，独有的儿童形象，从哪吒、孙悟空，到贾宝玉，再到聊斋中的少年，他们无一不具备一种叛逆、不甘于对成人言听计从的天赋身份，从而有别于外国儿童文学中"顽童"的传统。而客家，本身也呈示着一种身份的认同与背离，名与实的分裂。他们本是中原的主人，来到了边缘地带，却获得"客"的名称。他们本是泱泱大国的主人，反而被边缘化而为客。内在的主人意识与外部的"客"之地位，势必造成身份的焦虑。于是，这才有了他们进入近代的出色表现。那么多的民族志士、领袖人物，足以证明其是整个神州大地上的主人。于是，客家的身份就不再是一种边缘的、屈辱的、被蔑视的称谓，今日那么多"东南飞"的外来者，已十分认同"新客家"的身份。

其实，人的一生也都在以不同身份，不断演绎出认同与背离的变化。尤其在今日的中国，社会转型越快，人们的身份焦虑就越普遍。在外文中，身份认同源自拉丁语 statum，即 stare 的过去分词，即站立，也就是所处的地位，这是指人们所拥有的尊重及尊严。改革开放前，多少人以国有企业职工的身份为荣，当今，"老板"的尊称则满天飞。人们对不同身份的追求，也意味着对此在身份的背离，期望有尊严地活着，甚至争得社会艳羡的目光。过去的士农工商，不久前的工农兵学商，都是一种身份地位的排序。而今天，人们对这种排序已经不以为然了，金钱至上的价值观已深深地腐蚀了我们的社会。穷富果然能划分身份么？安贫乐道的古训就必须背离么？其实，自立、自主、自强方是身份的根本，无论你是穷是富——中国古语一直有说，财富乃身外之物。但今天，又有几个人会这么认为呢？

有身份认同就有身份背离，这已构成我们今天或显或隐的人生主调。客家人一生下来，"客"已被注定为天赋身份了，可他们上千年来所做的非"客"而是"主"，后者似乎是获得身份但却是恢复的天赋身份，背离了"客"，回归了天赋身份，也可以这么理解么？也许会有人还会为此纠缠不清。身份认同与身份背离永远是客家人摆脱不了的焦虑或渴望。上述几部客家文艺作品，无疑展示了这种焦虑与渴望。

身份的认同是我们对自己在世界中地位的确定，也是在社会归属中得到的允诺。地位的确定意味着自身的尊严，也包含自信。而归属的允诺，则意味着群体（包括族群）的认可，这是一种远超亲情、友情的支撑力量。地位的确定，社会的承诺，更是个人获得成功的保证，或者是奋斗过程中所需要的一路绿灯。当然，这是现代社会的观念，与过去的奴隶、农奴甘愿俯首帖耳、匍匐爬行的"认命"不一样。

其实，客家人的身份认同也曾处于极度的焦虑之中。

首先，在这个族群形成之际，即越过武夷山进入东夷之地、越过南岭来到南蛮之地时，他们已身处东夷、南蛮之地中，又何以确认自身汉民族的身份呢？

于是，这才有了拜祭用的"客家祖地"——宁化石壁，即从汉地石城越过"夷界"武夷山的石壁,凭此方可确认自己是汉人,是华夏古国几千年的主人,是来到夷地为客的。当然,还有种姓、百姓宗祠、百姓古街等,它们都是认同的证明。关于这最早的身份认同,我已在关于"祖地"的多篇文章中写过,这里就不重复了。

这是最早的,也是最根本的身份认同。

而后,则是客家人越过武夷山、南岭,开始了脱离汉族主体的独立发展,并在新的"第二祖地"获得新的身份认同——随之形成的还有客家方言,它被中国台湾教授罗肇锦视为"最后期的古汉语",如我在《厓是客家人》的歌词里所唱的"乡音识亲人",众所周知,客家话是唯一不以地域命名的汉语八大方言之一,分布在南方十多个省(区)中,可以彼此交流、认可。土楼、围堡、围龙屋、客家大山寨也成了客家独有的族群建筑——仅方言与围楼,即精神文化与物质文化二者,就可成为代表了。

在大陆,因为怕"地方主义""山头主义"的罪名,客家人与客家人之间都不敢说客家话,而其他族群对客家人是充满歧视的,并称客家人为"客家佬",也是一种精神的压迫。至于台湾,在"解严"之后,为何会有一个"还我客语运动",这则是再明白不过了。

这一段历史的"后遗症"转换成了今天的"土著说"与"误会说"或"取消说"。"土著说"正是要背离客家的汉民族天赋身份,"误会说"干脆取消了对客家这个族群存在的认同。这不仅仅是学术圈子中的"标新立异"问题了。

身份认同还有一个更大、更广层面的意义,这便是价值问题,不同群属的人的价值问题。

改革开放后,大量的打工仔、打工妹涌入了广东,同时,也有无数身怀绝技、才华横溢的有志者,在广东找到了自己的用武之地,形成了"孔雀东南飞"的局面,为广东的经济腾飞贡献了一分力量。这些外来的人们在京、沪等地,并不曾寻求一个新的共名,然而,在来到了广东之后,他们几乎一致选择了"新客家"这个称呼。

诚然,在客家被打压、受歧视之际,是不会有人认同自己是"新客家"的。这也说明,自我国改革开放以来,客家人不仅仅被正名、被认同,而且成了一种荣耀,一个可以称得上尊贵的身份——这自然与这30年来逐渐掀起的"客家热"分不开,也与人们逐渐认识到历史上的客家人对中国近代进步所作出的重大贡献相关。

这是对"外来"者、对客家的认同：我也是迁徙来的。

更是对可以确认的未来的认同，即我们也可以与过去的客家人一样，为这里的历史发展、经济繁荣作出当之无愧的贡献！

这便是"新客家"认同的真正意义所在——当然，这已完全超越了族群意识，显示出今天不可低估的价值。

我是广州十三行行商的后裔，我在进行客家研究的同时，也对广州十三行进行了深入的研究。广州十三行是世界大航海时代主持中国对外贸易300年的行商群体。根据我自己的研究思路，广州十三行行商是民商而非官商，更非时下人们热衷表述的所谓"国商"。没想到这言论引起了一部分人的愤怒，说否定广州十三行行商国商的身份是对他们的亵渎。这一观念的顽固，引发了我的深思。

其实，反驳其观点是很容易的，如果行商是"国商"，就难以解释行商们自欧洲工业革命至美国太平洋铁路兴建的百年间，何以有那么巨大的投资，他们大都是欧美商船的大股东——早在清康熙年间就已经是了。

自然，这与近年来的"国进民退"也不无关系。

而客家人中持有这一观念的人，不会比其他族群的少。而这一观念最终会导致什么？"民商"与"国商"的身份认同的实质是什么？权利导致人身依附，物权则启开了建立在物的依附性上的人的独立性。

改革开放之初，"外资"的投入实际上90%是与华资一样的，最早进入深圳特区的"外来工"大部分还是客家人。他们的拼搏，甚至被讥讽为"发穷恶"。"发穷恶"是一柄双刃剑，也意味着他们穷怕了，穷慌了，穷疯了。

但客家人的正名，尤其是客家人的历史以及今日的拼搏，传递给外来人口的，更多是积极的信息，于是，他们才把"新客家"视为一种身份认同。这也是只有在南方才出现的新名词。

因历史的原因而产生的，自会成为历史的荣耀。

我们常说，从"人的依附性"走向"建立在物的依附性上的人的独立性"的过程。这"物"便是商品，如前所述，即市场经济之物；而"人的独立性"便是人类摆脱神权统治，开启文艺复兴、启蒙主义、人文主义这一过程的描述。也就是说，人道主义本身就是与市场经济相联系，两者是相辅相成、缺一不可的。正是对"物的依附性"，才挣脱了"人的依附性"，才有了人的独立发展。

当然，我们最终追求的是人的自由全面发展，不物于物。从《客家魂》问世至今，已有近30年了，对客家人的身份认同，已不可同日而语了。但这一问题引发的思考，远不能穷尽，而回答这一问题，也不是几篇论文所能完成的，或许，借助文艺作品和文学形象——立象以尽意，不失为一种选择。

于是，我终于继歌词《𠊎是客家人》之后又写出了一部新的长篇小说《我是客家人》。它已经远远不同于为振奋客家精神而写的《客家魂》了。客家人也同样在这物欲横流、身份迷乱的时代中做出自己的选择。

想说的还有很多。

该说的，我也已经在书中说了。

形象大于思想，那就让形象来说吧。

《客家魂》：家族、族群、血脉与乡愁

"厘清虚幻共同体与想象共同体的区别：前者是针对国家的，后者是民族。但国家建构的理论中，亦有指向未来的，唯有未来可以预期的前景，才具有真正的凝聚力。这似乎又与想象共同体发生了关联，与民族及民族国家观接壤了……"这是我在一位博士关于"德意志意识形态"的文章后写下的批语，其时，我正在酝酿《客家魂》文章的构架。

关于"想象的共同体"理论，这些年间已经有不少人把它用在客家学上面。好些学者认为，客家这样一个"晚生"的民系或族群，只是被理论构建起来的，与广府、闽南族群不同。简而言之，这样一个族群的出现，只是一种"历史的误会，误会的历史"，它本身并不存在，客家人中原南下的历史更是"空穴来风"，纯粹是罗香林等人在学术上虚构出来，更被某些作家（包括我本人）在文学意象上塑造出来。对客家的族群认同，只是一个类似民族神话的信念。"客家"这样的泡沫正在破灭，连客家方言本身也在消失，变得子虚乌有。因此，客家只是一个"猜想"，一种"想象"，事实上无法建构、完善并塑造出来，最终只能归于虚妄。

不能不承认，在学术界，这般"否定说"有愈演愈烈之势。客观事实与这种"理论事实"甚至说得上形同水火，但精致的理论如同反复多次的谎言，每每可蛊惑人心一段时间，在学术圈或象牙塔中甚嚣尘上。你不可

不认真对付，尤其是它会形成洋洋数十万言的学术专著出现，而且其依据的是当今颇为权威并在国际上风行的"想象的共同体"的理论。

当然，我也被斥为参与"构建"客家的学者当中的一位。20世纪80年代末至90年代初，我在武汉大学追随吴于廑先生研究世界史，之后我写出了第一篇有关客家学的论文——《世界民族大迁徙中的客家先民南渐新论》，把客家中原南迁归入世界民族大迁徙的东方部分，在当时引起了轰动。吴老曾为我的《中国文化史观》专著写了序，序中对世界史与中国史形成的概括，启发了我写下这篇文章。从此就一发不可收。1994年，我出版了长篇《客家魂》第一部，1997年汇集了我数十篇客家论文的学术专著《客家圣典——一个大迁徙民系的文化史》问世，同年，北京也出版了含"世纪之旅""客家女""千年圣火"三卷本的新版《客家魂》。后来《客家魂》先后在五个出版社一版再版，数以万计，但是，却怎么都敌不过无数的盗版，朋友们都给我看过几种盗版，有粗糙的，也有比原版还精致的。仅用五分之一的价钱就可以买下近一百元的三卷本。

1998年7月，中国作家协会等在北京召开了《客家魂》的研讨会，由陈建功主持，国内著名的评论家张炯、雷达、白烨、曾镇南、蔡葵、雍文华、缪仲杰等50余人参与。其中，老评论家蔡葵强调：民系或族群，作为小说来描写是从未有过的——这也只是新时期才有；民系作为题材出现，只有新时期以来才有可能。张炯认为：从取材的独特性来说，为我们文坛提供了新的东西，过去没有人这么写过，他是第一个。身为客家人的缪俊杰觉得，这是一个全新的题材，客家民系与地域题材不同……既有寻根的文化意义，更有创作上的新拓展，打开了一个宏阔的新视角。

研讨会的关注点，显然是在民系或族群文学上。

当年的反响一直延续至今，其中包括在海峡对岸高度的评价以及影视的改编，入围国家的最高奖等，在这就不一一细说了。

虽然以上提及的评论家均是文学界而非学术界的，对民族学、人类学的理论并不熟悉，但是他们对客家这样一个族群的了解，显然是建立在"已然"与"实然"的认识基础上的，也就是说，于他们而言，客家并不是此刻被建构起来的，而是早已经存在，且为历史所定论的。

《客家魂》乃至同时出版的《客家圣典》，则是在全力塑造客家族群的群体形象以及其精英的风貌，但严格地说，我只是"重塑"，而非"建构"，或者是在"意象上的塑造"——从无到有。因为，作为客家这样一个族群，上千年来早已经在"自塑"了，并不用等到我写下这么些文学创作及学术上的著作。大迁徙是历史的事实，也是中国地理乃至世界大地理上的必然，而非虚构。这有大量的谱牒为证，这个族群当然是真实的，并非由于"历史的误会"而产生的，这似乎是不言而喻的事实。

然而，却也是历史迫使我写下《客家魂》这部约150万字的著作，2011年我又将它扩充成为四卷200万字，成为我的第一部十二卷长篇小说的前四卷。

我的母亲是客家人，外公是辛亥元戎，是广东农业高等教育的开创者，而我上山下乡去的又是客家山乡。但是，改革开放之际，珠江三角洲广府人的地区经济已经腾飞，不少客家人从梅州、河源来到深圳打拼，但客属地的经济相形见绌，给客家人的心理造成不小阴影。以至有的长辈称：当今已无客家人。可以说，这正是"否定说"的历史背景。但这句话真正的意义是，历史上的客家人可是出类拔萃，名人迭现，英雄辈出的，为何今天在经济大潮中寂寂无声，甚至精神都有所萎靡呢？2014年我在上海文艺出版社出版的《我是客家人》长篇，就写了这一背景。正是这种哀婉与叹息，让我产生了写《客家魂》的冲动。

有人借"文起八代之衰"来形容这部小说对客家文学乃至这个族群半个世纪的沉寂所起到的反拨作用，这我并不敢认同。但是，当时这个族群的确是太需要重新振奋精神，赶超广东的其他族群，而我从外公和众多的客家人身上看到了潜力与动力。

与其把一个族群看作是"想象的共同体"，不如说是"精神的共同体"，超于血缘、宗族之上。

其实，简单几句话就足以概括出广东三大族群的历史精神。生活在江海接合部的广府人，自古以来便有"顶硬上，鬼叫你穷"的顽强意志和"马死落地行"的自主精神，他们独立不倚的人格取向，对"鬼叫你穷"的财富追求，使他们始终挺立在中国近现代经济变革的潮头。而潮汕人的"爱拼才会赢"，则集中体现了这个海洋族群的敢打敢拼的精神。而后到广东，"无山不住客，无客不住山"的客家人，则恪守"宁卖祖宗田，不卖祖宗言"的族训，崇文重教，深信文化可以改变命运，有着浓重的儒家文化色彩。我的外公郭宝慈，在1911年率部连克南（雄）、韶（关）、连

（州）三州，成为第一届民选的国会议员，除却南下参加孙中山组织的"非常国会"的一段时间外，在北京待了10多年，我的母亲与四个舅舅都是在京城出生的。我的外公在担任财政委员、实业委员后，急流勇退，回到广东，先后到高校教书，创立琼崖农讲所、梅县农专等，投身教育事业。

《客家魂》的主人公郭玉祠的原型便是我的外公，但为了更突出客家人的"崇文重教"，我没有写他除了教育贡献之外的任何功绩，熟知的人都认为可惜了，连克三州，该是多么精彩又多么惊险的小说情节，稍加发挥，就更引人入胜了，不应该放弃不写，有的甚至要求我重版时补上。

我没有这么做，研讨会上，原文化部副部长、中国作协党组副书记陈昌本道出了我的初衷："这部书，塑造了我们过去文学作品中还没有触及的不少新人，有个性的人物，如郭玉祠这个老人，是文学画廊中的新人，没有出现过的全新的人物，而且是有典型意义的。作为一个儒家的教育家，是追求品德高尚、追求完美的那么一种教育家的形象，是过去从未有过的。他的经历，从举人到钦点主事，到民国第一届国会议员，再到禁烟委员，贯穿他人生的始终是教育家的形象，用文学手法来表现这类人物，能让人记住不忘，笔力稳健。"蔡葵更认为："这部小说的自传色彩家族题材，过去都是犯忌的，为玉祠这样的封建遗老树碑立传在过去是不可能的。"

这就是说，只有在新时期，广东第二代作家，才有可能在主要民系文化的艺术创作上有所作为。寻找客家之魂，是我这部作品所刻意追求的，这"魂"是什么？当然是"祖宗言"，而"祖宗言"如何薪火相传，生生不息，靠的便是教育，客家人的崇文重教，正是其核心价值所在。就这样，我在《客家魂》中塑造了郭家三代献身于教育的"牺牲者"，他们或许还称不上"教育家"，如启慧，年纪轻轻的就因为在山洪中抢救学生而献出了宝贵的生命。这个家族，乃至客家整个族群，对教育的执着，几乎到了迷狂的地步，这一直是令我动容的。

客家研究太拘泥于源流、宗族上的考证，迄今"中原说""土著说"仍争拗不休，可是，精神史当是更浩大的工程、更有潜力的富矿，值得一个作家终身去开掘。

著名学者、作家韩素音，认同自己是客家人，祖籍为梅州。在她五卷本的《我的根在中国》序中写道:"西哲有言,人而无知一已民族的历史,终将在劫难逃。民族文化的幸存有赖于民族自觉及热爱这一文化的过去,有赖于有意识地确认其不断做出的努力与成就。这些努力与成就在时间的流逝中逐渐孕育了文化。"

从客家族群形成至今的一千年里,从蛰伏到崛起,从沉默到发声,因有太多了不起的故事孕育了客家文化,才在近现代产生骤响易彻的效应。换句话说,客家族群不是被建构的,其本身就拥有过去,今天只是要做到把它讲成好故事。也许正是因为没有系统、完整地讲好这些故事,这才导致客家被称为"误会的历史",认为香港新界的客家人已基本消失了,惠州的客家人已自我认同为广府人,估计未来百年间,连被视为"客都"的梅州的客家方言也都可能不存在了,方言既无,族群也就子虚乌有了⋯⋯

彻底灭亡一个民族,便是灭其文化。上述言论,说得好听些,是一种危机意识,说得不好听,则是历史虚无主义,从历史的虚无走向未来的虚无。有人说中原南下是空穴来风,大迁徙是牵强附会,这就从根上否定了客家族群。然而,学术界却每每把这说得振振有词、理直气壮,而且有着所谓充分的论证。仅剩文学界,还在发挥其浪漫的激情,把大迁徙写得有声有色、哀顽感艳、栩栩如生。一个是冷酷的论证,一个是激情的抒发,也许只有在客家,我们才能目睹所谓理性与情感如此巨大的撕裂,让旁观者匪夷所思。这与我遇到的诡辩——法律的现实不等于客观的现实的说法一样,异曲同工。

但历史是抹杀得了的吗?

在同一个序中,韩素音更强调:"只有知道我们的过去,才可能使我们支配与塑造我们的未来。"只有知道客家的过去,才可能塑造当今客地的未来,虽然其今天仍不尽如人意。正如《客家魂》所写,当年民国的郭玉祠、黄先瑛是那么光彩照人,其后代郭启慧遭遇却很悲惨,但是之后新一代的萱龄、小凫不正是在其父辈的阴影中重新站立,为中国的教育力图撑出一片蓝天吗?

也许,未来更为重要,一旦存在一个共同的未来,那祖先的回忆、光荣或羞辱的传统,就如未来学者加塞特所说的,只是成为"强化因素,仅此而已",人们只会为可预见的未来而战。

作为客家这样一个族群,如看不到一个可信的未来,那么拥有再辉煌的历史和再优秀的仁人志士，也不能支配得了他们的前进、奋斗。

我们不可割断历史，更不可割裂历史与未来的联系，至此，我们当明白，为何作为文学，作为《客家魂》本身，其文学的激情只能是指向未来，一如雷达为此所说的：对民族精神的发展，写出了独具特色的男人女人，女人贤良，男人奋斗，不断上升的民族魂。

文学无论如何都不会失去激情，更不会失去未来。在1996年写的《客家魂》后记中，我祈望这部作品成为"南方的一声棒喝"，毕竟这是我的故乡，我不希望它在经济繁荣的幌子下，掩饰着那么多封建专制、愚昧迷信、野蛮落后的负面。

我以为，文学的本质是重塑人性。重塑好人性，方可重塑未来，仍如后记中说的："在人类历史进程中，尽管有不少污秽，不少残忍，不少的阴暗，但总归有光明，有亮色——这光明与亮色，就是人类的思想。"

文学做得到的，学术做得到么？

一切历史都是思想史，而思想史则是精神史不可或缺的一部分。文学创作，构建的正是这样一部精神史。

没有人能否定这一点。

我们常常听到历史学者斥责作家缺乏实证，想入非非，这不真实，也不确切，而作家亦认为历史学者佶屈聱牙，食古不化，不知所云，二者简直水火不相容。

若将《史记》用今天的"规范"来划定，它到底是历史学术还是历史小说？说是学术专著，它有太多的如鸿门宴一样生动细腻的文学描写；说是历史小说，它却有严格的分类及编年，以及"太史公说"的精辟史论。

我则是双重身份，但也说不清是先为学者，后为作家，还是先为作家，后为学者的。年轻时，我先是因为写论文名噪一时，后来又因一出小戏而跳了龙门，职业先是知青，再是编剧、作家，现今则是教授。同样，也说不清是先有客家论文还是先写客家小说的，虽说一篇论文发表的速度比一部小说的出版要快得多。

我每每以弱示人，在学者面前，我说自己是写小说的，不去参与这样那样的学术争论，在作家面前，我说我是大学里搞研究的，更不想去争个文章水平的高低上下。但我论文照写，坚持自己的见解，一发不可收；小说照发，一吐为快，比专业的写得更多。

其实，无论是教学与研究，还是理论与创作，在我这里并不存在水火不相容的问题，反而是相得益彰，互相促进。《客家魂》写了整整一百年的历史，打通从清末到民国再到当今改革开放好几个时代，而历史研究则令我在创作中如鱼得水，不至于在重大的历史文化事件上出现纰漏；反过来，文学创作也增加了我对历史阐释的底气，如前所述，不至于陷入纠缠不清、相互矛盾的论证中，至少有个宏观的把握而不陷于术语的泥潭。作为学术专著的《客家圣典》则是三卷本《客家魂》完稿之后，我觉得余意未尽，这才把数十篇客家论文串联起来，用雅俗共赏的笔调写出来，一出版就不同凡响，更是每3个月就重印一次，可见受欢迎的程度，这也是学术著作无法达到的数字。可以说，这应是文学语言帮了我。发行量之大，是读者给予的奖赏，比任何大奖更让我欣慰。

由于我坚持不删去《客家魂》序言中关于"高举骨头"的内容，因此错过了很多次获奖的机会，然而，客家人的硬颈精神却不可以丢弃，这代表了客家人的骨气。倒是在学术上我得到了补偿，100多万言的《客家文化史》，迄今为止仍是客家著作中唯一获得全国高校科研成果人文科学奖的著作。《客家魂》的责任编辑吴光华，曾编辑过《黄河东流去》《穆斯林的葬礼》两部获茅盾文学奖的长篇小说，他迄今仍认为《客家魂》是他编辑过的最好的一部长篇小说，是他退休前最完美的收官之作，获不获奖并不重要。

古远清在关于粤派批评中，专门提到了我与罗可群的客家文学批评。在中国作家中，我是最早成为"驻校作家"的一位，但是，我始终认为《客家魂》等作品是地地道道的作家小说，而非所谓的"学者小说"。且不说我动笔之际尚未到高校任教。虽然不少人惊叹，《客家魂》对打通20世纪中国史的努力并不亚于相关的断代史学者。

其实，一位作家的学术修养，尤其是历史学、哲学上的修养是不可或缺的，这是创作的底气。读武汉大学作家班时期，我上的历史课程，包括法律史、中外哲学史等课程，比文学创作课程要多得多。同样，一位学者在文字上的修养至关重要，否则，干涩枯燥、佶屈聱牙的语言，何以让人接受你的作品，能一口气读下去？曾镇南在研讨会上关于这方面的评价，我一直很以为然，他是这么形容我的文字的："字里行间跳动很快，节奏很快，文不加点，喷薄欲出的感觉，叙述明快，舒朗，很长，但读起来，因为有空白，有思索余地。"我至今仍痛感，为何不少学生读到了博士，语言的驾驭能力仍那么差，乏善可陈，让博士论文干瘪至此，味如鸡肋。

在民系文化和艺术表现上如何写出具有代表意义的力作，是我呕心沥血所努力的。诚然，客家人遍及中国南方十几个省（区），但是广东才是中国客家第一大省。客家文化从来就是广东的华彩乐章。这里不必赘述客家人于广东、于中国及世界的历史贡献，须强调的，广东更是客家文学、客家学术的重镇，始终走在全国前面。失去了它们，广东文学、学术几乎就等于丢了半壁江山。

从儿时在摇篮里听母亲吟唱客家山歌《落水天》，到知青岁月在客地高山之巅平视好大的月亮；从带领《客家人》《客家女》剧组踏遍梅州、河源的山山水水拍电视剧，到动笔写《客家魂》，以及今日编纂《客家文化经典》二十卷，那与母亲血肉相连的客家记忆，竟与日俱增。乡愁，不仅仅是传统，不仅仅是一种眷恋，同样是对未来的期许，对美好生活的向往。因为乡愁里包含的乡情、乡音，是任何时刻都会被强化而不会被丢弃的，民族的文化传统在这里，民族的未来塑造更在这里，在这里我们不去争辩什么"想象的共同体"或"真实的共同体"，因为乡愁永远是伴随人类文明的一首永恒的长歌，而我们则用自己的文学留住它，留住它的激越与婉约、响亮与隽永，那永远是少年中国、英雄中国与壮美山河的主旋律，是可期的"中国梦"。

文学人类学视野下的客家人

我曾在评论欧美的华文文学时，曾提出这么一个概念，"华文文学，开创了另一个'东方世界'"，也就是在西方语境中的"东方世界"。因为生活在全世界的华人，迄今已有4000多万人，人数不亚于一个国家的人口数。华人的文化，在世界多元文化的格局中，更是绚丽多彩的一章。其中，客家人，这个崇文重教的族群，自在华人文化中占有相当大的分量，也就是说，海外的客侨，这"另一个东方世界"中的主角之一，在世界文化多元化的格局中，自有一席之地。

客家研究引起的关注，仅从我所在的华南理工大学客家文化研究所近年来接待的各国总领事的范围便可见一斑，他们有美国驻广州的总领事馆副总领事宋子仁，日本驻广州总领事吉田准治，还有韩国的一位副总领事等，与我们有联系的还有以色列等国的领使馆，这几位总领事的来访，关心的自然是客家社团组织的形式与结构，客家文化的特点与影响，包括所有的客家属地方言是否相通等。他们从各自不同的文化背景与立场上，对客家有各自不同的解读。

与此同时，世界文学的不少著名作品中，对客家人处于世界多元文化格局中鲜活形象亦不乏表现。

如华侨作家杜埃的三部曲《风雨太平洋》中，世界反法西斯战争中，对东南亚的华侨抵抗日本侵略者进行的浴血奋战作了全景式的描述，杜埃本人是客家人，书中写的也大多是客家英雄。而本身有客家血统的英籍作家韩素音，其众多的长篇作品，诸如《残树》《瑰宝》等，更对客家人的生存状态以及他们在世界的辗转迁徙进行了深刻到位的描写。

引人注目的是，世界不少著名作家，都浓笔重彩地写过客家人。如以写史诗著称的美国大作家A.米切纳，在其名著《夏威夷》中，客家人不仅是其中的主角，而且是从一片蛮荒之地开垦出文明的功臣，他们筚路蓝缕、艰难创业，终将夏威夷变成一个美丽的家园。还有法国、英国的不少作家，每每提到客家人，几乎都有一致美好的评价。

无疑，无论是东南亚还是欧美，无论是华裔作家还是其他国度的作家，都有各自不同的文化背景、文化身份，对客家人的认识自有不同。从他们眼中，可能会更客观地体察到客家人在世界多元文化中所扮演的角色，读到客家人在海外所展示的另一个"东方世界"。这同样可以解答，甚至更深刻地回应"我是谁，我从哪里来，我到哪里去"这一客家式的永恒追问，对客家人的研究，可以借他山之石，得出更全面、客观、肯綮的结论。

杜埃是归侨作家，《风雨太平洋》三部曲是由他当年在东南亚参与抵抗日本法西斯的亲身经历演绎而成的，里边有着众多可歌可泣、感人至深的客家战士形象。客家人在民族大义面前，从来是正气凛然、义无反顾的，对此，我们就点到为止。

我们不妨更深入去看东南亚国家本身的客籍作家自己的作品。

《客音扬芬》比较集中地选取了生活在东南亚的客家人的作品。

这里，只挑选一篇佟英的小说《扫墓》为例。

《扫墓》描写了中泰两国华人的缩影：回国扫墓的老妈妈，当年是在湄南河畔相夫教子的，可旋即华人华侨遭到了厄运，日本下令逮捕当地人士与爱国华侨，她丈夫被迫逃亡。而送去中国读书的儿子，在战后找到时，竟在狱中，母子相见，方知逃亡在外的丈夫已悲愤病逝于异乡。又过了30年，母亲才又得到了儿子的消息，回乡扫墓，还意外与失去音讯40多年的女儿重逢……一家人终于在亲人的新墓前团圆了。泰国华侨近一个世纪的悲欢离合，都高度地浓缩在这一短篇里了。

乡亲们为她们的到来感到喜出望外，人们热情地接待她们，有的上了年纪的人们拄着拐杖蹒跚走来，拉着海外归来的亲人的手，流着泪水，对老人谈起她的丈夫往事，有的人叫着亡人的小名，哀叹他自幼失去双亲孤苦伶仃，称赞他聪明热心，从小就是个勤劳勇敢的人，有的说他有造化，老了终于回来安息在自己的胞衣迹的地方。……①

"安息在自己的胞衣迹的地方"一语，是何等欣慰，又是何等地沉重！只有客家人，才会把自己出生的地方叫作"胞衣迹"。所谓"胞衣迹"，即是孩子出生后埋胎盘的地方，因为在客家人看来，胎盘是生命的先天之根，埋进土里方可根深叶茂。从"胞衣迹"到安息之处，分明是华夏文明那无法剪断的精神脐带。

另外，我们再谈一下曾任泰国客属总会理事长赖锦廷怀念父亲的散文——《平凡中见伟大》。

先父一生操劳，到七十岁那年，还帮这帮那，不肯停下来享清福，他经常提着一桶桶沉重的旧银货，从楼下铺头提到五楼的溶银场。有时脚酸，有时背痛，有时累得喘不过气，人家劝他好好休息一下，他总摇头，笑着说："没什么，我还行。"直到后来，生了病，躺在床上，还念念不忘要帮孩子们做生意，先父就是这么一位终其一生只记得关心别人，很少顾及自己的老人。先父也非常热心公益事业和社会福利，他在侨社方面也担任过一些职务，但从不认为自己是侨领。他很同情也很尊重贫苦人家，因为他本身就是在穷苦中出身，他不善于巴结权贵，也不懂得奉承豪门富绅，只怀着一颗赤子之心去热爱众生，先父常训导我们："为人处世，与

---

① 谭元亨. 客家文化史 [M]. 广州：华南理工大学出版社，2009：933，935.

其锦上添花,不如雪中送炭。"①

这一父亲的形象,当不仅仅有中国"积德行善"的意味,只怕亦包含作为"佛国"泰国"普度众生"的胸怀。这一说,又回到了跨文化传播的话题上了。

其实,对于整个人类,无论东方与西方,亦无论中国与泰国,毕竟其共性还是要大于个性,如热爱和平、救死扶伤、守望相助的美好品德等,总是要大过相争斗、相猜忌乃至相敌视的,人类总归是在不断地缩小差异而走向和谐,文学当充分发挥在这方面的磨合作用。因此,我说,在世界上,还有另一个"东方世界",尤其是华文文学,更是这另一个东方世界的具体表现。那么,这样一个"东方世界",不早已交融在了整个世界的文化当中了么?这也反映了世界今日的开放性与多元化。

其实,无论是信奉佛教还是伊斯兰教,在东南亚,那种悲悯的人道情怀,总是一脉相通的,而客家人的理念亦包括了"雪中送炭"的情怀。正是这种一脉相通的情怀的表现,使得客家人在东南亚多元文化之林中得以稳健地站立起来。

再来讲韩素音,这位学贯东西的大作家、大学者。

她身上有客家人的血统,但更如她所说,自己"作为欧亚人,介乎两种文化之间,……这两种文化,对我个人性格的形成显示了巨大的历史性力量"。她的作品展示的是整个世界,不仅是中国、欧美,还有南亚、中东等地,她的足迹遍及这个蔚蓝色的星球。

可以说,她的身上集中体现了世界文化的多元性,并在这一多元性中凸现出了客家人的历史品格,正如她在书中强调的:

由于客家人的流动性强,能吃苦,生性坚强,故被承认为"富有开拓性,善于开辟地旷人稀的边远地区的能手"。书中还指出,"生活的环境养成了客家人抱团、合群的特性。他们氏族观念强,勤俭,讲义气",以"客家人"自称为荣。②

在《残树》中,她特别写到了她的三叔,一位传统客家人:

"在我们家中,包括我父亲在内,只有我和我三叔在打破砂锅问到底

---

① 谭元亨. 客家文化史 [M]. 广州:华南理工大学出版社,2009:933,935.
② 韩素音. 残树 [M]. 杨光豪,等译. 北京:中国华侨出版公司,1991.

的精神上最最相近。"甚至可以说,三叔成了她作为客家人精神形成时的导师之一。她甚至在其他两本书中都写到了这位三叔。从一出场,三叔便是"父辈中唯一从事家系宗谱研究的人"。他为宗谱写了个序言。这个序言,"扼要地综述了儒家伦理观。这种伦理观在其社会经济体系中一直是士绅阶层的精神支柱"。强调祖先"刚毅处世,正直修身,始能挽一族于沉沦而臻复兴也"。要"不忘贫贱之本""以祖宗训示为重""忍让为先""舍身以利全族""大义大德"。尤为强调迁至四川后,"恪尽孝悌,仁义相传,辛苦务农,勤奋治学,历尽险阻,终得光大门第"。

"三叔所搜集的东西,一切都按照口头或笔头一代代继承下来的精细而渊博的传统整理得整整齐齐、井井有条。三叔有讲故事的天才,是我们家族中的荷马,他可以背诵我们家系从古到今的历史,在他的故事中,那些长眠于黄泉之下的白骨都变成了有血有肉的活人。他将所搜集的信件、文献和照片等都做了精确的标签和说明。他记忆超群,对任何事物的理解都有一种力求精确的癖好。"

具有世界的开阔视野,她再"回望"作为客家人的三叔,尤其是自审拥有客家血统的自身,可以说,她也就无形中烘托出了一个世界多元文化辉映下的客家人的形象,这比仅仅与中国邻近的东南亚的客家人,又走出了一步。

上面已有两个参照:东南亚的客家人和作为世界公民的客家人,但仍是从客家人自身出发的。

这里,我们则需要变换一个角度,尤其是身份。

于是,我们读到A. 米切纳的《夏威夷》一书中描写开拓者客家人的形象。

而在这里,直接的引用,会比转述或介绍要真切、震撼得多。

米切纳是这么写的:

这支流浪者的队伍见山翻山,遇河渡河,不怕山高水深,从不后退。他们所过之处,见到已成焦土的村庄。冬天,他们踏着深深的积雪前进;夏季,他们顶着烈日汗如雨下。有时,为了免得饿死,秦将军带领大队人马围城索取粮食。换在太平时代,这种行为在朝廷看来当然大逆不道,为首的被官兵抓住非剐即杀,但是当时中国并不太平,庞大的人流继续缓缓南移。

一年过去又一年，这批顽强的河南人继续其艰难的历程，一天最多走上几里，有时给激流大川挡住去路要耗上两三个月才过得河去。至于围攻城市，不顺当的时候也许要用上一年。他们当然吃饭，但是谁也不知道他们究竟用什么果腹。他们经常靠偷糊口。严冬，他们脚上缠上破烂布条，在翻山越岭时一路留下斑斑血迹，但是人人都随时准备着搏斗。

一年，两年，五年，十年……这些坚韧的中国人朝南摸索前进，百折不挠。他们保持着祖先留下的古老习惯。

中国历史上从此又出现了一个奇异现象。有将近一千年之久，山里人和山下人虽然近若比邻，却几乎从不交朋友。风俗习惯也迥然不同。

客家人保持了中国许多古老的语言习惯和古韵。

有八百年之久客家人和本地人从不通婚。①

米切纳是这么写的，也是这么认知的，尤其是借惠普尔医生之口说出：

我们怎以为这些聪明、节俭、勤劳的人会长远满足于在种植场干活。这种想法如果坚持不改，那是自欺欺人。他们的自然发展趋向是在群岛城市成为会计师、机械师。他们会成为出色的教师。有些人，我认为，将成为富有魄力的银行家、企业家。

中国人是不会长期处于为人奴役的地位。

令人感奋且回味不已的是，他写出了客家人的"世界化"：

从此，女孩子无论嫁到天之涯、海之角，总不忘写信给玉珍。玉珍记下了所有孩子的生辰，凡是男孩，都按排行取个名字通知老家，记载在祠堂的家谱上。

于是，一个个已经认不出是中国人的年轻人来到火奴鲁鲁看望年迈的玉珍，这时，玉珍会取出一本她一字不识的簿子，让人把记载的家世翻译给这个父亲或许是德国人或许是爱尔兰人、英国人的青年听，于是他多少知道自己是什么人。

他们都有客家血统。

这位"客家母亲"玉珍，就成了世界的母亲。

---

① A. 米切纳. 夏威夷［M］. 卢佩文，译. 桂林：漓江出版社，1987.

这本书纯粹是以一位非客家人、非中国人的美国作家的眼光来审视客家人,也就是说,在外国人的眼光中,客家人就是这个样的。

不是美化,而是客观地、朴素地再现了客家人。

自审的目光有了,他者的目光也已经有了。

我们需要的是:比较的目光。

韩素音在比利时读书时,同几位犹太学生成了朋友,正是出于客家人崇文重教的传统,她称:"这些犹太人追求知识的激情吸引了我,使我从那个自鸣得意的庸人圈子里走出来。"她还说:"这些犹太人思维敏捷,理解力强;他们总是讨论思想意识问题,从不就事论事或者就事论人……他们知道自己过的是一种逃亡生活,所以每时每刻都在用身上的每一个细胞享受生活,使生活过得充实、珍贵,因为这是死亡之前的生活啊。他们距在屈辱中突然灭绝生命的命运太近了,所以,他们拼命地学习,狂热地欣赏音乐、创作音乐,施展全部才能参加辩论,尽情投身于生活的激流之中。"①

显然,同是永远处于大迁徙的客家人的命运,引发了她对犹太人的关注:一种危机或边缘意识,是怎样唤起一个族群的生命理想。

我写过将客家人与犹太人相比较的论文,近年更与一位英国广播公司的前记者合作写了一部关于孙中山的犹太副官马坤的长篇传记。

在这部作品中,我写到了20世纪初中国人是怎样在世界上备受欺凌与压迫的,与此同时,犹太人也有着其悲惨的遭际。也许正是这样,他们彼此间才同病相怜,双枪手马坤在孙中山那里得到的不仅是信任,还是作为一个人、一个犹太人的尊严。我也曾以"悲悯与尊严"为题,讲过这个动人的历史故事。

无疑,大迁徙的历史、重伦理、强教化,种种,都是两个族群的共同之处。可由于各自生活的地域不同,在欧美,犹太人是用金钱来赎买生存的权利,而在东方,客家人则是用生命来争取科举的名额——19世纪的土客械斗的症结就在此。所以,同是崇文重教,各自的表现形式却不一样。所以,犹太人有金融方面的天赋,而客家人读书入仕则更出色。

我在一篇论文的结论部分写道:

---

①谭元亨. 呼唤史识[M]. 广州:广东高等教育出版社,2002:107.

不错，犹太人同样是一个流浪的族群，而且是一个饱受历史苦难的"落难者"的族群，它身上许多特质，如重伦理、重教化等，也与客家人相近。

但问题是，它是作为一个民族而存在，尽管现在人口也只有一千多万；客家人则只是作为一个民系，即汉民族的一个支系而存在，曾有人称他们为"客家族"，却引起了轩然大波，因为他们不曾自外于汉族，纵然他们的人口已有八千万甚至更多。

尤其是在义利之辩上，犹太人作为一个"商人的族群"，更重于利的追逐，他们的生存权利，都是用金钱赎买来的。相反，客家人却重义气，而客家人在华夏土地上的立足，更多则在于义的维系。

同样在流浪的征途上，犹太人处处意识到自己是陌路人、是过客、是客而非主家，所以才尽可能地获取最大的商业利润，而客家人虽名为"客"，但无论在何处，都仍以主人的身份出现，主持正义、张扬文化，这也使他们处于相当艰难的境地。①

自审的目光，他者的目光，还有比较的目光，共同揭示出了在世界文化多元化中，我们对客家人的研究当如何拓展与深化。而这依据的还仅仅是文学人类学的素材。但这已经足以证明，在多样化的世界文化中，客家人的研究为何会如此持久不衰，当今世界的客家人是如何与当地文化的磨合、整合、融合的。而这也意味着客家人对世界文化多样性的推动并为此做出了贡献。为此，客家人在世界的生存、发展的意义，无疑是极其重大的，绝不可低估。我们寄望于一届又一届的客家高峰论坛获得更大的成功，以揭示一个大迁徙族群永不衰竭的强大的生命力。

欲知大道，必先为史

——评罗可群的《现代广东客家文学史》

罗可群的《现代广东客家文学史》是继他的《古代广东客家文学史》之后的又一部扛鼎之作。洋洋40万字，征史、开源、诚心，当是这两部大

---

①谭元亨. 客家文化史［M］. 广州：华南理工大学出版社，2009：864.

著最为显著的特征。有这三点,史方可立,方可知,方可兴,否则,汗牛充栋的史著,一朝复一朝,公说公有理,婆说婆有理,真能传下去的,又能有几部?人说,文学艺术作品中务必包含有属于未来的东西,方可具有永久的魅力。那么,文学史更是这样,因此,所谓"史"的意义,不在过去,而是未来,多少给未来一个观照。我想,罗可群这两部大作,是做到了这几点的。

关于征史,清代著名的启蒙学者,曾以"我劝天公重抖擞,不拘一格降人才"的警句惊醒世人的龚自珍也有至理名言:欲知大道,必先为史。

可见,为史者,是要征求真实,征求真实背后的"大道"——这不妨解释为历史的思想,历史所昭示的前进方向。文学史更是如此,作家历来是对现实社会异化的最有力的抗诉者;当作家沦为传声筒、喉舌,失去思想、失去正义感,那就已不再是作家,而只是弄臣、戏子而已。当翻完罗可群的著作,见到最后一节"打工文学:来自生活底层的定作"之际,心中怦然一动。也许,时至今日,打工文学方兴未艾,还不是做定论之际,其峰巅之作,也许还不及当年美国的《嘉莉妹妹》之类,但是作家,尤其是研究者,关注到这个底层,则是其良知所在,是历史理性所系。这与20世纪二三十年代张资平的"身边小说"、李金发的象征诗《弃妇》等,无疑是一脉相承、互为呼应的,这一联系,无疑是发人深省的。为史者,征史,则是找出史中的真谛,而真谛恰巧在草根之中,没有草根,何来参天大树?

再说开源。

过去,一部"艺文志",只能是士大夫们的专利,是象牙塔里的玩物。后来的文学史也大都沿袭这一传统,颇讲所谓的"等级"与"名位"。本来文学最根本的宗旨就是要把这些偏见、不平等打破,可到治史者手上,却又如梁山泊上排座次,终为陈腐的伦理秩序所制。而这部文学史,从一开始就把民间的《岭东恋歌》辟出了专门的章节,其间,还特设了"客家妇女对情爱生活的呼唤"一节,为这些"不入流"的民歌正名。这一"开源",拓展了文学史的视野,多少文化瑰宝也便涌到了读者的眼前。本来,文学便是人民大众的文学。此外,这部文学史中,还把元帅、将军、院士、学者的诗文收录进来并加以评价,也许这些人作诗文只是偶尔为之,但其文化内涵则不可轻估,如李国平院士的《客家人谣》,收录有叶剑英等客家代表性人物的好诗,可以展示一个时代。开源当继续,视野愈开阔,当愈逼近历史的真谛。

三曰"诚心"。

这可以分几个层面讲。一是作者著此书,当是一片至诚,没有这一片至诚,又何来生花妙笔?他是完全投入客家文学的历史洪流之中,身心都浸透了,否则,两部近80万言的书,怎么能这么迅速、这么优质地推出。二是指作者的审美标准或鉴赏能力,心不诚则眼不正,良莠不分,也就不能成为史了。三是"史"本身可以诚心,令读者从中得到教益,所谓"欲知人性,须问历史",更何况文学是人学,是人性的展示与拷问。一部文学史读下来,当可以告诉你该写什么,又怎么去写,写成什么样子——这正是最好的鞭策。

当然,《现代广东客家文学史》的优点还有很多,尤其在占有材料上,当是过去所不及的,即广度;而在综合分析上,又颇有见地,即见深度。总而言之,这是一部难得的专门史、文学史,开了我国民系文学史之先河,可喜可贺,愿可群教授再接再厉,拿出更漂亮的史著来!

爱情、历史与文化泥土

—— 评韩素音长篇小说《瑰宝》

1. 意象:月亮与坟墓

> 这坟墓是一部厚重的大书,
>
> 它讲得太多、太深、太难懂……

在韩素音的这部经典名著中,这两句话,竟让我合上书页,几乎不忍卒读。本来,在《瑰宝》里,作为一个不乏中华文化熏陶的女作家,她自始至终贯穿的关于月亮的意象,带给读者的是温馨、明亮、柔情似水、亲切的感觉,哪怕再凄美,也不至于有隔膜。但坟墓却不一样,在描写香港的生活环境时,韩素音总是不惜笔墨去写墓地、殡仪馆等,这与中国人的习惯就有些不同了。我读到这两句诗，自然会一直联想到马克最终未能逃脱的死亡，这贯穿始终的坟墓的意象，竟几乎压倒了月亮的意境。于是，艾略特的名诗《荒原》开篇的"死者葬礼"，以及诗中"这拥护的城，充满了迷梦的城，鬼魂在大白天也抓过路的人"的名句，也统统在耳边响起。

"月上柳梢头，人约黄昏后"。月亮永远是爱情的见证。而坟墓，则是死亡的证明。爱与死，从来是文学的永恒主题，爱情与死亡意识，正是《瑰宝》这枚光闪闪的金币的两面，于是，爱情也就成为死亡唇边上一道凄美的笑意——也许，凭此，我们方可读懂这部"厚重的大书"。东方诗情中的月亮与西方名诗中的坟墓，就这么在韩素音的书中交织在一起。

与此同时，东方与西方，文学与历史，艺术与社会……也统统在她的书中结合在一起。一如韩素音所说的，"作为欧亚人，介乎两种文化之间……这两种文化，对我个人性格的形成显示了巨大的历史性力量"。她不仅走上了文学的殿堂，还被邀请登上大学的历史讲坛，被视为一位历史学家——正是在她的文学名著中，每每有超乎文学的历史力量出现，成为历史的见证，而书中包含的历史哲学观，正是赋予其文学作品永久魅力的秘密所在。

乍一看《瑰宝》，无疑是一部爱情小说，写了一个从一开始便注定难以有好结局的爱情故事：一位欧亚混血的寡妇，与一位有妇之夫"love affair"（偷情），无论他们之间是多么真诚，爱得多么你死我活、惊天动地，却都不为世俗所容，更何况当时正处于战争带来的动乱、惶恐与痛楚之中。于是，死亡抓走了这对人生旅途上的匆匆"恋人"，爱情也就似昙花，闪现出它的惊艳之后亦归于寂灭。

《瑰宝》已远远超出一般的爱情小说，作者历史哲学的修养，让爱的震撼力借助历史提升到更惊心动魄的程度，同时，由于爱所辉映出的时代的色彩，也就使之不会陈腐而永远鲜活。我正是这么理解《瑰宝》的开篇的。开篇女主人公与马克的对话，本就不是口头语言，而是一种书面的，不，是纯粹的心灵的对话。所以才有马克对韩素音说的那句话："我知道你十分痛恨回忆往事的腐烂气味。"

正是这句话，说明全书的往事回忆绝无腐烂气味的格调，所以，半个多世纪之后，我们仍能把《瑰宝》作为一部新书拜读，甚至有些富有哲理的段落，会让你觉得是今天才写下的。譬如下面这一段话：

"你上当了，"我说，"这是一个制造了大骗局的时代。在这样一个时代我们敢于不再把自己称作罪犯、自私且卑鄙的小人。我们都想当正常人。如今正常人就相当于好人。个人的热情过于强烈是错误的，也是难受的，不合时宜的，所以是一种罪恶。热情让一个人脱离群众（herd），而群众很容易被招惹起集体性的狂怒，这是一种培养出来的恐慌之心、仇恨之心和维护正义之心的爆发。这是一个大众向被误解的抽象观念奉献的时代，也是一个被报纸的废话和对大多数人选票的认可掏空的时代。在目前这样一个时代，一个大众中的普通人，无论是向善还是向恶，都是谨小慎微的。他们的精神追求的是安逸和安全。为自己的所爱而死已经变成了荒诞不经的事情。爱不过是一种明智的妥协，一种用避孕措施来保证安全的民主。为自己而生活几乎变得没有可能，因为我们再也经不起上当受骗了；我们再也不敢经受谴责了。"

对那样一个时代的谴责，显然并没有与日俱减。历史投下的深深的暗影，并不是那么轻易摆脱得了的。我们都是历史之子，韩素音正是清楚地了解这一点，笔端才如此凝重。

也许，"坟墓"的真正意象，正是历史，所以才会太多、太深、太难懂。

贯穿全文始终的这两个意象，可以说是爱情与历史（抑或死亡）的争夺并没有完结。当读到马克死亡之前最后问及月亮的那句话时，没有人不心碎。

2. 历史：过去与未来

秦时明月汉时关，历史似乎在短短的几个月或一两年中，奇异地凝聚在了一起。在韩素音爱情故事的调色板上，我们骤然看到了不同色调。

首先，自然是香港。1949年的10月，中国共产党的军队已直逼广州，离香港仅咫尺之遥。各色各样的逃亡者，都将香港视为诺亚方舟，可它却只是难民营。似乎不用复述，仅引用一下书中的几笔描写即可以了。

这香港已成为民主的窗口，上海骗子、美国传教士、中国教授、国际商人、失业的国民党将军、北平妓女、伦敦待嫁的姑娘和大陆大烟鬼的遁逃薮,难民、政治流亡者、众多被新世界赶出来面临穷途末路的人物、陈腐的旧社会遗民、无所事事地游荡在大饭店里的人、野心勃勃的人、无处可去的人的避难所;这是香港帝国的雏形,是中国的居住了二百四十万华人的赘疣;这儿有共产党、国民党,也有无党无派的人士和许许多多墙头草似的人物。香港这个熙熙攘攘的大市场,从骨子里就注定了它的兴旺。生命、爱情、灵魂、鲜血以及所有在太阳底下制造和生长的东西都可以在这儿买卖、走私、靡费。

这也是韩素音亲历的。

与此同时,她也到了一座已经解放了的小城,一如她所意识到的,江山易帜。她认为:"这是铁板钉钉的事儿。这样一种地火的爆发是不可避免的。中国人民拥护共产党不是因为他们都信仰共产主义,而是因为国民党太不得人心、太令人失望、太腐败。这将是世界上最大的、也是流血最少的一场革命。"她欣赏青年团员们焕发出来建设新世界的热情,也深深地眷恋她曾生活过的内地,看到了城市与乡村的历史巨变,感受到了一个新社会所充满的活力,并为共产党人忘我的工作精神所感动。然而,革命以运动的方式否定传统,否定个人的自我价值,这些却让她这位在西方接受自由主义、个人主义价值观洗涤的知识女性,难以适应……

可以说,解放前夕的重庆是必须告别的过去,而解放了的小城是进行时态中的未来,而香港,则处于过去与未来的不确定状态中,对困惑、迷惘的女主角而言,后者当是无可奈何的选择。正是这种矛盾的交织,最终撕裂了她的爱情,也撕裂了她的恋人——马克。一方面,马克所向往的朝气勃勃的、长期生活过的中国内地却因为历史的原因,一时不能接受他;另一方面,马克对美国大兵在朝鲜虐杀百姓发出人道主义的谴责,可他却不得不服务于这样的入侵者的军队,只能自嘲道:"想一想我们给我们所谓的读者编造了多少谎言。我们一刻不停地给千百万公众派发最新的流言蜚语。'夸大狂'是我们的职业病。"而马克最终则死在了战场上。

这便是历史,一部高度浓缩的历史。难怪大哲学家罗素曾评价韩素音的文章说:"读她一部书,胜过在中国生活一年",这话说得一点也不假。

3. 根：文化与命运

在韩素音这本书里，除开众多写得栩栩如生的新人物，如苏珊娜、"不要哇"等，还有在她很多书中都出现过的"老熟人"——三叔。

在韩素音所有作品中，三叔都体现了中华民族传统美德，是道德楷模，乃至偶像。在人心惶惶、枪声不绝的重庆，尽管三叔对即将来临的新政权仍不甚了解，可他对旧政权却绝无依恋，他非常严肃地指出："没有一个政府在背弃了道德之后还能维持它的统治。国民党政府已经失德，所以注定要垮台。"仅此一条就足够了，不需要其他理由。一如韩素音评说的：尽管他的说法并不全面，但他知道，这个世界不属于金钱，不属于武力，不属于数量的优势，而是属于道德。

下文这一段，我们当又一次体察到作者所一再追寻的"残树"之根：

三叔、三婶站在那里，笑容中透出些许凄凉。他们没有做任何手势，只是用柔和、伤感的眼神看着我。我们不知道我们能否再相聚。翻天覆地的变化即将发生，但这个家庭不会离去。他们将留下来。避难所不是给他们预备的；美国不是给他们预备的。无论什么样的风暴来临，他们都不会离去。他们不属于外面的世界。他们属于中国。当这里还有人饿死的时候，他们怎么能逃避？怎么能去西方淘金？怎么能空谈个人的自由？对他们来说，对这片土地以及这片土地所养育的人民的接纳和忠诚，这种血脉相连的关系决不仅仅是报纸上的漂亮词句。他们不知道民主的意义，但他们知道这是他们的祖国，他们有义务留下来。他们不是随风飘荡的落叶，只知道关心个人的解放。他们是根子深深扎进土地中的大树，不怕撼动，也不在意枯枝败叶的掉落。财富和幸福都是由命运之神掌握的，凡人的使命就是承担起命运之神给予他的一切，决不逃避。

她是这么理解三叔的，而这与对自身的认识更是密切相连，毕竟，这有割不断的血肉相连，更有割不断的文化之根。作为一位知识分子，一位有历史感的作家，她与她的三妹，虽然同一血脉，但是后者缺的却是泥土，扎根的文化泥土。她是这么区别二人的：

我有归属感。我的根就扎在这里。如果我也去选择一种自我解放的生活方式，去追求一种脱离这块土地的个体精神的自由，逃进一个更安全、更温馨的世界，我就会慢慢地枯萎、死去，因为我的根就在这里。我终归是要回来的，这也是无法摆脱的宿命。但是她的天性与我不同。她不是一株用粪便和中国的黄泥汤喂养起来的粗壮、顽强的野草。她是一朵无需将根扎入泥土的兰花，优雅、漂亮，只有生活在温室中才会心满意足。她属于秩序井然的文明，属于雅洁的房间、温和的气候、经过修剪的草坪。她是弱不禁风的。她的性格非中非西，亦中亦西，既有西方女性的温柔、文雅，又有东方女性的善良、随和。在她身上，你看不到严酷、强悍、疯狂的痕迹。

整部《瑰宝》，我们都可以看到这一意识，哪怕是"东方的地，西方的天"的香港，韩素音都真切地感受到这一切，这是她的宿命，无论是欢乐还是痛苦，所以，她能豁达、坦然地认识到："我们平等看待给我们造成痛苦和带来欢乐的生活体验。总有一天，我们对这两种体验都会发出笑声，会认为两者都是宝贵的财富，在平等看待一切的苍天面前具有同等的价值；我们会把它们当成我们人生经历的一部分记下来，把它们当成命运送给我们的礼物接收下来。"

结　语

韩素音的作品不仅具有中国情调与西方的韵律，更不乏哲理的深度；而作为一个历史转折时期文学的见证，这部小说却写出了一般史书所不具有的更为广泛的人性与心理层面上的东西；同时，也浸透了文化之根的意识。正是从这三大层面上来评价，这部小说达到了一般文学作品所少有的文化广度及历史深度——这正是它至今仍具有强大的艺术魅力的原因。

韩素音是客家人的后裔，她的漂泊，也许正是这个民系先天所赋予的，尽管她在这部小说与她的巨著《我的根在中国》中不时刻意强调与她客家的出身无关，但是，仿佛是有意无意，《瑰宝》中却仍写有客家女人的精彩一节，毕竟香港新界的原住民有不少是客家人。

几十个身穿黑衣的客家女子，戴着她们特有的那种黑布围边的平顶草帽，排成蚂蚁似的一行列，正一担一担地挑土。山顶一点点被吞噬掉，露出了一片被绿色树丛包围着的赭色的土壤，上面散布着那些女人留下的一个个小土堆，好像指向苍穹的手指。这些土堆的高度可以表示出有多少土被运走了、这些女人该得到多少报酬。最后她们还要用自己赤裸的双足和木板把这片地面整平，这样才能在上面打地基。

　　这似乎是不经意的一笔，但从平淡的叙述中，我们却可以品味出作者对这些客家女的全部关爱。

　　她们，或许正是她的另一个身影。

七、两岸客家

中国内地客家学术研究现状与海峡两岸客家关系展望

20世纪80年代，中国内地发生了深刻的历史演变，改革开放不仅使经济获得长足的发展，在学术上也开始了"破冰"之旅。客家学在沉寂了将近半个世纪之后，在经历一段时间的酝酿、重组并积蓄了相应的力量后，终于在20世纪90年代有了一个新的开端，并迅速形成了具有一定规模的研究队伍，从文化学、历史学、人类学，到哲学、美学、建筑学，在诸学科上进行了全方位的研究，取得了不俗的学术成果。可以说，自从罗香林先生为客家学的建立奠定了坚实的基础之后，这十多年间，客家学的基座已浇铸而成并提升了起来，有待海峡两岸的学者添加更多的砖瓦。

平心而论，客家学的研究，已经远远超出源流考证的历史学范畴，既往历史学的考证，立足点仅在于自辨，出于生存的本能，由被人贬抑而引发出自尊，这也是一种历史心理的演进。所以，拘泥于源流上的自辨，势必带有诸多非学术的成分，有不少短视的、与时俱逝的成分。而这种自辨催生的罗香林的学术建树，虽然已融入了科学的或学术的成分，却仍打有那个时代的印记。如同今天在全球化的背景下，有人欲以"历史的误会与误会的历史"来消解这么一个民系，甚至不惜以似是而非的论据来否定客家的存在一样，这是我们务必要清醒意识到的。这也说明，这门学科远还没有发展到完全确立并相当成熟的程度，还有大量的研究工作要做，更多的领域尚待开拓。正如罗香林在完成《客家研究导论》之际所断言的，"其中不能解决的问题，还不知究竟有多少！"故步自封、妄自尊大的作风，在这门学科的发展进程中，其危害是不可低估的。因此，我在此所作的，不是总结，而只能是促进，看看我们已经做了多少，今后又该做多少。而即便是历史学上的研究，尚需走出已有的樊篱，包括那种从一个极端走向另一个极端也仍旧没跳出这一樊篱的情况。

如今在中国内地，客家研究机构已为数不少，有的已成了省一级的重点文科基地,如江西的赣南师范大学客家研究中心;而在广东,华南理工大学客家文化研究所则在积极申报省级基地;当然,如华东师范大学、广西师范大学的客家研究机构也已相当有影响,梅州、龙岩、韶关、玉林等粤闽桂地区一级的学院的客研机构也各有千秋,在各自选择的方向上有所拓展。另外,客属地各处的客家研究社团,亦可谓花团锦簇,自成一道绚丽的风景线。但总体而言,上规模、上档次的不多,自生自灭的却不少,各地的大学或科研部门的领导人并非都有明确的认识,能全力以赴加以支持的。近来,不少研究所已升格为研究院,也许能有相应的行政权、财权,使研究工作有所保证,我们亦不妨持一乐观态度待之。

不过,这么些年,中国内地客家研究也还是有了长足的发展。毕竟它扎根在客家人的腹地,且有罗香林等前辈的治学传统,厚积薄发,自有卓越见识与可观的成果。如历史学方面的研究,在20世纪90年代初,便有了刘佐泉的《客家历史与传统文化》,以及著名的民族学学者吴永章的《客家传统文化概述》,他们均坚持"客家文化是以汉文化为主体的多元文化"这一观点。这对于所谓的"纯粹血统"或"土著说"都是一个有力的反驳。王东的《客家学导论》与陈支平的《客家源流新论》亦有新的探索,自成一家之说,在学科建构及中国移民的宏观把握上,均有自己的见地,丰富了这一学科的内涵。

谢重光在《客家源流新探》中提出客家的组成是多元的,参与缔造客家的诸来源中,除了南迁汉族外,畲族先民也是重要的族群要素。从客家与畲族的关系分析,认为:"'客家'是一个文化的概念,而不是一个种族的概念。因为种族的因素——即自北方南移的大量汉人固然是形成客家的一个因素,但单有南移的汉人还不能形成'客家',还有待这批南移汉人在某一特定的历史时期,迁入某一特定地区,以其人数的优势和经济、文化的优势,同化了当地原住居民,又吸收了原住居民固有文化中的有益成分,形成了一种新的文化——迥异于当地原住居民的旧文化,也不完全雷同于外来汉民原有文化的新型文化,那么这种新型文化的载体——一个新的民系,即客家民系,才得以诞生。"

房学嘉的《客家源流探奥》与谢重光的《客家源流新探》几乎同时出版,却把谢重光的观点推向极端并倒置过来,认为"进入客地的中原流人与当地人(土著)相比,任何时候都是少数"。由此,他断言,客家民系中原南下一说乃是"空穴来风",无中生有。沿着这一理论,近年,他更进一步否认客家围楼具有"保卫功能"。持"土著说"的还有其他人，不过他们认为，中原流人到过南方被"土断"之后，便只能被当做"土著"对待。

诚然，"土著说"论者，在大量的田野调查中，如实引用族谱中各姓来自中原的记录以及被访者说祖宗从何而来的陈述，事实上也没否定"中原说"。最多只能是一种补充。

尽管在客家源流问题上诸说纷纭，但研究上的日益深化则是显而可见的，而人类学上的拓展亦十分喜人。如今，在中国内地，田野调查的方法已被广泛运用，且取得了不少成果。

讲到人类学的研究，特别要介绍的是法国著名的汉学家、人类学者劳格文（John Lagerwey）先生，他从事中国民俗研究数十年。他具有严谨的治学态度，不辞辛苦地奔波于客家地区的山寨乡村，召开座谈会，进行实地考察，积极推动粤北及江西有关客家地区的民俗研究，近年组织出版客家民俗研究丛书20多本，为中国的民俗研究尤其是客家文化的研究作出了重要贡献。

由劳格文主编的《客家传统社会》，是一部对我国福建、广东、江西等省的多个客家聚居区域的历史渊源、传统社会结构、社会经济以及客家人的文化传承、宗教信仰、民风民俗、岁时节庆等的调查研究之作，是一部全面而系统地记录客家地区社会生活传统的学术著作。材料的来源，或者是对客家老人们的深入采访和充分的社会调查，或者是作者的亲身经历，因此，文章内容丰富多彩，翔实厚重。

还有一些客家专题的研究，如刘平对广东西路土客械斗的论著《被遗忘的战争》，刘丽川关于深圳客家的田野调查论著《深圳客家研究》以及李逢蕊、叶扬等人的客家研究论文集，丰富了客家学的研究体系。

刘平的《被遗忘的战争》，记录了清朝咸丰至同治年间的广东土客大械斗，由于历史的原因，广府地区的方志的叙述多有不实之词，而客家研究界的相关论述，也不甚详细，此书走进了历史记忆的"死角"。全书分为上中下三编，上编追溯土客械斗的远因与近因，刘平博士认为，不断加剧的人地矛盾以及清初的"迁海"令的实施，是粤东北客家自清初以来不断向广东中南部一带迁徙的主要动因，而广东洪兵起义则是导致械斗的近因。中编集中于械斗事件本身的叙述，注重宏观描述与个案分析，再现了械斗的详细情形。下编分析清政府的对策与斗祸的基本平息。在这场械斗发生后的一百多年里，除了部分研究客家的学者注意到它的存在，并在相关的著述中作过极其简略的论述外，整个近代史学界并未就此问题作过任何系统的研究，从这个意义上来说，作者从事的研究工作，实乃填补了空白。

刘丽川的《深圳客家研究》是在对深圳做田野调查的基础上的论著，考察深圳的客家源流（早期客民的进入形式等）、深圳传统村落的拓展与宗族的派衍，为深圳的客家民居命名"围堡"，对其形成的史地背景、历史分期史学研究，特别以深圳坑梓黄氏宗祖为研究对象，探寻宗族与村落，着重于民居建筑来考证客家在深圳的历史。从这个方面来说，著者对深圳本地的历史作出了一定的贡献。但是，论者在提到客家民系的形成时间，认为是在清初，"客家"称谓出现最早的时间为颁布"复界令"的康熙二十三年（1684）之后。

尽管这20多年来中国内地的客家研究，无论是从广度上还是深度上，无论是从规模上还是研究力度上，都与过去不可同日而语。不少知名学者，如罗勇、刘劲锋、刘正刚、吴福文等都有不少建树，以上说的只能是挂一漏万。但从整体而言，甚至从学术研究的角度而言，似乎形而下者多，形而上者少，有高度有深度的更罕见，也就是说，整体的学术修养、理论修养，较之国内的其他理论群体，似乎还有相当的差距，与国际上同类研究，如犹太学，显然也有明显的不足。对于这些，我们不仅缺少比较或借鉴，更缺少一种作为大学科高屋建瓴的理论高度与气度。因此，距离这门学科的最终确立与成熟，还有很长一段路要走。

其实，若想从"一切历史都是思想史"出发，如何更逼近客家人的迁徙史、精神史，则更应从"思想材料"上着手，超越烦琐、钻牛角尖的所谓"源流"的考证，从宏观上把握住这样一个民系的历史品质与精神发展。我的客家研究，从感性入手，这便是从20世纪80年代动笔，1994年初出版的150万字的长河小说《客家魂》。其间，1992年于桂林召开的客家历史文化国际学术研讨会上，我宣读了论文《世界民族大迁徙中客家先民南渐新论》。这篇论文，则成了1997年出版的《客家圣典——一个大迁徙民系的文化史》的先声。

我把客家的神话、传说，乃至历史事件，把众多散佚的客家文化的残简碎片聚合在一起，加以梳理、连缀，并放在巨大的人类历史的大背景下思考，试图从宏观上进行文化、历史哲学层面的解读。

我们须站在文化、哲学的高度，审视客家人的五次大迁徙与六次崛起。民系的生长，同文化一样，有着其特有的孕育（混沌期）、成熟（自在期乃至自觉与自为期）的过程，将客家人从汉魏六朝间的"混沌期"发展到唐末及五代的"自在期"，再与明清时期的"自觉、自为、自由期"的精神历史拉成一条线。我们可从中看到一个民系的苦难史，更是一个民系的搏斗史、精神发展史，同时也是中华民族的历史。在这里，首次将客家的大迁徙放置到世界民族大迁徙的历史背景中进行考察，唯其在大规模的迁徙中，才得以保存和发展中华民族的优秀文化，保存自身众多辉煌的文明成就，并形成其独特的传统。

我在与当地土著一起生活的过程中，产生了关于客家人的命题：宿命与使命，主客意识与边缘地位，义利之辨与自我本质的实现，特立卓行与融合认同，贵族观念与平民思想等，还特别将客家人与犹太人作对比，如，客家人习惯"客而家焉"，任何地方都"落地生根"，犹太人则永远处于"外来人"的地位；客家人重义轻利，犹太人则有浓厚的金钱意识……汉魏六朝"天放时代"的"天放"文化精神，阐释了客家人的秉性，追求精神的自由与个性解放。特别要提出的是，著作在这里给客家民性定义为"特立卓行"，诸如朴实、开拓进取、勇敢、善良等都是围绕"特立卓行"而展开的。这是一个新的修辞，也最能概括客家民性。全书没有对客家源流、客家称谓来由等实际问题进行历史考据，而是站在文化、历史哲学的高度，对客家民系进行形而上的思索和探讨。

2004 年至 2006 年，我与吴永章、杨宏海、房学嘉、杨耀林、温昌衍等人合作出版了"客家与梅州"系列共 8 种书，成为迄今为止规模最大的一套客家典籍，里边有不少新的创见，也展示了客家研究的新的态势。

这一丛书里的《客家新探》立足于历史哲学上，在《客家圣典》的研究基础上，对客家学的很多方面作了新的注解。著名的客家学专家吴永章审读文稿后一口气列出十几个"新"来。该书由上篇《千年迁徙》、中篇《历史聚变》和下篇《拔地而起》组成，内容主要追溯了客家人作为汉族的一个民系，由混沌到清明、从孕育到发展、由萌芽到壮大的历史进程，理出一条脉络，把客家人的文化精神勾勒出来，让人们去认识、去激赏、去追随、去传扬。"（它）明确其意向在开拓与深化，它坚持的是客家研究的主流派的观点，但对传统的'南下说'予以了补充与必要的修正，尤其是从人类学、历史学及哲学的高度，突破了谱牒考证的樊篱，从文化动因、民族自尊、心理认同诸多方面强化了'南下说'的认证，使之置于整个中华民族移民史乃至整个世界民族大迁徙的背景上。"

《客家新探》强调一个民系乃至一个民族的凝聚力，不是靠"共同的历史记忆"，而是靠一个"共同的、可信的未来"，此为客家人的开拓精神的根本。在历史大变动中去寻找客家形成的前史，从现下民系或族群的心理积淀、整体风貌上回溯并确定其形成时期，在比较、鉴别中，凸显一个民系或族群的历史性存在；在强调所有族系发生形成的共同因素之际，尤其不可忽略各个族系的特殊性——这是科学化、理论化的总结，从而更可论证客家的形成不是"误会"，而是历史地形成。同样，对民系形成的"一次到位"说与"二次到位"说，书中也有精彩的论述，尤其是客家民系，之所以为"客"，更多与二次乃至多次到位相关。那些一次到位的，早已有了当地的地名为民系命名；而多次到位的，则不可能用地域来命名。

而该书最新一部分，当是"六次崛起"。在《客家圣典》中其实已经有这样的概念，在该书中则更清晰地体现。这里从客家的视角探讨客家与近现代革命的关系，突破了以往从中国近现代史的一个历史重大事件上作研究的视点。过去，人们一般认为戊戌变法与客家人关系不大，该书则从三个层面——中央、地方与外交上，揭示出了客家人在戊戌变法中起到的中流砥柱的作用。

该书还注意客家民系的横向比较，将客家人最多的广东省与其他两个汉族分支广府民系、潮汕民系进行民系的比较，突出客家民系鲜明的特点。这也是对以前研究的延续，修正一些研究者认为的客家本来是不存在的"误会"。

以上，只是着重回顾了中国内地客家研究10多年的历史进程，这更多的只是个人视角以及个人的理解，难免挂一漏万，包括客家文学、客家方言等专题研究，也只能付阙，如罗可群对广东客家文学的研究、钟俊昆对江西客家文学的研究，都是相当出色且有见地的，这里只是点到为止。而从社会学角度上，则有更进一步深入研究的必要。日本驻广州的第11任总领事吉田雅治先生曾到访我所，询问我当今的客家社团相当于什么性质的组织，可否有秘密结社的成分。显然，这说明国际上对客属大会、崇正、嘉应总会的性质很是关心，存有不少误解。如何运用社会学的知识做出解释，而不是与历史上的洪门简单地联系到一起，这是很有必要的。学科的开拓，显然还有很大的领域与余地，有待两岸的客家学者携手起来，把这门学问做深做透。近代学者严复，把"社会学"译为"群学"，社会组织作为"群"，自是区别于严密的会党结构，故才有"群而不党"一说，这也是客属社团区别于一般社会组织分类的地方。在新历史背景下，客属社团的性质自然不可教条地加以解释。

这一例子证明，客家学须开拓的层面还有很多很多，我们需要不同学科的学者广泛参与，切不可画地为牢，自己约束住自己，把这门学问视为禁脔，最后落个坐井观天，自以为是的下场。不仅文化学、社会学、人类学，还有其他，如经济学、人文地理学、人格心理学、思维方式……众多学科的切入，都还乏善可陈。因此，目前这支理论队伍无论从数量上还是素质上，也都差强人意，有待提升。

目前，中国台湾已有众多客家学院，中国大陆也在陆续将客研所升格为客家研究院，这意味着培养后继的研究人员的力度得到了进一步的增强。我期盼，新一代的学者在理论修养上，尤其在学术视野上，要远远超过我们这些人，只有这样，客家学才大有希望。

由于中国大陆的开放政策，中国台湾的客家学者们早在20世纪八九十年代，便有机会来到中国大陆，包括陈运栋的《客家人》及罗肇锦关于客方言的著作，也很早能在中国大陆的图书馆查阅并产生了相当大的影响。而中国大陆的学者，则在20世纪90年代后期，逐渐到中国台湾进行学术交流。目前，闽粤赣"客家大本营"中相关的客家学术机构与团体，均已与台湾各大学、客委会有着密切的关系及频繁的互动，与川桂等地也已建立了联系。其中，以福建、江西、广东的大学研究机构为主要纽带，包括华南理工大学、嘉应学院、韶关学院、厦门大学、龙岩学院、赣南师范大学等。

而各种国际性的、海峡两岸共同举办的不同专题的研讨会，近年来对客家学研究的推动亦功不可没。中国台湾方面对中国大陆客家研究成果的推介更后来居上，中国大陆关于客家学的研究著作，在台湾不少大学均可以找得到，还被列入本科及研究生课程及参考书目。可以说，台湾的大学在客家文化传承方面的力度，目前相应要大一些。

中国大陆大多数客家学研究学者，均先后到过中国台湾参加会议进行学术交流，有的还在台湾大学当访问学者。而台湾学者赴大陆考察做田野调查的，频率也相当之高。客家学作为一门显学，在海峡两岸日益受到各方面的关注与重视，两岸的良性互动日见喜人。

从学术交流的角度上看，如华南理工大学，便已先后两次召开了海峡两岸客家文学的研讨会。平日有的研讨会，虽没标识上海峡两岸，也常有台湾学者出席。

总的来说，两岸客家学术的交流，已经形成了相应的模式及良性的互动，展望今后，如何予以提升、开展全面的合作，则是亟须解决的。在第二届两岸客家文学研讨会上，双方准备共同设立一项客家文学大奖，当是其中的积极举措之一。为设立这一奖项，推动"客家文学宣言"的拟定，把客属地粤北、赣南的红土地文学，台湾等地的草根文学，以及同是客属地深圳今天的打工文学，加以整合，提出了"目光向下，草根情怀"的客家文学奖的宗旨，这对于流派形成、审美取向，无疑有着相当积极的意义。

由此可以推广或延伸到客家研究的各个领域，如何教双方扬长避短、优势互补，扎扎实实地去完成客家学术上的几项重大工程，当是有所启发的。

迄今为止，一部权威的《客家通志》，甚至于一部完整的客家迁徙史——当然，是要具备一定规模并有经典意义的，可以说还没有。同样，对客家社会形态、客家经济演进等方面的研究，也仅见单篇论文，较全面并有深度的著作尚未出现。

在学术建树上，双方合作的空间还有很多。

同样，在学科建设上，尤其是推动两岸高等院校建立客家学院，培养有更高学术水平的研究新人并形成系统的学科格局等方面，还缺乏一个相互促进的方式。

只要摒弃任何成见或门户之见，我们就有可能携起手来，把客家学术研究推进到一个全新的、令人振奋的局面。

这也就如我所说过的：开放是文化的解放，个性的解放是人化而绝非物化，我们务必清醒地看到这一点。现在不少人把"经济"与物化画上等号，经济全球化也就成了全球的物化、人的异化，这是多么可怕、可怜的历史悲剧！

因此，文化的自觉归根到底是人性的自觉。作为一个族群，客家人的人格品质，是自古以来有口皆碑的，其之热情、奔放、豪爽、乐于助人、敢作敢为等，正是人性的表现。讲文化自觉，当然是讲人格、讲人性、讲人的本质，如果改变了这些，只会从人倒退为半人半兽，或半人半机器，半人半物……所以，迎接挑战当是强化"人化"的进程，摆脱兽性的标志，摆脱物化或别的什么异化。人，体现了历史的进程，客家人，亦体现了这个民系形成、发展的历史进程。真正的"人的历史"，不仅仅是摆脱了人的依附后开始的，而且是包括摆脱物的依附之后才算开始的。我们现在摆脱人的依附不久，但摆脱物的依附还有很长的路要走。问题是，我们在"全球化"中，是强化还是摆脱这种"物的依附"？如果是前者，那就根本谈不上什么"文化的自觉"了。只有二者皆摆脱，人性的自觉才真正得到体现，人才能真正成为其人，客家人也才能被真正承认是一个独立的、有自觉意识的族群——人们不难看到，在民主化程度较高的国家，对不同族群，包括弱小族群的尊重是显而易见的，这不仅仅是争取选票的一种手段，更在于一种人文思想或人道精神，而这正是建立在尊重个人人权的基础上所发展起来的。可以说，这与客家人一直追求的更高的人生境界、更高的文化素质、更自由豁达的生存环境是相一致的。

站在这一制高点上，两岸的学术交流方能健康发展。

这便是我对两岸客家文化交流的热望，我深信，这一热望终将实现，而且是在不远的将来。

《广东客家史》编后断想

一

自从罗香林的《客家研究导论》问世90年来，力图编一部客家史或中国客家史的呼声就不断，如同一位著名的历史学家、考古学家所说的，一个国家、一个民族，如果没有编年史，就如同一个人没有脊椎一样，很难站立起来，更遑论继续前行了。

诚哉此言。

同样，一个拥有近亿之众，比犹太人人口要多上好几倍的客家民系，如果没有一部成文的历史，又怎么谈得上发展？更何况今日已有种种声音，即"客家人乃土著，根本不存在客家人南迁史"，甚至认为客家人根本不存在，是五邑人的一部分，客家只是精英们炒作出来的，客家无非是"历史的误会，误会的历史"……一句话，从历史上就轻易否定了客家，就是根本的否定。直到20世纪90年代,包括"客家摇篮"赣州在内的老客,都不知道自己是客家人,所以,如没精英炒作,连客家人的诞生地也只是子虚乌有,可见,客家人若无诞生地,也就更没有历史了,他们原本只是土著,只是古越族、畲族,顶多是广府五邑人的一部分。

当然,这些理论都是不经一驳的,但背后可寻究的却不是那么简单,凭什么要割裂客家人与中原的血脉联系,把客家文化置于中原文化之外?客家人身上中原文化的烙印实在是太深太深了,怎么可以装作视而不见、听而不闻呢?

因此,一部客家史的建立,迫在眉睫,势在必行。

二

平心而论,客家史的创立,人们已经做了大量的工作。

远的,就不说《丰湖杂记》的徐旭曾、《崇正同人系谱》的赖际熙,以及《客家源流考》的罗香林了;改革开放以来,海峡两岸以陈运栋的《客家人》为始,客家类著作少说也有上千种了吧。同时,华南理工大学出版社的"客家研究文丛",一直被列入国家"十五""十一五""十二五"国家重点规划图书之中。而颇具影响力的,则有广西师范大学出版社的"客家区域文化丛书"。此外,包括福建、江西,也都有相当规模的研究丛书问世,海峡彼岸的台湾,亦相当重视。甚至到市县一级,如梅州、河源出了系列书各有10本上下,乃至宁化、大埔等县也出版了套书,亦各在10本上下。这些对理清客家源流、客家历史的来龙去脉,无疑都打下了坚实的基础。只要认真阅读,仔细梳理,加以提炼,去芜存菁,一部客家史的框架也就出来了,当然,这有相当大的工作量。

可以预期,随着几套大的丛书问世,距离整体客家史的创立,已经为期不远了。当然,这需要有志于这方面的研究人员下苦功,这毕竟是一个颇为宏大的工程,不是三五年间便一蹴而就的,还会面临种种争论,乃至不可预测的困难,但只要决心下定了,世上无难事,就怕有心人!

三

历史是什么?

这似乎是一个不言而喻的问题。

西方认为,历史是动态的,是流动的,凝固的不是历史。故黑格尔认为，中国是个无历史的国度，因为中国的全部历史，都是一个皇帝传宗接代，一写到底，什么变化也没有。不似他们，有神的时代，有英雄的时代，并进化到人的时代，从神学到玄学，再到科学。

中国则认为自己有着全世界最丰富无比的历史，不仅有浩如烟海的二十四史，还有众多的野史，包括宗族史、姓氏史，更有无数的谱牒传世。自古以来，更有秉笔直书、令人敬佩的史官，连皇帝也奈何不了他，而一部《史记》，更是彪炳千秋。

显然，各自对历史的理解不一样。

但是，在对拥有历史这一条上，东西方都是一致的。

历史就是存在，已有的存在，客家的存在不已经很久很久了么？怎么可以没历史来证明呢？

历史也就是流动，就是发展，客家人不仅拥有过去，也应拥有未来。一部历史的确立，更是一个新的起点。

四

于是，我们有了一部《客家文化大典》，当然，还有一部同时推出的《广东客家史》。

两部百万言专著，代表两大方面。

《客家文化大典》代表的是类别的客家史，经典自是由历史确认的。我们还可以有客家的各个方面的历史、军事、经济、交通等，而之前已有的《广东客家文学史》亦是一方面，综合起来，对整体的客家史无疑也是一大贡献。

《广东客家史》代表的是省别的、区域性的客家史。客家遍及南方十多个省（区），广东是其中的一个。当然，广东是客家人聚居最多的地方，有3000万客家人，占全世界客家人的三分之一，比江西的1000万人，福建与广西各自的600万人，台湾的400万人，湖南、四川各自的200万人都要多得多。所以带头出第一部有关省会的客家史，顺理成章，更能起到一个示范与带头的作用。

如果各个省的客家史都陆续出来了，那么一部《中国客家史》也就不难出来的。广东开了这么一个头，当是一件大好事。

二者综合起来，发展下去，一部客家史也就呼之欲出了。

这当是众多客家学者的心血凝聚，而且是历经1个世纪的变迁而演绎出来的，来之不易。

五

一部《客家文化大典》，从启动到完成，经历了好几个年头。

这部"大典"的编纂，无疑有不少新的发现与突破，更提供了不少成功的经验，但也难免留下若干不尽如人意的地方。

如果细数其中的发现与突破，已不是这篇文章所能容纳下来的，这里只能择其要叙述之。

我们以为《客家文化大典》最突出的一点，在于方言的传播与围屋的演变形成了互证，从而证实了客家人大规模进入广东，不仅仅是沿江西—闽西—梅州一线，而且，更早地有沿江西—河源即沿东江上游进入一线，前边的线路，形成了客家话的标准音——嘉应音或梅县音；而后边一线，则形成了客家话的古音——水源音，因为水源音与江西老客的发音基本一致，而江西新客，即从广东返迁回江西的客家人所说的口音则与梅县音基本一致。

同样，从福建的土楼、半月楼到梅县的围龙屋，从江西的"土围子"到河源、粤北的围楼、大围，都有个传承的关系，这也可以与方言的演变成为互证。而最后，到达海滨，则发展成了围堡。龙岗坑梓黄家六代，第三代的新乔世居尚保留围龙屋形态，但已有围楼，而到了第六代的龙田世居，则是围楼与围堡式的了。从而有了一个围屋—围楼—围堡的历史变迁过程。这也只有实地考察方可得出结论。

围屋—围楼—围堡，这是物质文化遗产的证明。

水源音—嘉应音，则是非物质的文化遗产。

二者共同印证了客家人进入广东的迁徙路线。

这也是著名语言学家罗常培当年想做却来不及做的历史考察。

我们在前人已完成的事业上，已经填补了很多的空白，从而大大地为完成更进一步的宏伟工程夯实了基脚，万丈高楼当平地而起。

六

可以说，客家南迁的历史，我们已经梳理得相当清晰了。在第一章中，一个一个的"节点"：固始—筷子巷—赣州—石城—上杭—松口或者固始—筷子巷—赣州—龙川—惠州—宝安两条线路，都非常明白了，要想加以否定已不再可能。一部迁徙史，凭此可一气呵成。

我们希望，各省、直辖市、自治区能够携手把自身的客家历史弄清楚，到时汇总到一起，真正把编纂一部《中国客家史》的宏伟工程承担起来，把所有的历史疑点尽可能地加以解决，把作为世界文化的一大谜底最终揭示出来。毕竟，中国客家人与世界犹太人，都在文化上享有同样崇高的声誉。

《诗经·周颂·载芟》云：

匪今斯今，振古如兹。

客家并不是今天才如此，一千年就是这样的。善言古者，必有节于今。我们有了一部客家大典，足可作为一个明鉴，洞烛过去，更可洞烛未来！

愿我们以此共勉。

八、全面深化客家历史研究

从近古到当代的客家研究

近一个世纪以来，中外学术界对客家问题的研究几乎从未间断，成果丰富，而且推陈出新，不断提高。这些研究成果或在搜集史料、识别源流方面，或在客家族群的鉴别及客家历史、语言、民俗等分析方面有所建树。当然，由于时代的局限，这些研究成果远不足以涵盖客家族群千百年来丰富的物质生活和文化生活。首先，从研究的时间性来看，以往的研究成果大都集中在客家族群的迁徙和形成方面，而把握客家族群宏观历史的较少。其次，从研究的广度来看，以往的科研成果比较集中在国内客家方面，尤其集中在粤东、赣南传统客家区域方面，对分布在海外的客家人尚少进行全面、系统的分析和论证。再次，从研究的深度来看，这些研究基本上都停留在表面的、个别的、辩论性的研究阶段，尚未上升到系统的学科建设论构建阶段。从这个意义上看，以往的客家问题研究大多都停留在探讨研究对象现象的层面。客家史的内涵应该是：全面而又系统地研究客家族群的源流、社会经济、语言、文字、民俗、文化、心理情感、族群意识等发生、发展及演变过程，揭示这一族群的发展规律并科学地预测其未来趋势。客家史当从历史学、社会学、经济学、建筑学、语言学和人文地理学等众多学科的视角出发，全面地、多方位地研究客家族群与汉民族共同体及中华民族大家庭、大文化的关系，分析客家人的族群个性和特征，揭示这些个性和特征在历史上的意义，进而科学地论证客家族群对汉民族、对中华民族乃至对整个人类所做出的大贡献及其原因。发掘客家文化中具有现代意义的文化遗产、思想财富，激活其中文化的正能量，有所裨益于中国传统文化的传承。

1. 近古国内客家研究：初开鸿蒙

1808 年，惠州丰湖书院徐旭曾先生在回答学生的询问时，讲述了客家人的渊源、语言、习俗，为客家人正名、申辩，这是系统地记述客家人之始。其学生整理的听讲笔记，以《和平徐氏族谱·旭曾丰湖杂记》（下文简称《丰湖杂记》）为题收入和平县《徐氏宗谱·总谱》卷二。由此开始有述及客家来源及语言风俗等问题，它的出现标志着我国学者研究客家历史与文化的肇端。

《丰湖杂记》对后世的客家问题研究产生深远而广泛的影响。

一是提出客家渊源的论点，文曰"今日之客人，其先乃宋之中原衣冠旧族"。此论点影响着后世对客家民系的研究。

首先，从迁徙的源头说起。"自徽钦北狩，高宗南渡，故家世胄，先后由中州山左，越淮渡江而从之，寄居各地""迨元兵大举南下，宋帝辗转播迁，南来岭表，不但故家世胄，即百姓亦多举族相随，有由浙而闽，沿海终粤者，有由湘赣逾岭至粤者"。

其次，从客家的品性进行论述。"沿途据险，与元兵战，或徒手与元兵搏，全家覆灭，全族覆灭者，殆如恒河沙数"，客家人有强烈的民族自尊，誓死反抗入侵的外族。后来宋朝被推翻，客家人抗拒元朝的统治，"终元之世，客人未有出而行官者，非忠义之后，其孰能之？"表现了客家人刚硬的气节。同时，文章特别强调客家人来自中原，传承了中原的文明："风俗俭勤朴厚，故其人崇尚礼让，重廉耻，习劳耐苦，质而有文。"从客家人的风俗礼教与中原崇尚的风俗礼教的相同，论断客家与中原的渊源关系，亦是对客家人的品性的肯定。客家品性中，还有一个很重要的特征，就是重视教育。

再次，从客家的语言方面进行论述。"客人语言，虽与内地各行省小有不同"，却"随处都可相通"。但是跟迁徙地所在的土著居民，"至今仍未能强而同之"。

二是界定了"南来岭表"的时期，对研究客家民系的起始阶段具有重大意义。

《丰湖杂记》认为客家先人的迁徙时间在北宋末年，而不是两晋时期。而"南来岭表"的时间，是在"元兵大举南下，宋帝辗转播迁"的时候，"尚有自东晋后前来者，但为数无多"。为数不多，便不可能形成一个民系。徐旭曾界定"南来岭表"时间的重大意义，就在于为研究客家民系形成的初始年代提出了一个基本的时期。

三是关于客家妇女的论述。客家妇女以吃苦耐劳、勤俭持家著称于世。"自幼至长,教以立身持家之道",在客家社会中,客家妇女是家庭的重心,是主持家政的一家之主。因此,客家妇女这一社会群体在传统的客家社会里的家庭地位、经济地位与文化地位相对于其他民系的妇女而言较高。

《丰湖杂记》有"别成风气"的论点,即由于衣冠旧族的风俗语言未能与土著相同而相通,所以土著"称吾为客人",而衣冠旧族又因土著的"风俗语言未能与吾同",而"自称为客人",实际上这里是强调客家人的"中原衣冠旧族"的纯血统论,认为客家人经过千年迁徙,万里跋踄,到达赣、闽、粤边区,找到了一片荒芜贫瘠的土地并有所拓展后,在中原衣冠后裔们的潜意识中,高贵的"士族"心态便变成了一种精神的荣耀,自我认定所继承的汉族文明是正统的中原文化,客家人要"雅不欲与土人混处"。还强调,土客之间是有天生的区别,"土自土,客自客",各自应该保留自己的民族特色,即"土其所土,客吾所客"。

继"纯血统论"后,包括罗香林在内的研究客家问题的权威人士,进一步提出了客家是"纯粹汉族"血统的观点。这个观点,一直到20世纪80年代再次掀起客家问题研究热时,才在百家争鸣中初步达成"客家是中原汉族在南迁过程中同化和融合定居地土著居民文化而形成的一支汉民族民系"的共识。

黄香铁(1787—1853),原名黄钊,蕉岭县陂角霞黄村人。他是一位杰出的方志学家,以自己渊博的学识编修《石窟一征》,全书分为九卷:卷一为方域、征抚,卷二、卷三为教养,卷四为礼俗,卷五为天时、日用,卷六为地志,卷七、卷八为方言,卷九为人物、艺文、杂记,共八万八千多字,是一部客家文化的重要文献,对了解清代的政治、文化、经济、教育以及对研究客家源流、文化、民俗都有重要价值。其"方言"卷翔实地叙录客家方言,治客家方言者,皆奉之为前驱。

《石窟一征》对客家源流、教养制度、民情风俗、方言等人文风土均有生动精辟的记述,作者在书中引经据典,旁征博引,记述生动,可读性强,是客家文化的一部重要文献,对客家研究有一定的参考价值。

嘉应州籍人士温仲和(1837—1904)编撰《嘉应州志》时探讨了客家的源流,"客家多中原衣冠之遗,或避汉末之乱,或随东晋南宋渡江而来。凡膏腴之地先为土著占据,故客家所居之地多涝瘠,其语音多合中原之音韵"。现在嘉属不少氏族的族谱、家谱明载由元末明初迁来,足资佐证。

第一次将客家之名追溯到宋代的"主客"编户制度指出"唐以前之土著，盖无有存矣。今所谓土著，既多由汀、赣而来，其语言声音又与相近。主客之名疑始于宋初户口册"。其中关于客家主流为"中原衣冠之遗"的说法对后来的客家研究产生了深远的影响。

2. 近现代客家研究：从众声喧哗到"集大成"

1912年，民国会员、广东知名学者、时任民国教育司司长饶芙裳（梅县松口人）和粤军北伐总司令姚雨平（梅州平远人）力举周辉甫（梅县径心人）在香港创办《大同报》，该报发文求征文字，用事实说明客家属汉的真谛。

这个时期许多著作问世，使一般人对客家的源流等问题有了比较明确的了解。如温廷敬的《与国学保存会论种族问题书》、杨恭桓的《客话本字》、章太炎的《岭外三州语》、钟用和的《土客源流考》《客家考源》等。

章太炎的《岭外三州语》解释了客家方言的来龙去脉。章太炎（1869—1936），原名章炳麟，浙江余杭人，是"七被追捕，三入牢狱，而革命之志，终不屈挠者，并世亦无第二人"的民族民主革命家和国学大师。章太炎在1908年7月于日本主编中国同盟会机关报《民报》时，撰写了《岭外三州语》附在《新方言》后。"岭外"是指五岭之外，"三州"是广东嘉应州、惠州、潮州，实指这三州属客家话语系县。据章太炎自述，其著述《岭外三州语》的用意为："余尝问其邦人，雅训旧音往往而在，即著之《新方言》。""察其语柢，出于冠带，不杂陆梁鄙倍之辞，足以犰（斥）攻褊心之言，则和齐民族所有事。"

1920年，上海商务印书馆出版乌耳葛德（R. D. Wolcott）编的《世界地理》，在"广东"词条下，有"其山地多野蛮的部落，退化的人民，如客家等等便是"的。此举引起轩然大波，大力推动了客家研究，有大批客家学者有著述问世，其中著名学者顾颉刚、洪煨莲、罗常培、李济之、潘光旦、范捷云、乐嗣炳等都在努力进行或提倡客家研究。燕京大学国学研究所委派罗香林编辑《客家史料丛刊》及实地考察客家历史、文化。日本学者亦有关于客家问题的论文发表。这些促成客家研究呈现一派繁华之景象。

这期间，客家研究的主要著作有：赖际熙等编撰《崇正同人系谱》、谢廷玉编撰《客家的源流与迁徙》、彭阿木编撰《客家的研究》（日文）、李绍云编撰《岭东地理与客家文化》、金发编撰《介绍客家及其他》、诏年编撰《客家及其山歌》、古直（公愚）编撰《客人对》、《客家三先生诗选》及《客人骈文选》、张资平编撰《粤客音之比较》、罗蔼其编撰《客方言》、黎公耀编撰《关于傜僮与客族问题之讨论》、陈隆吉编撰《"傜僮即今日客族"说驳议》、憾庐编撰《客族，傜僮，及闽南民族》、沉寒流编撰《客族源流考》、丁迪豪编撰《客家研究》、许道龄编撰《客家研究导论提要》、梁振东编撰《"客家研究导论"读后》、朱希祖编撰《客家研究导论序》、陈国桦编撰《中国拓荒的功臣——客族》、黄任潮编撰《客族风光》、陈培佶编撰《谈客家佬》、李次民编撰《广西客家之分布》、华年编撰《"临川音系"》、邹鲁编撰《广东语言说略》、苏文折编撰《粤东方言考》及《粤东方言补记》、吴烈编撰《客家语言的商讨》、俞敏编撰《客家人学国音的错误倾向》、张资平编撰《粤音与客音比较》、董同和编撰《华阳凉水井客家话记音》、甘艾编撰《赣北奉新的"客族"》、罗香林编撰《柳州纪行（并述广西方言）》、罗莘田（常培）编撰《"临川音系"跋》及《从客家迁徙的踪迹论客赣方言的关系》等，多角度地用事实申明客家来自中原，为汉族的一支，客家始得正本清源。

梅州知名学者赖际熙、刘友梅、林翊球等人在香港成立崇正总会，并串联汕头、上海、广州客家名流，批评《世界地理》把客家说为"退化部落"。从而由香港崇正总会赖际熙、刘友梅等编《崇正同人系谱》一书，从源流、氏族、语言、礼俗、人物、艺文等方面论述客家，当时港粤学人著述言及客家也认为客家是南方先进群体。

此外，中山大学民俗学会刊印有张清水的《海龙王的女儿》、张干昌的《梅县童歌》、丘峻的《情歌唱答》，梅县各书局出版有《客家平民文艺》《梅水歌谣新集》《鸳鸯冢》《岭东情歌》等客家学著作。

这个时期的客家研究可谓硕果累累，对消除历史误会，缓和土客矛盾、制止土客械斗，振奋客家精神、弘扬客家文化，均起到重要作用。罗香林的《客家文化导论》于1933年11月出版，这部专著是我国研究客家最为权威的著作，它的问世使客家研究登上一个制高点。在这个制高点上，既可以清醒地回顾客家研究的历史，总结其经验与教训、成果与缺憾，又可以高瞻远瞩，悉心筹划，把客家研究的学术水平推进到一个新的历史高度。

罗香林对前辈学者的研究作了如下总结：（1）关于客家族派系属及来源问题，有苗蛮别支说、古越族之苗裔说、非与汉族同种说、纯汉族说等；（2）关于客家方言，未能作一系统全面之论述；（3）关于客家界说问题，指出学者们对于客家民系自整个汉族分化成形的年代及分布地域的认识多不明确；（4）关于客家民系特征的理解，多注重血统、语言及自然环境，而甚少涉及客家固有文化的影响；（5）关于客家风俗，零星记载的多，而对迷信、仪式、生活、好尚、岁时、礼俗等鲜有详实的民俗志之记录。

罗香林先生的《客家研究导论》奠定了客家学研究的基础。对客家的源流、客家民系形成的年代与血缘、分布及自然环境、语言、文教、民系特征等作了全面的研究。其中，针对客家源流问题，提出了三支五期说：三支即永嘉之乱后，汉人南迁，形成三大支派，播迁于洞庭湖流域，鄱阳湖流域及赣江而至今日赣南及闽边诸地，以及今日浙江及福建的北部等地；五期即东晋至隋唐为第一期，唐末黄巢起义促成第二期，宋室南渡，元人入侵，闽赣粤交界的客民流入粤东、粤北为第三期，清初粤赣客家随"湖广填四川"移民浪潮入川，惠、韶、嘉及赣州诸属之客民向粤省广肇诸属迁移，嘉应属客家向台湾迁移，此为第四期，咸丰六年至同治六年发生土客大械斗，客家人向南入高、雷、钦、廉诸州，远至海南岛崖县、定安等地，此为第五期。

该书提出客家是汉族里头一个系统分明的支派，客家先民因为受到中国边疆部族侵扰的影响，才逐渐从中原辗转迁徙到南方的。

罗常培于1942年出版的《临川音系》在引证了一些西方资料后引用了大量的汉语和少数民族语言的材料，得出结论："如果有人把客家问题彻底地研究清楚，那么关于一部分中国民族迁徙的途径和语言演变的历程，就可以认识一半多了。"

王力1956年出版的《汉语音韵学》第四十七节《客家话》，介绍了梅县的纽音调系统；在"参考资料"中仅转录了赖查理斯（Ch. Rey）《略述客家的历史》的译文。

罗香林1950年在《香港崇正总会三十周年纪念刊》上发表《客家源流考》，对客家源流、系统、迁徙、分布、语言、文化、精神，以及五次迁徙的原因和路线等，作了较为系统的论述和详细的考证，将客家民系的迁徙和系统的形成，置于中华民族发展的历史长河中进行考察，从而成为海内外研究客家最具有权威的著作之一。

罗香林根据史实,反复核实,认为客家之名是沿袭"给客制度"之客。书中的论证,是从考察中原汉人包括客家先民由于西晋八王之乱,引发五胡乱华,而掀起南渡大迁徙的史实入手,而后根据客家各姓氏族谱的记载,对证正史与地方志,反复印证。

在这篇文章中,罗香林先生试图就"客家"的概念进行界定:"鄙意欲定客家界说,自时间言之,当以赵宋一代为起点,客家居地,虽至今尚无普遍调查,然依其迁移所届,大体而言,其操同一客语而与其邻居不能相混者,则以福建西南部、江西东南部、广东东北部为基本住地,而更及于所迁之各地,此就空间而言也。鄙意凡属客家之基本住地,自赵宋以来之文物或活动,除极少数不能并计外,大体皆可认为客家之文物和活动。吾人研究客家问题,固当上溯源流,下瞻演变,然其基本对象,当不能离此地域此时间一般操客语之人群及其所活动之迹象。"

这篇论文奠定了学术界对"客家"概念的界定基础,后来客家研究基本上没有超越罗香林所界定的对象范围。

1978年中国台湾联亚出版社出版了陈运栋的《客家人》,该书对客家的源流、客家妇女、客家民性等进行了综述,介绍了客家的迁徙情况、客家分布及其生存环境、客家东移台湾的路线及分布,对海外客属侨胞分布、台湾东迁客家人分布及迁徙路线作了较为详尽的介绍,着重论述了客家话和客家文化。

3. 当代客家研究:哲学人类学的理论提升与杂音

改革开放以来,内地有吴泽、张卫东、刘丽川、陈修等较早提出客家研究的基本问题,丘菊贤、杨东晨发表了《中原汉人南徙与客家述评》,20世纪90年代,便有了刘佐泉的专著《客家历史与传统文化》,以及著名的民族学学者吴永章的专著《客家传统文化概述》。总的来说,这些论著基本没有超越罗香林教授、陈运栋先生的论说,他们的论述都提及客家人与土人的交流和相互影响,即是认同客家文化是以汉文化为主体,其他文化相互促进、相互影响的。这对于所谓的"纯粹血统"或"土著说"都是一个有力的反驳。

但房学嘉的《客家源流探奥》(1994)认为"进入客地的中原流人与当地人(土著)相比,任何时候都是少数"。由此,甚至断言,客家族群中原南下一说乃是"空穴来风",无中生有。持"土著说"的还有其他人,不过,他们认为,中原流人到南方后被"土断",便只能被当作"土著"对待。

诚然,"土著说"论者,无法回避在大量的田野调查中,如实引用族谱中各姓来自中原的记录以及被访者说祖宗从何而来的陈述,事实上也没否定"中原说",最多只能是一种补充。以新颖的称谓"山客"来命名"客家"一词的来源,这就打破了百年来客家源流南迁史的事实,给客家源流重新定义,书中援引了大量的历史事实,说明客家源流并非外来,"古山客"就是在今客家地区原本生根发展起来的。

房学嘉的论断纵然新鲜,却难免遭人诟病。论述存在几处疑点,如以出土文物来推论客地的古人是越人,这并不具有非常充分的理由,百越族中的闽越与南越是否有区别?"山客"是否为越人,抑或畲族人?这些问题都没有得到很好的解答。

而我的《客家圣典》(1997),则把众多散佚的客家文化的残简碎片聚合在一起,对客家的神话、传说,乃至历史事件加以梳理、连缀,并放在巨大的人类历史的大背景下思考,试图从宏观上作文化、历史哲学层面的解读,综观全书,我没有对客家源流、客家称谓来由等实际问题进行历史考据,而是站在文化、历史哲学的角度,对客家民系进行形而上的思索和探讨。著名民族学家、客家学前辈吴永章在读了我之后出版的《客家新探》后,一口气列出了该书中的十几个"新",击节叫好。择其要简单列举,即:

把客家学研究置于世界范围之上,从而填补了历史上关于公元三至四世纪世界民族大迁徙中所缺的另一半,即东方部分:客家先民的第一次大迁徙。

将文化迁徙激活的客家式的命题,提升到哲学的、人类学的理论高度。一如评论中所称:"将'在路上'的客家群意象演绎得最经典、最富有诗意的人可算是谭元亨,他认为客家是一个迁徙的民系,宿命与使命、主客意识与边缘地位、特立独行与融合认同等都是客家式的命题。"把客家民性与中华民族文化传统形成的过程有机地结合在一起,对中原文化、农耕文化与东南海洋文化各自在客家人身上的演进加以全面阐释。

对"南下说"的修正,其令人瞩目的,在于它把第二次大迁徙的动因，由黄巢起义修正为安史之乱，并且引入了陈寅恪的著名论断"以诗证史"，把当年李白、杜甫等人的诗句作为历史的佐证，从而令这一次大迁徙更为雄辩。

把"中原说"与"江淮说"联系起来，提出客家民系与其他同是大迁徙民系的区别在于是"一次到位"还是"二次到位"或"多次到位"。

提出"显性移民"与"隐性移民"之说，尤其在"隐性移民"上，形成了全新的移民理论，其基于经济、人口诸方面，不拘泥于战乱、灾荒。

此后，我又出版了百万言的《客家文化史》并获国家级奖，深化与强化了在《客家新探》中提出的新观点。这个时期，还有一些客家专题的研究，如谢重光的《客家源流新探》，陈支平的《客家源流新论》，王东提出以"方言群"取代族群提法的《那方山水那方人：客家源流新说》等，均对罗香林以来的客家研究方法论进行了若干反思。刘平关于广东西路土客械斗的论著《被遗忘的战争》，刘丽川关于深圳客家的田野调查论著《深圳客家研究》以及李逢蕊、叶扬等人的客家研究论文集出版，丰富了客家历史的研究。梁肇庭遗著《中国历史上的移民与族群性：客家、棚民及其邻居》于1997年得以出版，其"族群"的概念从此流行，该著也是这一时期非常重要的客家社会研究成果。

早年在客属地的外国传教士、日本相关研究机构，都曾对客家进行深入调研。之后，则是始于20世纪90年代初期的"客家传统社会调查"，是由法国远东学院劳格文博士主持的，他与赣南、闽西、粤东的学者们合作，对该地区的传统宗族、庙会、民俗等进行了细致的调查，撰写了一系列民族志，编辑成三十余本"客家传统社会"丛书。

"中原说""土著说"各有不同点。但两岸各自梳理自身的研究成果，就是把两岸有机地结合起来、进行全方位多层面的对比比较，不过有些方面仍显得比较单薄，如文学上，有《广东客家文学史》，也有《台湾客家文学史概论》，各自为政；而在学科上，人类学层面上较丰富，但社会学研究上却比较单薄；建筑学上过去往往侧重于"个体案例研究"而缺乏整体的系统的研究等。因此，对客家史的深化研究，则显示出其更为广阔的探讨、发展与突破的空间。

除了房学嘉认定"根本不存在中原汉人南迁"的土著说外，刘镇发的

"误会说"则认为"本不存在客家这样一个族群，客家只是广府人的一部分，广府人不同的说法无法由人种基因证明，更无法由体质人类学证明"，因此，他预言，"客家作为一个语言文化或身份认同，在21世纪将会最后消失"。问题是，对广府话也有人这么预言过，甚至引发很大争议。而王东的"方言群"说，对于"方言群"划分的相关理论等问题，却并没加以明确的厘定和系统的梳理。再如，刘镇发则已把客方言归于四邑的广府次方言当中了。

王东及刘镇发的观点在语言界引起极大的争议，以广东外语外贸大学中文学院的教授严修鸿为首的一批客方言研究者均认为他们缺乏语言学的学术基础。

源流及方言之间的互证，是当年罗常培指出的。

迄今，源流及方言，仍是客家研究中学术分歧最大的两个方面。

以上研究把文化人类学等学科引入客家研究领域，是对罗香林以来客家研究传统的一个突破，也构建了若干新的范式，但是，他们离回答"什么是客家"似乎愈走愈远，以此构建一部客家历史，只会产生更大的歧义，如把南朝程旻视为土著，而无视之前因"流人营"而建立的义招县，那客家史就只能是一部本地史，当从史前考古开始，与地方史即广东史无异了。而取消这样一个族群，则更无史可言。至于历代地方政府着力推行儒家文化等，把当地土著及越、瑶、畲改造成接受了中原文化的客家人的理论，则更说不清了。一部客家史，固然有文化的传承，但血缘毕竟是不可以割断更不可能完全割断的。

全面地提升客家历史研究的品位

全面提升客家历史研究的品位，在社会学、经济学、文学、人文地理学、建筑学、语言学上有独到的学术价值，尤其在当前研究发展社会组织功能与效益之际，客家历史的研究将大有裨益，颇具应用价值与社会意义。而作为大历史范畴内经济学、文学、语言学、建筑学的研究，对推动世界客家文化融合产生积极影响。

从整个中华文明发展史中去把握这么一个族群酝酿、萌发、成长与崛起的历程，我们不难看到，对于客家的"中土发祥"，需要全面而又深入的研究，打通自秦汉至隋唐这么一部中华民族的远古至中古的历史，并视其为客家文化的"前史"，且不完全拘泥于大迁徙的次数。还要把唐宋视为客家族群形成并定型的重要时刻，对其在明清时期的蛰伏、发展、播迁作针脚细密的连缀，清晰地勾勒出这个族群历史演进的轨迹，尤其是文化沉淀的过程。

客家人的"文化身份"是在迁徙（包括思想上的）过程中不断构成又被不断打破的，他们的"文化记忆"也因片断而难以缀连。巨大的历史时间的差异与遥远的地理空间的距离，使这样一个民系呈现出与众多的、一般的、可以以地域命名的民系或族群不同的特性，从而具有其复杂性乃至矛盾性。在当今的全球化时代，这样一种带有流变、拓展的动态性的文化，更因其遍及全世界而极富启迪作用。因此，一部客家通史，就不可能简单地按一般的线性逻辑来推导。客家史为汉民族史的一部分，而汉民族史是华夏史的一部分，进而又是世界史的一部分，因此，客家史具有世界性的意义。

无疑，这一深化研究具有极其重大意义。

首先，通过对客家史的研究，有助于进一步丰富人们对汉民族共同体、对中华民族发展过程的认识，有助于人们更深切地了解汉民族的昨天和今天。客家族群作为汉民族共同体中的一个重要族群，在其自身的形成和发展过程中，除其所具有的本民族的地域、语言、经济生活和心理素质外，又有着自身的诸多特征，从而与本民族的历史、文化特征既同又异、同中有异，呈现出共性与个性、普遍性和特殊性统一，其不仅是汉民族发展史上多姿多彩的重要内容之一，而且对丰富整个中华民族的社会、经济和文化生活，也有积极的作用。通过对客家族群具体而微的深入研究，不仅可以更加清晰地看到中华民族艰苦奋斗、前仆后继的发展历程，而且还可以看到中华文化的持久凝聚力和向心力。所有这些，都是我们中华民族走向未来所必需的精神力量。

其次，客家文化应该成为中华民族传统文化的重要组成部分，对弘扬中华文明具有重大的历史意义。客家族群在迁徙、形成和发展过程中，一代又一代的客家人在用自己的双手创造了独特的物质文明的同时，也创造了丰富多彩的精神文明。客家人作为中原汉民族的一个分支，其文化自然是以儒家传统文化为背景的。但是，由于客家先民在长期的迁徙过程中所遭遇到的种种险境，又使得他们在继承了汉民族传统文化的精华之同时，还剔除了其中的某些糟粕，并在新的环境下改造和吸收了其他外来文化。

例如，为了生存和发展，客家人就扬弃了中原文化中安土重迁、守旧封闭的生活方式，形成了筚路蓝缕、勇于开拓的精神。再如，由于离开了祖居的中原大地，离乡背井，浪迹南方边陲以至海外，他们更深刻地体会到故园的可贵，加之南迁的客家人有很多是在少数民族入主中原时举家迁徙的，因此又养成了他们强烈的爱国主义感情。清朝入主中原以后，南方客家地区的抗清斗争持续时间最长也最为激烈。近代以来，客家儿女在历次反帝反封建的斗争中都站在前列，英勇顽强。改革开放后，大量海外的客侨移资祖国，造福桑梓。所有这些，无不闪烁着强烈的爱国主义思想光芒。

再次，客家史研究对推进祖国统一与客家文化现代化有着重大的现实意义。台湾客家人大部分是从中国大陆的粤东、闽西过去的，与广东、福建有着密切的血缘、亲缘关系。故台湾客家人对国家认同、民族认同、文化认同更为强烈。近年来，中国台湾对客家族群也越来越重视，推出许多客家政策或主张；参与各种选举的政治人物也越来越重视对客家选票的争取。对中华文化有着强大认同感、同根同宗意识较强的台湾客家族群已经成为维护两岸和平、实现中华民族统一大业的重要力量。在海峡两岸客家族群的精神文化领域，尚有许多未被发掘的宝贵财富，亟待我们去开采、整理、发扬光大。它们不仅是中华优秀文化的重要内容，还是我们在新的历史时期弘扬民族优秀文化所急需完成的一项重要任务。

最后，客家人是中国播迁海外最早、分布范围最广的族群之一，是海上丝绸之路上最活跃的族群，他们对侨居地的经济和文化发展，对促进中外文化交流，对增进中国人民和侨居国家或地区的人民之间的友谊都做出了积极的贡献。

当今，在"一带一路"的倡议下，做好一部客家史，彰显客家在全球历史文化中发挥的重大作用，势在必行。联合国教科文组织在客属地设立移民广场及印度洋之路标志，正是对客家人在全球的历史与文化影响力的充分肯定，我们有理由及早推进这一重大项目。

客家历史作为一个总体的把握，尤其是对文化整体、经济格局、社会演进、方言流变、人口现状的把握，对消融历史上近百年造成的歧义之可行性的研究，无疑是可以超出学术价值与历史评价，从而具备更深层次的社会意义与现实意义的，而所要解决的主要问题则在于：

对于在中国早期的文化人类学乃至民族学的研究，深受西方的文化人类学、民族学的影响，要有正确的评估、充分的认识。

如林惠祥认为："人类学便是一部'人类自然史'，包括史前时代和有史时代，以及野蛮民族与文明民族之研究；但其重点系在史前时代与野蛮民族。"请注意其"重点"。凌春声则称："现代的民族学只研究文化低的民族或称之为原始民族的文化。"落脚点也在"低文化"与"原始"上。顾建光在介绍文化人类学时，也提到："不少人把文化人类学与对原始人的研究联系起来……这种老眼光并不完全正确，但也确实反映了人类学的传统兴趣在于描述那些不那么复杂的社会的文化现象。"这一来，我国早期的文化人类学的研究，也就自然地放在了文化上较落后的区域与民族上。无可否认，他们的成果已相当丰硕。而这批学者，又分为"南派"与"北派"。我们这里仅讲"南派"，他们较多接受美历史学派影响，且与我国传统的历史考据方法结合起来，比较注重材料的收集与注释，而不是很注重理论上的提升。

直至今天，文化人类学的研究，始终没摆脱那种原始、不开化、愈土才愈正宗的思想束缚，这一来，客家史的构建与研究，如放在一个较开化与文明的汉族上研究，也就缺乏文化人类学研究的原始动力了。"土著说"之类由此应运而生。

但是，我们无论如何都不可以走这样的偏向，愈研究就愈视客家愈落后、愈原始、愈不开化，这本身就是违背汉民族历史演进的事实，更违背汉文化作为先进文化屹立于世界文化之林的现实——这与近200年西方侮蔑中华民族的积习不可不谓一致。

构建一部客家史无疑是应有它的当代容量。所谓当代，即把视野扩大，更广泛地吸纳那些本身对历史进步起推动作用的因素，这包括文化、科学，自然也包括思想即精神方面，诸如民俗、宗教等。而历史视野的开阔，本身也说明了历史的进步，一如我在《中国文化史观》中称："文化的因素愈来愈引人注目，由'隐性'走向'显性'——这毕竟是全人类共同创造的，只构建于帝王将相、你方唱罢我登台的古代史学愈来愈表现出其狭隘性及非科学性了。也只有这个时候，史学家们才能理直气壮地宣布：'历史是由人民所创造的。'"

这样，我们又回到了"哲学的高度"的论题上面，这一切，无疑是需要有哲学的提升与凝练概括的。而用前边的观点来说，无疑是让这一切蒙上诗意的光辉，其实，这也是人类几千年来审美理想的一个必然的发展。

客家式的命题,是哲学的命题,是文化人类学的命题,它也就具备了经典性与诗性,这不管在过去、现在,还是将来。

如今摆在研究者面前的任务,便是探讨历史文化与原母体的汉族文化发生了怎样的变化,如果细细追问下去,就更多了,即客家历史于何时形成并相对作为一个独立的分支?客家历史与作为整体的汉族的历史文化之异同在哪里?客家历史本身对汉族文化具备怎样的意义?等等。这些当又是一个接一个的客家之谜了。

文化在演进中,当然与其母体发生变化乃至脱离,而一种文化不具备创新的能力,同样也就失去了它的独立存在的理由以及继续发展的动力,一句话,就不可以"存活"下去——这至少在文化领域中是这样,并且作为一个非常严酷的法则。那么,客家历史对于古老的汉文化又有何创新并获得了怎样的再生权利呢?

而一部客家史也当沿着这创新的轨迹追寻下去,方可以建构起来,这是纲,更是它的灵魂。其实,在历史文化理论上,创新是早已有人提出来了。本来文化变迁是一个历史的动态,是绝对的;反过来,文化守成则应是相对的。动态的历史,势必在不断新陈代谢的"后浪推前浪"之中,文化更在这动态演变中发展。西方的人类学家,更以"创新"作为文化变迁的基础,如巴尼特在著作《创新:文化变迁的基础》中指出:"创新应被界定为任何实质上不同于固有形式的新思想、新行为和新事物。"严格说来,每一个创新都是一种或一群观念;但有些创新仅存在于心理组织中,而有些则有明显的和有形的表现形式。

客家族群首先是以高文化、高素质教育即"崇文重教"而著称于世,因此,从文化切入,构建这么一部族群历史,也不违悖。毕竟,客家史上的空白,还是太多太多。

因此,总体上我们应以客家演进的历史为中心,剔除"南派"人类学的影响,以世界的视野、当代的创新理念,对这一族群的历史文化、建议、文艺、民俗、建筑,尤其是语言的阶段性特征予以全面的考证与展示。

从根本上说,历史学就是要研究与回答"我是谁,从何而来,将走向何处"这三个终极问题,对于客家史而言,更需要不断地追问与探索。从历史学科研究对象来看,历史既然是研究过往的人和事,那么历史研究的首要任务和内容就是还原历史真相,这决定了历史思维必然具有追溯性和还原性，这是历史必然和主体性的思维特点。客家这个诞生在中古时期的族群，其蛰伏与崛起、发生与演变，尤其是不断变化的地理环境对之产生的影响，尤其是向海外的拓殖，在世界上产生的广泛与深刻的作用，即交融与互动，有太多值得深究的内容。

不同地理空间的客家

我们研究历史思维应该更多地从历史研究的主体过程和主要内容出发，寻找属于客家历史的独特性思维方式和倾向，以及其迁徙过程对历史产生的独特影响，从而塑造一个族群区别于其他族群不同的品性。

因此，选择客家史的研究对象应立足于处于不同地理空间的客家。

1. "耕山"族群的历史性演变。

"无客不住山，无山不住客"的民谚，给客家作了一个"耕山"族群的历史定位，在客家大本营——闽粤赣三省交界形成的10多万平方千米的地带：这比好几个省的面积还要大，但由于均处于三省的边缘地带，而且全部都是山区，所以长期处于封闭状态。江西、福建和广东三省交界处的赣闽粤边区的地理环境特点是"高山大谷""崇山峻岭""水急滩险"，这里除了横亘着南北走向的武夷山脉和东西走向的南岭两大山系之外，境内还分布着许多大小山峦。毕竟"后到为客"，只能生存在条件恶劣的地方，各自都不可能成为某个行政区域的主流文化，连各地的官方语言也轮不上它。然而，客家人颇具文化强势，其儒家传统观念颇强，一如大家所熟悉的，便是"宁卖祖宗田，不卖祖宗言"，关键词便是在这"祖宗言"上。祖宗言意味着历史文化的"遗训"，是一种传承，是与中国传统文化中"圣贤立言"相一致的；重言者，乃是重资深的精神境界。"言"高于田，还可以找到不少相近的民谚，如"做不尽的子孙屋，买不尽的子孙田"，做屋买田，还不如给子孙留"言"，祖宗言强。耕读传家，崇文重教，又让他们不甘于现状，力图"走出去"。

2. "客人开埠"之滨海客家。

清初"海禁"政策的实施使客家族群的一部分走近海洋，发展独特的客家海洋文化。因为"海禁"，许多沿海居民或是背井离乡迁居外省，或是随着郑成功的部队迁居台湾澎湖等地，还有一部分迁居东南亚各地。在迁海复界之际，沿海五十里的无人区得以开禁。广阔的区域为客家人提供了走进海洋的机会，获得了出海口、打通了出海通道。客家族群和海洋的联系日益密切，"凡有咸水的地方，都有客家人"。

客家族群强调的"咸水"，自然是海水，又咸又涩又苦，毕竟，客家人的忧患意识要浓厚一些，千年漂泊，背井离乡，也把这种意识带到了海外。

由于千年迁徙的天性，客家人从山区走向了沿海。深圳或当年的惠州、宝安，均是客家属地的入海口，尤其是东江客家，他们正是从这里走向海洋，走向世界的。这有太多的典型，如最早的张理、叶亚来、罗芳伯，到后来自澳洲回来的坪山曾生——抗日战争中威名赫赫的东江纵队司令员，后来还成为广东省副省长。与深圳龙岗相邻的东莞凤岗，那里的排屋与碉楼，分明是客家人到达滨海之后，由围屋、围堡所演变过来的。龙岗坑梓更有一个黄氏家庭在十三行的传奇。仅这一事实便可以证明，滨海或深圳的客家人，已不仅仅是农耕文化的身体力行者，他们的身上同样已有了海洋文化的影响，从耕山走向耕海。海洋文化的两大特点是向外迁徙和商业文明，这两点在滨海客家中都有突出体现。比如东南亚很多成功的华人商人都来自广东沿海客家地区，改革开放后深圳的客家人更是吃了商业发展的"螃蟹"，产生了一批在国内享负盛名的企业。在儒家传统观念中，"商"为最末一等，而滨海客家不拘泥于教条，开拓创新，才产生了"客人开埠"的成就，成为海上丝绸之路上的弄潮儿。

3. 都会客家的历史演变。

深圳作为中国第一大经济特区，其原住民以及最早在改革开放中进入的"外来工"，大都是客家人。"客人开埠"不仅让这个滨海新城成了"耕海"的舞台，而且让都会客家脱颖而出，客家人成了城市的主人。作为都会客家，它一方面在地理空间上呈示出其自古以来的生态群落的特征，另一方面，在经济空间上呈示出其生存拓展的历史能量，如滨海客家。而对于广州而言，它更呈示出其在文化空间上更为出色的创造力与竞争力，在城市化进程中凸显一个"耕山"族群的历史性演变。

一部客家史，当然更要呈示出客家在文化空间上更为出色的创造力与竞争力，在城市化进程中凸显一个"耕山"族群的历史性演变。21世纪以来，中国城市化的进程日益加快，"无客不住山"的客家，也同样发生都市化的进程，大量在乡村的客家人进入了城市，开始了全新的创业。因此，研究"都市客家"，即客家人在城市的生存与发展，客家精神在城市的延续、发扬与升华，是一个颇为迫切且非常重大的命题。

处于不同时代大规模的历史变迁中的客家

在我的《中国文化史观》中所确立的世界史视野下，如同军事史是以冷、热兵器为界，经济史以自然经济与市场经济为界一样，对客家史阶段的划分，以客家人的迁徙、形成，再继续播迁为参照。客家史形成前则为"前史"，形成后，则以大规模的历史变迁为界线，为此客家的演进可以分为五个历史阶段：客家前史（两晋南北朝）—客家形成史（唐宋）—客家播迁史（明清的"一枝散五叶"）—客家近代史（清末民初）—客家现代史。

1. 客家前史（两晋南北朝）

自北方游牧民族南侵、入主中原以后，原来中原的文明士族，无不"北望长安"而嗟叹。不过，最大规模的迁徙，自然是"五胡乱华"之际，史书有最明确的记载。问题在于，这次民族的大迁徙，我国的一些学者只注视东亚这片大陆，而不曾扩大自己的视野，放眼于整个欧亚大陆。

无独有偶，在世界古代史上，也有一个民族大迁徙的记载——而且就发生在西亚与欧洲。其起始与终结时间与东亚的民族大迁徙几乎一致，它从根本上改变了整个世界的社会格局，而首要的肇因却是：在小冰河时期，欧亚大草原遭遇千年不遇的自然灾害，逼使在那里世代生存的匈奴人南侵与西进。无疑，影响历史大进程最首要的毕竟是自然因素；而政治、经济诸因素过去虽被说成是第一位的，但细究起来，还不得不退居其次。某些政治、经济因素本身就是自然因素所变易而来，只是在历史上作为显性因子而已。

西迁使北匈奴人骑着战马，越过了欧亚大草原，从中亚经里海进入了顿河、第聂伯河流域，征服了阿兰人、东哥特人，紧接着，又横扫了黑海北边的西哥特人，西哥特人则横渡了多瑙河，摧毁了罗马军团，末了，竟攻克了罗马古城，劫掠了三天三夜……在这长达近一个世纪的民族大迁徙中，古罗马文明寿终正寝，漫长、蒙昧的中世纪千年黑暗王国降临了。东迁是在东亚八王之乱后，南匈奴人出兵攻陷洛阳，不到数年，又尽取幽州、并州等地，紧接着，南取豫州，徙都邺城，控制了淮北，整个中原已落他手。那边，是北匈奴、阿兰人、哥特人……古罗马文明万劫不复；这边，华夏文明受到了严峻的考验！

　　然而，华夏文明并不曾像古罗马文明一样一朝覆灭，相反，却延续下来了，一次又一次同化了南侵的蛮族。所以，光以内部腐朽机制为由断言文明的覆灭，显然也是站不住脚的。

　　那么，从地缘历史而言，当蛮族打到西欧及小亚细亚，古罗马文明是否没有退路了呢？对这个问题的回答也许有不同的答案，例如，当罗马帝国权势达到顶峰之际，埃及作为一个特殊的希腊国家，在一百多年里仍保持了相对的独立性。在中世纪蛮族统治下，古罗马就没可能保留任何一小块"飞地"么？

　　无疑，历史上的古罗马没有这样的"飞地"，或者说，历史没有给予它这个机会。

　　曾被一度描绘为疠瘴之地的中国南方，却一次又一次成了南下中原人（含客家先民）躲避战乱的天然屏障，成了古代文明一块又一块的"飞地"——那么，客家人上千年迁徙的意义，就应当在这里寻找：正是这种大规模、而且是作为上层知识分子——衣冠士族的迁徙，使得有可能中断甚至覆灭的华夏文明得以维系与延续。

　　在晋，从祖逖到刘琨，从桓石虔到周处，他们慷慨激昂的气概，意气风发的精神，坚不可摧的信念，为这个朝代添上了深沉而悲壮的厚重一笔。正因为有此等忠直豪杰之士以恢复神州为己任的奋斗和努力，晋朝才始终保持了自己的一丝尊严，也保留了复兴的希望。淝水之战的胜利，进一步稳定了东晋在南方的统治，延续了南北对峙的局面。

　　东晋统治者为了控制侨人，稳定政局，也为了维护庞大侨姓士族的利益，在侨人比较集中的地区，重置了许多侨人的原籍州、郡、县，即在新的流人聚居的地方用原本的北方旧名设置州县，叫作侨州、侨郡、侨县，简称"侨置"或"侨立"。

　　毋庸置疑，当年大规模的而且是长时间的"侨置郡县"与"给客制度"，对于形成客家民系"客"的心理影响巨大。同时，魏晋士族在"侨置"事件中所表现出的对中原郡望身份的自我坚持，原本就具有文化坚守的意义，这与客家民系在千年的辗转流连中始终守护自身文化边界，当有共同的心理因素。毕竟，每每被迫迁徙到一个新的地方，思乡之情总是越来越重，而生存的价值准则也就更为凸现。

所以，"侨置郡县不仅仅是一种心理安慰，还有一种需沉下心、扎下根的无奈"。更重要的是"聚集起同乡来，同仇敌忾，维系起原来的族群或家族"。

这个时期，数百万军民涌向江南，在这些被迫南迁的中原人中，有的跟着王室到了当时的江南地区，迁得更远的则到了江西等地，更南的甚至到了大埔、梅州这一带。那时候大埔、梅州这一块叫"义招"，政府成立这样一个地方机构，就是要接收当时从北方到南方的"流人"，把他们聚拢来，进行安置。另有一部分人越过武夷山，继续进入了福建沿海，这些人后来就逐渐成为闽南人的祖先。这一次家国的政治大转移，与南下中原人有很大的关系。但客家人到这时候仍然没有形成一个独立的族群。汉族文化中心的沦陷，中原汉人大量被杀、逃亡，汉族生活习性与风俗习惯的改变，所有这一切都使得我们的民族文化发生了巨大的改变，也使得我们的民族在历史上第一次处于危险的边缘，隐藏着覆灭的深层危机。

正像有学者指出："罗马帝国与汉晋帝国的衰亡时期是世界历史发展中的重大转折时期，在晚期罗马与汉晋帝国存在的最后三百年中，西方从公元3至5世纪，东方从2至4世纪大致同时出现了长期的、全面的、根本性的社会经济和文化的衰落现象。"美国历史学家斯塔夫里阿诺斯著《全球通史》转引一位权威人士的话说："在蛮族的冲击下，不难想象，畜牧经济可能代替中国北方的农业经济，阿尔泰语可能取代汉语。"

魏晋南北朝时期，已超出了中原文化，而形成南北文化的大交汇。先是北方民族南下入主中原，形成南北对峙的局面；而中原士族举室南迁，在江南形成新的文化重心。而后，则发生了文化的北伐……于是，古汉族的面目得到了更新，其间，文学艺术更出现了鲁迅所称的"自觉的时代"，出现了不亚于先秦"百家争鸣"的文化史上的昌盛。作为华夏文明的维系与延续，有着众多的历史原因，那么，作为中原汉人（部分成为客家先民）的南迁，是否能作为这众多的历史原因之一，甚至作为其中重要的原因，通史需要做出进一步的论证与分析。

如今，这一见解不仅为客家学著作所认可，而且中国史上也把当年的"五胡乱华"归于这一世界民族大迁徙的范围之中。

2. 客家形成史（唐宋时期）

唐宋文化已远远超出了南北交流，呈现了整个亚洲文化的大交融，这更是对中国文化一次强有力的激活，盛唐文明雄踞于当时世界之首。其时，广州的"通海夷道"畅通，源源不断引入了西域文化、印度文化。人们的生活方式与前迥异，观念形态更大相径庭。鲁迅称"其实唐室大有胡气"，宫廷音乐，十之八九，大都是外来的。唐诗更云："夷歌是处起渔樵"。可见已遍及了民间。此间，被誉为"坐集千古之智"。

唐末五代时，主要受安史之乱、黄巢起义及藩镇割据等战争影响，在唐军与叛军、起义军的长期战争中，中原多地烟火断绝，城市乡村到处都是萧条一片，难于生存，连唐王朝的中枢机关都迁出长安。这时期，中原汉人深受天灾人祸之苦，纷纷向南迁移，远者多由今河南光山、固始，安徽寿县、阜阳等地渡江进入江西境内，更远的到达了闽南；近者则从赣北或赣中南迁至赣南或闽西，有的到了粤北、粤东边界等地。

两宋时期，受金人南下破开封、俘走二帝，北宋被灭，以及后来蒙古人入主中原，南宋被灭的影响，为不受金人、蒙古人铁蹄蹂躏之苦，中原汉人也进行了大规模的南迁，这次的规模可能比晋代还要更厉害一些。这时候大量南迁的中原人到了江西，主要沉积在赣南这一块。也有部分越过了武夷山脉，从江西石城进入了福建石壁，它们之间就隔着一座山，翻过去就到了，垂直距离也就 20 千米～30 千米。另一部分沿着当年赵佗的路线，顺着东江，就到了龙川、博罗、惠州。还有一部分越过武夷山的，就经过永定、大埔到了梅州。

如果说唐末五代以前的这几次大规模的北方中原人南迁都是以平民为主的，人数居多，却缺乏文化底蕴；那么宋元之后的中原人南迁则不同，他们除了一般平民外，还有不少官宦人家、文人骚客和仁人志士。特别是宋朝，当时中原文化非常繁荣，北人南迁是随官府朝廷不断南移而进行的，他们不仅人来到南方，还带来了浓厚的中原文化。所以，隋唐之前的中原人来到南方，仅为客家人的数量起了壮大的作用，但因缺乏文化因素，难以形成自己的特色文化。宋元之际，随着一些望门贵族和文人骚客来到南方，既壮大了客家的规模，又使客家提升了社会地位和文化品位，促使客家族群和客家文化的最终形成。据史料考证，客家人正式定称于宋朝，在宋朝的户籍立册中，凡是广府语系和潮州语系的人都列入主册，北方来的人都列为"客籍"。这就表明，客家族群和客家文化最终形成于宋代。从这时起，客家族群开始了作为汉民族的一个支系的独立发展。

整个闽西，因宁化石壁，尤其是葛藤坑传说，被一致公认为"客家祖地"，其实，这个祖地应包含当时的整个汀州府，不可局限于一个村落。而汀州府古称八闽，亦包含宁化在内，是闽西客家的文化中心，只是后来由于行政区域的变迁，它逐渐淡出。但长汀仍是中国历史文化名城，被视为与沈从文笔下凤凰古城一同有名的美丽小城。其历史文化相当深厚，人文景观更为丰富。也就是说，从"摇篮"过来的客家人，是在这里"开基"的，每年的客家人的拜祭，也数石壁最为隆重、规模也最大。族谱中，无论是真实的还是攀附的，也数"石壁"出现的数量最多。日本学者濑川昌久分析：

……说明客家的宁化石壁传说和广东本地人的南雄珠玑巷传说……两处地点都位于从江西进入福建或广东的交通要道出口处，集结在那里的祖先们不久又分散前往各地，在这些方面两个传说的内容极其类似。不管哪一个传说，之所以都选择这类场所作为故事发生的舞台，也许是因为曾经有过一个时期，那里是从江西一侧的汉族"华"界，进入福建、广东一侧"夷"界的最前线，因此，这类场所就以明确的形式体现出了汉族与原住民之间的族群世界。

的确，于古代而言，一出江西，便进入了"南蛮之地"，日本人从未弄清北胡、东夷、南蛮、西戎之分，不可苛求，但他这一分析，无疑是可作为参照。这也不难解释，客家人何以视石壁为"祖地"，毕竟在那里他们最早获得了自己与周遭不同的独立身份，有了自身独立的发展。这一条可以以建筑为证，赣南建筑，基本仍是沿袭中原坞壁、庄园的样式，但一进闽西古汀州，在形态上便发生了根本的变化，出现了圆楼、方楼、半月楼等，有了自身独有的演变，离江西愈远，变化便愈显著。

3. 客家播迁史（明清的"一枝散五叶"）

全球大航海时代，令中国与世界在更大的范围发生历史文化的碰撞、交融与激活，大于宋唐的亚洲文化的互动，也推动了客家人的一次大播迁。

明末清初时，由于满洲人南下及其入主中原的影响，人数众多的中原人又一次大规模往南迁徙；与此同时，由于山多田少，闽粤赣三角地带内部人口不断增多，人口与耕地的矛盾越来越激烈，但又无法在潮州平原和珠江三角洲地区扩展，于是不断有人外迁到其他省份，或漂洋过海到海外谋生。如明嘉靖年间部分中原人从程乡、长乐迁往海丰、归善、新安等沿海地区，从汀州迁至福州等地。清康熙年间从嘉应、韶州各属迁至以广州为核心的增城、花县、新安、东莞、鹤山等地，因为"移湖广填四川"的移民措施而迁往四川、广西等地。今天四川有这么多客家人，与当时移民政策有关。明末清初客家人举兵失败后，为避株连，多隐姓埋名，或逃亡各地。中国台湾的客家人，他们的先祖有的是随郑成功收复台湾时去台湾的，有的是随乾隆年间武状元李威光剿海盗时留居台湾的。这一时期的迁徙路线主要由闽粤赣三角地带，顺着罗霄山脉一线外迁至广东中部及沿海地区，及四川、广西、贵州、云南和台湾等地，还有小部分回迁至江西赣南及赣中、赣北西部罗霄山脉两侧。

16世纪中叶，据郭棐《万历广东通志》中的澳门卷记载，明嘉靖年间，明朝政府首度允许了非朝贡国家葡萄牙在浪白澳、澳门，特别是中国最大的港口广州进行贸易，自此，形成了广州十三行为对外贸易的要地，而澳门则成了十三行的外港。

在经济史的意义上，朝贡体制向市场或平等互市的转换，同样是古代史与近代史的分水岭。几乎是与屯门之战发生的同一时间内，明朝政府允许非朝贡国家的船舶进入广东贸易，这就已与明朝政府先前确定的"有贡舶即有互市，非入贡即不许其互市"的朝贡贸易原则完全相颉颃，于是，广东私舶入海以及在广东各地与番商进行贸易便由此兴盛起来，加上地方官员的极力辩白与维护，广东更出现了"番舶不只于海筦，蛮夷杂逻广州城"的繁荣昌盛的外贸盛况。尤其是嘉靖三十二年（1553）左右，明朝政权已允许非朝贡国葡萄牙在浪白澳、澳门乃至中国第一大港广州进行贸易，参与一年两季的"交易会"，终于催生了"十三行"。

在经济史上，广州十三行于中国，乃是古代与近代之间一座重要的界碑。

清初迁海复界，沿海五十里的无人区在近百年后终于开禁。广阔的沿海无人区不仅提供了客家人新的居住的，更给他们走进海洋的机会，使他们获得了出海口，打通了出海通道。

明朝、清朝是客家人的外迁阶段和客家文化的向外传播阶段。他们当中的敏行者，更进入了广州十三行。现在，全国和全世界各地都有客家人追根溯源，这些客家人都是从闽粤赣三省交界处的三角地区迁移出去的。其中明清时期是客家外迁的重要时期。

第一次鸦片战争以后，受太平天国运动、广东西路事件、契约华工制及自身主动向外发展等因素影响，部分客家人迁至粤西南、海南岛等地，为避难逃离原籍地，到其他省份的一些穷乡僻壤，甚至大量移居海外，甚至被迫到新加坡、马来西亚、澳大利亚、南北美洲等地从事苦役劳动。这一时期主要由广东中部、东部迁至西部、南部及海南与东南亚地区等地。

总的来看，客家人的先祖南迁，其迁移模式和路线是：从北到南、自东到西；从平原到丘陵、山区，沿着河流到核心地区；由国内走向国外，继而散居世界各地。

4. 客家近代史（清末民初）

翻开一部中国近代史，从太平天国金田起义，到中华人民共和国的建立，其历史进程正好是整整一个世纪。从"天国"到共和国，从空想到现实，一首一尾的这两个名称，可以说是意味深长的，它概括了中国革命从空想走向科学的必然进程，也揭示了一百年间中国启蒙思想的演变。可以说，这一百年正是中国文化史上最为曲折、最为迷惘，也最为清醒、最为悲壮的时期。而经历了千年大迁徙的客家族群，正是在这一百年间迅速站立起来，以它强劲的崛起，参与并重构了整个东方世界。

客家在近代中国的崛起，改写了一部东方世界的历史。这么一个融合中国南北文化于一体，又较早接受外来先进文化的族群，无疑是具有一种文化上的"杂交优势"，所以才能在近代中国与世界的历史巨变中，引领潮流，留下了不可磨灭的光辉。

历史从哪里开始，思想的历程也就从哪里开始。在客家人又一次迁徙中，其深层原因则是土地问题。对于这个"宁卖祖宗田，不卖祖宗言"的族群而言，于迁海复界时来到了沿海地带，用自身的勤劳，采用赎买的方式，获得了土地。但一次又一次的土客械斗，证明这种和平的方式作用有限，于是，他们不得不重走历史上农民起义的道路。太平天国的《天朝田亩制度》就是这么提出来的，"凡天下田，天下人同耕，有田同耕"，以达到"务使天下共享天父上主皇上帝大福，有田同耕，有饭共食，有衣同穿，有钱同使，无处不均匀，无人不饱暖"。土地，成了整个空想社会结构的基点。而在戊戌变法中，也同样强调"举天下之田地皆为公有，人无得私有而私买卖之"。孙中山更是在《三民主义之具体办法》里称："本党的民生主义，是有办法的，这个办法就是平均地权。"至于后来发生在客家大本营中的土地革命——无论是北方的"暴风骤雨"式的还是南方"和平"土改，也都离不开土地这个主题。

但是，正如《天朝田亩制度》并不单纯讲"田亩"问题，而是在实际上以很大篇幅谈其空想或理想社会的结构问题一样，这几次历史变革，也已超出了中国古代社会农民起义的范畴。这从太平天国早期的"拜上帝会"，到后期洪仁玕的《资政新篇》，分明代表了中国较早一代知识分子向西方寻求推动历史进步真理的愿望与实践。而"百日维新"中一系列举措，尤其是客家人主政的"湖南新政"，更凸显出一代改良主义者学习西方先进文化制度的迫切愿望与所作出的努力。到了孙中山那里，令千年帝制一朝覆灭，本身就是历史发展的一个伟大的转折，从封建专制统治完成了向近代社会的重大演变。后来的土地革命、中华人民共和国的建立，也都是沿着这一思想路线往前推进，虽说其中仍免不了有曲折与反复。

理清这一历史与思想的线索，也就不难理解为何客家人会在这一历史进程中发挥那么重要的作用，他们天然的南北文化交汇的长处，东西文化相融的优势，也就在这复杂的、动乱的中国历史演进中占有了先机，从而迅速脱颖而出。

清末民初，客家人则遍布东南亚乃至全世界，粤商更成为海上贸易的主干。在人们的意识中，粤商似乎便是广东商人，但是在众多关于粤商的书籍中，第一位被当作粤商代表或典型的，却是客家人——张弼士，百年不衰的名牌企业张裕葡萄酒，便是他创立的，而第一条纯粹由华侨投资兴建的民营铁路，也是由他与另两位客家兄弟张榕轩、张耀轩筹资兴建的。也正是这些企业的兴建，他们也实现了由"红顶商人"向实业兴邦的转换，并且倾资于中国的民主革命，支持孙中山推翻了千年帝制，而这正又有别于浙商、"红顶商人"胡雪岩等人，往前追溯，曾主持中国对外贸易数百年中的十三行，据近日研究的新成果，其中不仅仅有广府商人、福建商人，同样，也有客家商人，如骆姓的客商。又如在广州十三行所处的清雍正、清乾隆、清嘉庆、清道光年间，龙岗的坑梓黄，留下六代人不同的十多座巨大的围堡，令人惊叹。

5. 客家现代史

在 20 世纪初，赣南、闽西既是客家的"摇篮""大本营"，又是红军、苏维埃政权的"摇篮""大本营"，这不是巧合，而是发展的"必然"。

客家人的崇文尚武，特立卓行，则在这 100 多年间表现得淋漓尽致。孙中山麾下的邓铿、邓演达、张民达、叶挺、姚雨平，抗日战争时国共双方的著名战将张发奎、薛岳、罗卓英、黄琪翔、陈大庆、吴奇伟、范汉杰、陈铭枢、赖名汤，共产党八路军总司令朱德、总参谋长叶剑英、新四军军长叶挺等，他们均为客家人。

在国际反法西斯斗争中，客家人的民族主义、爱国精神更是昂扬向上的，无论在正面战场还是敌后战场，都立下了赫赫战功。客家人的理想主义，也同样体现在这历史进程中。

其实，客家人也有自己的"现在进行时"——这便是作为中国改革开放的经济特区深圳，虽说它不在客属腹地，但它的原住民大都是客家，最早进入特区的也大都是客家人。深圳的示范作用，对于整个客家属地是不可低估的。

客家文化是中华整体文化中的华彩乐章，从 19 世纪到 20 世纪，更是由隐性走向显性，在重大的历史演进中凸现出其光辉的作用。一部中国近现代史，无论是政治、军事，还是文化艺术史，都离不开客家人。

曾经在两个世纪中发挥了伟大作用的客家文化，将怎样面临 21 世纪的挑战呢？传统客家文化，无疑是与现代文化有很多差异的，昔日的辉煌并不就意味着一个确定的美好未来，因此，时下有一句话，说"客家人有过去，广府人有现在"。这自然并不为客家人所承认。但是，这无疑说明了一个事实，客家人务必要从沉湎于昔日的辉煌中昂起头来，大步走向未来。

当以新史观建构客家史

徐旭曾、赖际熙、罗香林坚持的"中原说"（客家先民来自中原），近年在海峡两岸受到各种挑战，有人以"土著说""土断或在地化说"否定客家来自中原的历史，这也说明"中原说"在今天确实有进一步补充、完善乃至强化之必要，可在罗香林的学术研究基础上进一步提升，但也不能以"融合"大而化之，否则最后仍落入"土著说"或被"土断"的圈套。而由"土著说"更进一步的理论，则完全否定了客家族群的存在，对此，我们曾予以了充分的驳斥，但这些现象说明，坚持"中原说"并不是墨守成规，而是要有所发展、有所创新，才能在学术上更稳地立足。为此在研究方法上，我们不仅要继续已有的历史学、民族学业已行之有效的方法，更要在罗香林倡导的方志学、族谱学运用上更有作为，同时要运用社会学、人类学的多种调查方式，也包括统计学的方法，更要与相邻的族群加以比较，与多元一体的汉文化加以比较，也就是在纵向和横向上，都要加以学术的辨析与考量，从而得出可靠的、科学的结论。我们将广泛运用历史文献、地方文献以及族谱等民间资料，深入进行社会调查、田野调查，乃至做出量化分析，使用一切学科研究上的新方法、新成果，使客家史本身日臻完美，使客家学研究获得新的高度。

1. 从全球的视野或现代的视野，去审视客家族群历史的存在与演进

总的客家学研究路线、研究框架应立足于中国风格、中国气派，积极借鉴国内外学界的新进展、新方法、新经验，本土化与国际化相结合，力求既立足本土，又超越本土；既有本土根基，又有国际视野。积极借鉴国内外现有的相关研究成果、经验、模式，继续探索、继续深化、继续拓展，力求探讨具有发展价值的现代社会族群文化良性运行和协调发展的条件和机制。

客家族群承载着丰富的历史记忆、文化精神。客家族群人口众多，分布广泛，发展历史各异，内部差异也很大，却稳定地统一在同一个"族群认同"体系之中，本来就是一个值得思考的现象。对客家族群文化的研究正是站在中华民族的层面上研究汉民族、汉民族文化的一次新尝试。

客家田野调查研究运用区域地理理论，观察区域社会结构，探索不同行政区划内文化发展的规律。尤其是把海峡两岸及大陆市（乡）镇作为基本组织单位和基层社会结构，直接扎根于海峡两岸的乡土社会，把乡土社会、经济、文化等方面进行综合研究，深入揭示这三者关系，深度解读客家传统文化根源和发展特点。在调查过程中坚持主位与客位解释相对照的研究方法，努力融入当地社会，成为一分子，不被当地人视为局外人，同时又保持清醒头脑，真正做到"入乎其内再出乎外"，以"文化持入者的

内部眼界"理性感受分析这种被调查者的自我解释,从而得出符合事实的客观而真实的解释。

2. 建构基于现代中国文化核心魅力的"东方族群"研究范式

客家人为什么在中国近代史上那么出类拔萃,那么光彩照人,如果没有长期文化上的积累创新,没有足够的、能形成心理机质的准备,分明是不可能的。创新是一个民族或民系的生命与灵魂,是生存的立身之本。创新应被界定为任何实质上不同于固有形式的新思想、新行为和新事物。严格说来,每一个创新是一种或一群观念;但有些创新仅存在于心理组织中,而有些则有明显的和有形的表现形式。我们不难看到,客家人有别于其形成之后的同时代传统的汉人,他们不曾被那个时代"存天理,灭人欲"式主流社会所控制,要放达、自信、开放得多,这不仅仅是因文化边界的坚守,还因为创新。关于这一思想或心理组织上的更新,我们是特地凸出一个重要部分,作为客家思想史来阐释。

与西方后殖民时代及文化分析范式相区别,凸显文化自信与自觉。客家这个族群之所以脱颖而出,正在于它给我们这个民族、我们的古老的文明,提供了怎样新的东西,无论是思想的、观念的,抑或社会的、物事的,尤其是深层的心理上的东西。同时,也与相邻族群的文化品格、价值观乃至世界观做出比较。这都是迄今来未有人做过的,使客家研究不再是孤立的存在,而是融合于多个移民族群的大格局中,更突显其个性与特色。这也是客家学推动的"两个超越",一是超越单科研究,改变只拘于源流史,或拘于本学科的状况;二是超越象牙之塔,提升"文化软实力",为中华文化海外传播及未来发展贡献智慧。

一个大迁徙族群产生的大背景,当是全球而非地域性的,体现了第一自然与第二自然即社会变迁的相互关系。如何构建这样一个迁徙中的族群所始终处于流变的通史,使其不同于地方史,这是无可避免的问题。凭此提出的问题,本身也就是一种创新,当然更具历史、文化、哲理的思考。

为此我们提出"客家式的命题"自然是有别于以地域命名的不同族群面对的命题。例如主客意识与边缘地位矛盾,客家人本是中原人,是中华古国之主人,而迁徙到南方,则成了"客",其处于边缘位置。这就与其主人意识产生巨大的反差;又如义利之辨与自我本质的实现,客家秉持的中原观念，当为儒家思想，重义而轻利，但沿海族群以经商为主业，被认为"唯利是图"，而随着时代变迁，客家人拓殖海外，商业无可避免，又如何恪守原先的义利观？还有，特立率行与融合认同，贵族观念与平民思想等，凡此种种，还可以列举很多。这些命题，当产生于巨大的历史变动尤其是在空间上的巨大距离，亦即时空两大方面都无可守常之际……这不仅仅是历史的题材，更是文化史、人类学的热点。这是客家独具的人文历史意义，有别于其他族群。

这些创见凸显这个族群的精神史、文化史。一般的历史，讲究史实，须反复考证，方可"入史"。而传说、神话、民间故事，被当作荒诞无稽之说，根本不可能进入"史"中。但是，正是这些传说、神话、民间故事的背后，包含了这个族群的生存、发展的秘密，尤其是业已形成的世界观、价值观。这里面，既有史——尤其是精神史、思想史，又有文化与哲理，因此，一部通史，无论如何是应该将这些梳理清晰，并且纳入其中的。可以纳入通史的，更包括精神方面的产物。不少史书，把"文化"狭义地理解了，以为愈俗便愈文化。其实，这大谬特谬了。所以，我们在进行这方面建构时，思想的追溯、学术的追溯，都不可以淡然处之，更应当加以跟踪。自然，民俗、方言亦为重中之重。这样一个格局，也许是各类通史中不多见的，但我们觉得有必要这么做。

客家式的命题是哲学的命题，更是历史学与人类学的命题，它也就具备了经典性，这不管在过去、现在，还是将来。

3. 建构族群大历史的系统话语体系

华南理工大学是在 1952 年从中山大学院校调整中分出去的，且留在原中山大学旧址上，传承的自然是老中山大学的文脉，客家学的创始人罗香林正是在这里起步的，因此，客家学主流学派的"中原说"则是由华南理工大学客家文化研究所继承下来的。近 30 年来，华南理工大学客家文化研究所出版了 100 多种客家学著作，引起了国内外广泛的关注，与哈佛大学、隆德大学及著名的亚洲研究机构建立了紧密的联系，客家"中原说"在国内外也一直以华南理工大学客家文化研究所为代表。

当然，坚持"中原说"并不等于墨守成规，毕竟，距罗香林提出这一理论已有 90 年了，当年的资讯不怎么发达，有的学术理论已有拓展与创新，况且，一个新学说的创立，也给后来的发展留下很多的余地。民族学著名学者吴永章为我们总结出十条创新，主要有如下几条：

其一，把中原移民南下，形成客家族群的"一次到位"说，修正为"多次到位"。晋代移民，离开中原，一次性到达福建，则形成了闽南族群，故唐诗中有"南人至今能晋语"句。而客家族群则在其之后数百年形成，固然晋代亦有"流人"先期到达义招（今大埔），但并未成形族群。中原人南下，历两晋，及两宋，才最后越过武夷山，才有自身独立发展，有了形成族群的条件，为此，"江淮说"亦与"中原说"统一起来。

其二，提出"隐性移民"观点，灾荒、战乱引发的大规模移民显而易见，可称之为"隐性移民"，这也对原有的移民理论，包括客家迁徙有所更正与创新。

其三，从"自在"到"自为"的族群成长的理论，客家族群的得名，远在这个族群形成之后，而客家族群在形成之后，有较长一段蛰伏、成长过程，之后才引发关注，成熟起来。对一个族群而言，"创世纪"神话只能发生在其童年阶段，鸿蒙初开，客家人自有这一特征，这也是"自在"阶段，到了太平天国，戊戌变法，方有了"自为"，而后的辛亥革命，尤其是土地革命，客家人的自立、自主、自司已是人所共知、人所公认的了。其间，文化的出色表现有如梅州，从旧"三乡"（瘴疠之乡、避乱之乡、贬谪之乡）到新"三乡"（文化之乡、足球之乡、华侨之乡）。

思维的每一个变化，发展与飞跃的成功与否，对于当时的历史时代与社会所起的作用与影响都是非常巨大的，它完全是创造性的源泉，它推动了社会生产力的发展，可以毫不迟疑地称：人类所创造的每一样物质产品与精神产品，实际上都属于思维的结晶。话语能力只是一个表面现象，说到底，依旧是思维模式问题。众所周知，一种语言便是一种思维模式，你用什么语言来表达，也就意味了你运用了怎样的思维模式。"宁卖祖宗田，不卖祖宗言"的话语，显然代表了一种思维模式，是客家人在漫长的迁徙中形成的，这也决定了其价值取向。因此，我们务必建构与族群价值观相一致的话语体系基础，进而建构族群大历史的系统话语体系。

客家人为什么在中国近代史上那么出类拔萃，如果没有长期文化上的积累并创新，没有足够的、能形成心理机制的准备，是不可能的。创新，必然带来进步，对于人种及族群而言，则是进化。较之明清时期，汉民族普遍的腐化、自虐，自我束缚，客家族群却没有发生同样的退化，依旧朝气蓬勃，铁骨铮铮，从洪仁玕的《资政新篇》，到胡耀邦的"高举骨头"，在精神上始终保扬一种上升、激扬的势头。强调这一条，正是通史中提出的客家人近代崛起的思想理论的基础。不难看出，这近代崛起，正代表了客家人在文化变迁中不断创新的势头，而这便是汉民族内部在清除腐败机制、自我更新的进化过程。

正是中国社会接受了客家人这一次又一次的崛起，而客家人也在文化变迁中不断地调节自身，更主动地吸收、借鉴其他文化的先进成分，作为一个群体，也就成了汉民族中至关紧要的一个重大的推动力，以及先进文化的传播媒介。媒介即讯息，客家人带来的正是这样一个近现代社会转型与大发展的讯息。

结束语
去中原化，还有客家学吗？

现在还有客家学吗？

时下，客家研究众声喧哗，此起彼伏，一个声音高过一个声音，尤其是高校里，更是热闹非凡，几乎所有的客家研究所都升格为"研究院"了，似乎不叫"院"就不够响亮，不够规格，不够级别。而各种客家的学术著作，每本都洋洋数十万字，所谓的"大师""学阀"更拿到了一个个课题，滋养得脑满肠肥，经费用不完——凭此，能不说客家学被研究得兴旺发达，凯歌高奏么？

却偏偏有人不识时务，质疑客家学的有无。

而质疑者，偏偏还是白发苍苍、学富五车的老学者，当然，也不乏对当前客家研究颇为关注的社会科学工作者以及客家社团。

只是，他们统统被斥之，老顽固、守旧派、门外汉，人再多算什么，群氓而已，没见识……

一边是热火朝天，一边是充耳不闻。

一个似乎不成问题的问题，竟可以成大问题了么？

猝然遭遇到这样一个问题，开始我似乎也有点发蒙了，怎么现在就没有了客家学了呢？

可这问题却不是平白无故，或者是无事生非提出来的，况且是满腹经纶的客家学人呢。

要问现在还有没有客家学，当然得搞清楚，客家学是什么？它又是怎么来的？

怎么来的？这已经很清楚了，不妨作个简单梳理。

刚进入19世纪，因在珠江三角洲周遭发生的土客矛盾，和平县人徐旭曾写下了《丰湖杂记》，被视为"客家宣言"，最早提出客家人来自中原。而后，增城人赖际熙在20世纪初创立最早客家社团"崇正总会"时，更有一篇颇为详尽的《崇正同人系谱》阐述了客家的形成、迁徙，到20世纪 30 年代，罗香林的《客家研究导论》及其后的《客家源流考》则最终奠定了客家学的基础，为客家人的民族归属正名，以"大迁徙"历史确立了客家的移民属性。

当然，不少客家学者，如古直、温仲和、温廷敬、邹鲁、钟用和，还有非客籍学者章太炎、罗常培等，对建立客家学都发挥了积极作用，丘逢甲、黄遵宪、陈寅恪等客籍大家更提升了客家影响力。而瑞典人韩山文亲撰的《太平天国起义记》（中译名）更让世界知道了客家。这是在 19 世纪 60 年代，也就是这时，外国传教士纷纷进入客属地，不约而同地对客家人予以颇高的评价——恰恰与土客矛盾引发的对客家人的污名成鲜明对照。

客家学的建构，其核心价值，当因此形成。

继而当回答客家学是什么了。

其实，从命名便可以基本了解。

"客"者，外来者，也就是移民，所以人们常把客家人与犹太人等族群相比较，移民便是最根本的属性，相对于原住民土著而言，否则，何以为"客"，况且，近千年来，这个族群形成之后，也不曾停止过脚步：走得出去是条龙，走不出去是条虫，这是基本的生存观；而"宁卖祖宗田，不卖祖宗言"，则是移民属性引申出来的文化价值观，如同犹太人敬重"教书先生"一样。抽掉了移民属性，也就没有了客家人——这正是客家学之本。

而汉民族身份的认同，也就是客家学的核心，即"中原说"，客家人来自中原，姑且不论是否"华夏贵胄""衣冠士族"，但族源是不可改变的。当年，客家人的正名，正是由此而起，这关系到民族自尊、历史担当，尤其是中国自古以来的正统观念——承袭这种观念，本身就是客家人对自己汉民族的身份的强调，不愿被边缘化，不愿做化外之民，不愿被贬抑、被排斥。无论是汉族身份，还是中原之源，这更是客家学创立时的根基。

我们更不难发现，无论"贵胄""士族"是否涵盖全体客家人，客家学强调的中原文化，无论是山歌、围屋还是习俗、文艺，均有厚重的历史底蕴，尤其是近现代出现了那么多的文化名人、将军领袖，都在证明其高素质、高品位与所谓不开化的土著拉开距离，把自身塑造成形而上的、精神高贵的族群——这在相邻的族群中几乎没有，强调到了近乎病态。这也是客家学形成之际的历史背景所造就的，但也与近千年，尤其是近现代客家人的历史主动精神所分不开的。

　　作为客家学这样一门学问，当今已成为"显学"，它所跨的学科，不仅仅是历史学、人类学、民族学，还有经济学、文化学、语言学，以及中国传统说的不分家的文史哲。再分，则与迁徙史、革命史、文明史密切相连。而从精神领域上看，客家人的宇宙观、人生观、价值观乃至生命观，都值得深入探究。应当站在更高的层面、更广的视野去审视这一门学问。尤其是它与其他同类学问的不同之处，从而有所鉴别、区分。

　　上面几点，当是学者的共识，同样，也是普通老百姓所认可的，这是显而易见的，可归于常识之列。

　　可这样的众所周知的常识，如今却被那些故作高深、玩弄辞藻的象牙塔中的"高手"弄得似是而非，不知所云了。这才有文前不少人提出的问题：现在还有客家学么？

　　是提问者故作惊人之词，还是被提问的装腔作势？

　　当常识受到质疑时，则意味着这个世界——至少是学术界已颠三倒四了。

　　先从客家一致公认的标准——非地域性文化说起。这本来就不是问题，作为一个移民族群，近千年一直在流动之中，从中原到近海的山区，从山区到滨海，从乡村到都市，从海内到海外，直至全世界。移民文化自然也是非区域文化，其文化正是在移动即迁徙中形成与发展，并与沿途不同的文化发生交织，"客"字便充分证明了这一点。但是，这表述十分清晰的非区域文化，却一下子被颠覆为区域文化，乍一听，简直匪夷所思。毕竟，南方十一个省（区）都有客家人，不可能用一个统一的地域来称呼。不过，偷换概念每每是学术高手所擅长的，他们提出来的是，赣闽粤边聚集有最多的客家人，而这连成一片的三省边地就可以被称为其共同的地域，所以客家就是这个地域的文化，客家社会就是这个地域。（其实，广西客家人口就比这三省之一的福建多上百万人，逼近江西，是否还可以称"两广客家更具地域性"？）以地域为研究的路径，梳理这个地域社会历史发展过程，从而通过这个区域的民族源流，早前的民族语言或方言，以及文化深层、外来者与原住民的文化互动、区域开发与地域社会演进的研究，重新探讨客家本身的历史由来。说了这么多，其实就一句话，以此地域作为重新认识、解释客家的唯一标本，摆脱中原移民观对客家学的束缚，"突破"，其实是否定罗香林的"中原说"。

于是，就有了房学嘉于1994年提出的的"土著说"。土著说论定，南迁的中原汉人，与赣闽粤边地域的古越遗民混化后才形成新的共同体，这便是客家。所以客家的主体是土著，即古越人，而流落到此地的中原人是少数，末了，他更断言，所谓中原人南下是"空穴来风"。他的依据是，粤东北考古，已发现了新石器时期的人类痕迹，而这便是当地客家人的先祖。对此，王东觉得"问题在于，秦以前生活在赣闽粤边的古越人，就一定是后来的'客家共同体'的主体吗？他们在血缘和文化上与'客家共同体'具有怎样内在的联系？"他认为，房学嘉是不曾回答这个问题的，只是"不证自明"。而房学嘉的例证，则是南朝时的一位文化名人程旻作为土著先贤，已有了客家意识并用来排解纠纷。

至于程旻是否土著即古越人，而非永嘉之乱南下汉人恐怕无须考证。因为在之前粤东（今大埔及其周遭）被称为"义招"县，其义是以"义"招徕众多已在当地形成的南下中原人的"流人营"，这是有历史记载的。只是"客家共同体"可提前这么久么？

我们先放下"土著说"。

由于"土著说"显而易见的破绽，其追随者做了很大的修正，但却走得更远。

没有中原汉人的大规模南下，无论哪个时期都是如此，有的是当地的土著。畲、瑶等少数民族广布赣闽粤边，有大量的古地名为证。只是历朝历代，由中原来的官员，在当地力推儒家文化，教会刀耕火种的畲民使用农具，久而久之，这种官方文化与民间文化相结合，才有了"客家"的语言，才有了对中原文明的认同。换句话说，没有"中原迁徙说"而只有"土著教化史"进而至"土著归化史"，所以，如今的畲族、瑶族大都说的是客家话。早年的韩愈、刘禹锡是明证，后来到宋明，文化人或有文化的官员就更多了，他们"培养"了终于有相应文化品位的客家人。

因此，客家仅仅是一个文化族群，与中原没有一文钱的关系，更不用提什么血缘、宗族。至于谱牒上的记载，更一言以蔽之，宋之易朝，对文化的毁灭相当彻底，所以，凡是有宋及宋之前的记载，只能是假托与攀附的，"崖门之后无中国"，文化如此，语言如此，族谱也如此。语言学家也认为，客家话已是最后期的古汉语了。

就这样，客家被彻底地"去中原化"了。

可这似乎还不够，原先还力主罗香林中原说的王东，在他2007年的

《那方山水那方要：客家源流新说》新著中，提出了"方言群"一说。

本来嘛，否定了客家人来自中原后，总得交代一下，客家人原本是哪里的，房学嘉称的"古越人"未免太久远了，不那么靠谱，直接说来自畲瑶，又似乎有点"霸王硬上弓"，人们未必一下子接受得了。

然而"方言群"的提法并不新鲜，三四十年前，台湾学者麦留芳就有过一部《方言群认同》的专著。只是，他并没有把海外的客家人视为同一个方言群，而是分为闽西汀州、粤东嘉应，还有惠潮等。至于广府人，也有三邑、四邑之分，闽南人更有漳泉人、潮汕人等。王东与麦留芳的"方言群"不完全是一回事。

王东借用"方言群"这个词，恐怕他自己也没有搞清楚，而且他从来没研究过方言，甚至连方言的概念以及语言学者考察的科学实证技术都不曾掌握。

以至此书作序的两位学者朱政惠、胡逢祥也在序言中不客气地指出：对于"方言群"这个概念的内涵与外延以及方言群划分的相关理论等问题，没有加以明确的厘定和系统的梳理。再如，作者把客家界定为方言群，但是全书有关客家方言的实证性研究，却稍显薄弱。

全书的主要"创新"主旨这么一经否定，连立足之处都没有了。

这"打脸"也实在来得太厉害了。

之后，朱、胡不得不安抚一下，扣上大帽子，称此书"资料丰富，结构严谨，视野开阔，结论缜密的学术成果""把客家研究推向一个新的学术高度"，实在是莫大的讽刺。

这倒不算什么。

一位语言学教授只直接问了他本人一句："畲族人大都讲客家话，依你的划分，畲族也应属于这样一个方言群了。"

没有回答，也没有解释。

但实际上已经有了回答。

这就是，畲族才是客家的真正族源，至少是主要族源，畲族人讲客家话是教化的结果，而这更可证明客家人是原住民，而非南下的中原人。没有迁徙史，只有归化史。

的确，在粤北等地，一度有十万客家人要求恢复自身的少数民族身份——主要是畲族。当时不乏功利的动机，在计划生育的严控下，作为汉族一分子的客家人只允许有一胎，而作为少数民族是允许生二胎的，由于我在客家界的影响，当地的负责干部咨询过我。我说，说简单也简单，因为畬、瑶族是盘瓠崇拜，大都有隐蔽的处所，展示祖图上的龙犬图腾，这问问乡村老人就知道了。显然，这些人只能是少数，毕竟信仰是最根本、最真切的。就算这上十万人都是当年因为官府剿杀而被迫隐身，改托为客家人，现在回归已没什么杀身之祸了，但在广东近3000万客家人中连1%都不到，以这1%来证明99%都是畬族人，显然是太荒谬了。末了，我还说，客家人好吃狗肉，这当然是陋习，谚语中还有"狗肉滚一滚，神仙企不稳"，说狗肉的香味连神仙也顶不住，凭这个，了解哪一个村，哪一个村民小组，一直有禁忌，不许吃狗肉，那才是畬族无疑。上有信仰崇拜，下有习惯俗情，就一目了然了。

我也到过广州以北一个纯客家镇梯面，那里自古便有盘王古庙，本以为那里客家人有可能大部分是崇拜盘王的畬瑶族人，盘、钟、蓝、雷姓人不少，可一到那里，只有几户钟姓，而且是辗转从紫金迁来，再追溯，则是中原，当然，中原很早也有钟、蓝诸姓。一位蓝姓的朋友，曾抗议我一度视蓝姓为畬族，他也拿出证据，证明自己祖上是中原过来的，问老人，说明代时，当地盘王庙很旺，畬族人也很多，但明清时期，官府数度对他们予以镇压，"隐身"确有可能，但大都上凤凰山去了，所以，现在也没畬瑶族人。

畬族人的神话史诗《高皇歌》中就有：

当初出朝在广东，广东路上是祖坟。

后边还有"蓝雷三姓去作田"，意味着是在广东才改变了刀耕火种即烧畬的生产方式，开始了农耕作业。

在广东也有狗王崇拜的族群，在雷州遍地皆是石狗，如今搜集数量据说已上万，但雷州人也非畬族，因为他们有一道名菜，叫"白切狗"——与广府人的"白切鸡"制作方式一样。

在整个广东，无论珠江三角洲及粤西的广府人，粤东的潮汕人及粤东北的客家人，都与畬族人关系密切，而潮汕人更甚，因凤凰山在那里，但是，不曾有过把潮汕人当作畬族的说法。而钟、蓝、雷三姓，在广府、客家、潮汕中都有。盘姓则罕见一些。

资深的民族学教授吴永章说过，畬族是散居分布的，这与他们的生活方式相关，一个村、一个乡还好，但要形成一个镇、一个县，则很罕见，所以，其他少数民族都有自治县，但畲族是没有的。因此，畲族内部有自己的语言，一旦外出，就得说围绕着他们村子的民族或族群的语言或方言，如周围是客家人，则必定得说客家话，如是潮汕人，当然得说潮汕话了，凭此，把畲族说成是客家人，或把客家人说成为畲族人，不足为据。

况且，畲族的生产方式落后，粮食每每匮乏，所居之处自然条件恶劣，且不断在迁移中，所以，人口的繁衍比有相对安居的族群要少得多，加上历朝统治者对少数民族采取的镇压方式——这在赣闽粤的史志上记载不少，所以，直到上次人口登记，也不过百万。请注意，这仍是计划生育期间，他们是不受计划生育一胎所限的。较之上8000万的客家人，仅占1%略多点。无论如何，这都不成比例，非要把客家族源说成是畲族，而非经过大迁徙来到南方的中原人——其中相当部分形成客家人，简直不讲道理。

在不少方志上，都记录有客家人有严格的族规，不与异族通婚，这现象一直持续到1949年之前。这也是他们守护其文化边界的必然举措，也是客家人的自我保护。不少客家老人都有这样的遗嘱，我们也不难理解他们在历史上为何会这样恪守这样的规则。别说异族，甚至对邻近的广府人等也一样。

在中国台湾，蕉岭人即原镇平人，比现在的蕉岭的人数更多，著名的爱国民族志士、大诗人丘逢甲就是蕉岭人。有人找出若干范例，解释为何台湾的蕉岭人会比原址的多，说的是，当初入册，原住民因受排斥，所以依附上客家人，而被依附的客家人为帮他们，入册时把家中不曾来台的兄弟姓名写了上去，让他们去顶。这一来，蕉岭人在台湾的人口便超过了原蕉岭地方上的了。然而，仔细研析，就不难破解，在台湾，闽南人比客家人多五六倍，原住民是否依附闽南人更多呢？而台湾蕉岭人有几十万人，能依附上的有多少，比例多大？能超过一半么？其实，这暗含另一重意义，把客家人说成是非大陆人，从而达到"去中国化"。

处于海峡西岸的原地方主要领导人，为何对客家研究中的"去中原化"那么敏感，不难理解。其实，这不必太多担心，无论"台独""港独"什么的，是不可能形成气候，他们是永远得逞不了的。

也希望把自己困在象牙塔中，拾人牙慧，或者拉大旗作虎皮，摆出一副俨然是学术权威面孔的人，真正做到深入实际，做好田野调查、实证研究，实事求是，而不是煞费苦心去证明、附和某种脱离中国历史与国情的种种外来的"高深"理论。

我一直很钦佩从事方言调查工作的专家们,他们几乎一年到头都深入田间地角,认真地、甚至是小心翼翼地捕捉每一个发音,从实证出发,从科学出发,将海量的录音加以累积、综合与辨析。为何方言学者如此坚定地主张"中原说",恐怕就如语言学家罗常培早年所说的:"如果有人把客家问题彻底地研究清楚,那么,关于中国民族迁徙的途径和语言演变的历程,我们就可以认识了多一半。"

把客家的一部"中原迁徙史"写成"土著教化史"或"驯化史""归化史",在很多人或许会以为是痴人说梦,可在象牙塔里却明明白白有人在这么做——当然,只是在他们自己的世界里,他们自我放大的世界里,而且自以为得计,是在"超越""突破""标新立异",并以"主流"自居而沾沾自喜。

而他们口口声声的"土著说",自诩的"原生性""在地化"与"草根精神",到底有几许实事求是的科学精神?而方言学家们的努力,一脚水一脚泥,全神贯注地聆听、辨析反而无原生性、本土意义与草根精神,这实在是教人匪夷所思。

既然客家学的支干,汉民族认同与大迁徙的根本特性被抽掉,那么,客家学又何以立起来,还有什么"建构"的必要呢?

自徐旭曾、赖际熙、罗香林而来的客家学,该到此终结了。

于是,终结者来了。

轰然倒塌,只要再加一把力了。

先是陈支平的《客家源流新论》,"新"在于他以铺陈比罗香林更详尽得多的谱牒——这也是他涉猎客家研究之前见长的学术方向,以谱牒中客家人的祖先来自闽南人以及广府人属地为记载依据,从而证明客家民系本就是包括广府、闽南人在内的"南方各民系相融合而成",所以,客家源流与南方的闽、粤、赣各民系无本质上的差别。如果换个角度,也可以说,闽南人、广府人族谱中也有祖先来自客家地域的记载,所以,他们同样也是因与客家一样的迁移与融合而成。

我做了较深入的广府研究,不错,珠玑巷南下的广府人,以罗贵为首的36姓97家中,包括罗姓在内,也有不少后人迁入潮汕及客属地,成为潮人或客家人。更早一点,唐代迁入番禺的孔姓,在那里也建了个"阙里南宗"的大宗祠,后人分十一个房,分别向东南西北分进,如今,每年各房来拜祖先的，不仅有讲广府话，也有讲客家话、潮汕话的。

照此结论，客、广、闽、赣各族群，均无本质区别，那么独立的客家或广府什么的，事实上并不存在，可以一概而论了，从而把南方各大族群最终消解了。

只是陈支平还没说这么"透"。

与他同一所大学的刘镇发，索性推出了一部学术专著，书名就叫作《客家，误会的历史，历史的误会》，最终取消了客家的存在。

颇有意味的是，他也从广府方言、客家方言作为一方入手，也就是方言群切入，以此"庖丁解牛"，把客方言解构掉，最后否定了客家，认为这是一个"历史的误会"——本就没有这样一个族群！

他倒是不似王东那样一知半解，而且能依照方言研究的技术路线一步步证实："客家话跟广州话最像——所选的基本词中有79%相同，而单音节中，则有40%相同；嘉应方言在声、韵、调、词汇、语法各方面都较接近广州话或台山话。"由于"客家民系的共同特征只有客家话"，而客家话作为方言被他归入了广府话，那客家区别于广府或其他族群的特质也就荡然无存了。

不能不说刘镇发引证了很多的材料包括遗传、体态特征等，作为历史、人类学的证据，但是，他最后的结论是，客家完全是一部误会的历史，是学者用想象来构建出来的，最后也只会似泡沫一样被消解，从而消失。顽固坚持客家理论，等同于食古不化的保守人士，最终阻挡不住客家在一两个世纪内消亡的结局。

刘镇发是惠州客家人，又在香港教过书，如今，香港的客家人，四五十岁以下的不少只会说广府话了，因为这是香港的官方语言，在强势文化的压力下，他们对自身文化产生怀疑，对弱势文化身份产生恐惧，亦不难理解。而惠州与广府区域相邻甚至交错，惠州客家话中受影响或嵌入的广府词汇，有几百个也不足为奇。

但是整个的理论则是建立在安德森的"想象的共同体"之上，这如同"土著说"建立在早期人类学的"愈原始愈正宗"一样，"误会说"其实与"土著说"只是一枚硬币的两面。

把客家归于广府人的一部分，这才可能最终消除掉"历史的误会"，毕竟，"整个客家认同的过程是一个误会的历史"。

所以，他与陈支平的"新论"并无二致，也许说得更彻底。只是他作为客家人的无奈，与陈支平"他者的眼光"，在心理上有巨大的落差。

这里不想太多阐述文化人类学的理论。

我以为，如果我们脱离了一个族群心理上、情感上的基本特征，尤其是价值观、世界观、审美观上的异同，只作形而下的考察，势必会走入歧途，无法达到历史与逻辑的一致性。

其实，要反驳客家等同于广府这一荒谬的观点，有太多的根据。"客人开埠，广人旺埠"就是一大差异，"广府人散沙一团，客家人山头一堆"，亦是。广府人"顶硬上，鬼叫你穷"，客家人却"宁卖祖宗田，不卖祖宗言"便是。还可以列举沉淀久远的客家与广府的民谚与格言。

而广府方言与客方言的差异，只要一听就明白了，北方来的，相对而言，会觉得客家话易懂，但广府话或白话，就不那么容易听懂，那么好学了。至于两种方言交界之处，互有影响，彼此借用，从中挑出几十个、几百个词汇互通，实在是太寻常了，可这能作为两种方言就是一种的依据么？至少在统计学上是不成立的。

总之，客家这样一个族群是历史地形成的，今天，更是建立在"已然"与"实然"的认识基础上，也就是说，客家并非由学者的理论、作家的创作而构建起来的，不是西方民族理论中的"想象的共同体"。这个族群有其形成的历史动因与发展过程。族群认同，并非类似于民族神话的信念，更非虚幻，而是实实在在的文化自信与自尊。而且，在近现代历史上，在中国以及世界，更对人类文明的进步作出了重大贡献。

罗香林的客家学，并不曾止步不前，其根基，也未必动摇得了，目前遭遇的危机，哪怕愈演愈烈，也终会成为过眼烟云。

在"去中原化"来势汹汹之际，其最大的指斥是，坚持罗香林"中原说"者，迄今未超过罗香林的研究模式，有功利化、情绪化、简单化、一元化的致命弱点，"食古不化"，因此，不再往前推进，没有新的发现、新的模式引入新的理论，进而引申到最大的客家省广东，由于是罗香林客家学创建地，所以难免故步自封、保守，其研究成果不如沪、闽，云云。就这么几句话，就足以把"中原说"打倒，可以不屑一顾了，采取鸵鸟政策以应对。

这么评说未免轻率了点，还是重温一下近年的学术历程吧。

20世纪80年代末,是客家研究凤凰涅槃之际。1988年,中国台湾掀起了"还我客语运动",中国大陆最早引发关注与轰动的,是广东学者关于三四世纪世界民族大迁徙的东方部分的"补全",这是世界史上所缺的一页,过去的"世界民族大迁徙"入史只有西方部分,即匈奴从欧亚大草原出发,一直踏遍里海、黑海,巴尔干半岛,直至攻进罗马古城,令西方进入了"千年黑暗"的中世纪。引发这次大迁徙的,自然是欧亚大草原千年不遇的"小冰河期",大旱骤至。然而,西方中心论的这一描述,却不曾有东方的内容,事实上,匈奴人也同进南进,引发了"五胡乱华",中原汉人被迫大规模南迁,最远可达中国东南沿海——而这场大迁徙,被罗香林视为客家先民的第一次大迁徙。其实,东方这次迁徙在规模上、人口上并不亚于西方,无疑这一新的论述,不仅夯实了"中原说",也为客家研究拓展了世界视野。与此同时,深圳大学张卫东夫妇、华东师大吴泽等人,均先后就客家研究发出呼吁或出版文集,华南理工大学客家文化研究所开启了与海峡对岸相呼应的客家文学复兴新潮。之后,一系列著作接踵问世,时任国台办负责人称其"架起了两岸客家的精神桥梁",诸如《客家圣典——一个大迁徙民系的文化史》连续出了6个版次,1994年始的三卷本《客家魂》同样如此,甚至被大量盗版。广东外语外贸大学客研所也推出了多部客家文学史与海外客家文学研究专著,以及客方言的词典。此间,广东出版的客家著作,比其他省的总和多得多,印数更没法比。

在对"中原说"的拓展与深化研究之际,对客家精神史的研究无疑是一种开创性的学术工作,不仅对作品,也对人物的系统研究,不仅有历代客家作品评论,也有现当代客家学人的评传,"丰富的历史文化资源与现实丰富的客家文化生态,催生了丰富多彩的文学创作与理论探讨,蓄积了强大的文化软实力。"(张铭清语)不久,在《客家新探》基础上扩大、补充的,作为"中原说"代表作的130万言的,《客家文化史》,获得了全国高校的人文科学奖,迄今仍是客家著作获得的最高奖项。无疑,此著对罗香林的客家学大大推进了一步,客家学老教授吴永章兴奋地指出其有十大创新与突破。

无论从历史地理、民族文化、文学艺术,还是从人类学、历史学、方言学上,位于全国最大一个客家省会的两大研究所,对客家学的贡献不言而喻,他们对"中原说"的夯实与补充、创新,对客家精神的开拓、提升,均有目共睹,以至被视为客家研究的中流砥柱,得到闽粤赣上上下下的充分肯定与支持。

并不是说广东客家人口是其他省(区)客家人口的总和,广东客家研究就一定走在前面或最为强势,但以"中原说"出自广东,否定广东在近年客家学的长足发展,"本地姜不辣",从而为"去中原化"张目,这简直荒唐。诚然,"中原说"并不等于死搬"五次迁徙"论,这已有不少学者做了很多修正。

然而,在"去中原化"的同时,那些学阀恰恰把精神方面的研究排斥在客家学之外。本来,文化艺术等当是一个民族或族群具有阳春白雪性质的最高标志,是贵族精神的集中表现。20世纪台湾学者就曾这么评价上述的著作:"建构一部诗史,传说神话部分正是族群精神所在。"并不讳言其在海峡对岸引起的轰动。可惜,自从"去中原化"论风行起来,他们也称自己在新世纪观点发生了改变,不再认同了。

学术界深知,早年人类学"其重点系在史前时代与野蛮民族",故有"历史的历史"的之谓,中国一度也放在文化上较落后的区域与民族上。因此,把客家说成土著,古越人或畲族等不能不深受其影响,以批驳早期客家学称客家人乃"中原贵胄"为由,以"草根"(其实,文学未必无草根性)、原生态、本土化来否定,排斥作为阳春白雪的文化艺术、历史哲学,也就顺理成章,更理直气壮了。

殊不知,当今人类学,已经有了城市人类学、文学人类学乃至哲学人类学的高点,这种排斥,才是真正的食古不化了。而大迁徙引起的文化变异、互动、融洽、调节等,同样是文化人类学的重中之重,唯西方理论马首是瞻者,对此是否心有戚戚?

阉割了一个族群的精神,这个族群也就成了徒具躯壳的行尸走肉,也就可以任其摆布了,把死说成是升天,生则是堕落,不死不活反成了超越——历史成了机器人,而且是前智能化的机器人。

当然,这是"去中原化"的必然结果,更是"反汉民族认同"的最终归宿。

当客家人不再是从中原万里长旋而迁徙来南方的,其汉民族身份受到怀疑直至否定。那古老的、一度先进的并仍在更新、进步的中原文化,那历几千年形成高素质、优品格的龙的传人,炎黄子孙之汉族身份,还能剩下什么？客还是客吗？

　　我们不是狭隘的民族主义者，也绝不会认为自己的血统就比他人要高贵，我们坚守"中原说"，不仅仅为的学术底线，更为的是实事求是，尊重历史。

　　太多的伪学问、伪学术，在这个人心浮躁的时代，抓住了鸡毛就当令箭，一举成名为什么权威、大师、泰斗——时下的范例实在已人满为患了。

　　还客家学一片净土吧！

　　让客家学守住自己的根基与灵魂吧！

参考文献

[1] 张卫东. 客家研究 [M]. 上海：同济大学出版社，1989.

[2] 刘丽川. 深圳客家研究 [M]. 海口：南方出版社，2002.

[3] 梁婷. 滨海客家将成为客家研究新课题 [N]. 深圳特区报，2007-12-25.

[4] 闫恩虎. 客商概论 [M]. 上海：文汇出版社，2009.

[5] 谭元亨. 悲悯：宏博的人道主义随笔 [M]. 桂林：广西师范大学出版社，2013.

[6] 谭元亨. 谭元亨文集 [M]. 武汉：长江文艺出版社，2011.

[7] 柳明. 湖上女人 [M]. 北京：作家出版社，2003.

[8] 谭元亨. 客家与华文文学论 [M]. 广州：华南理工大学出版社，2014.

[9] 慈怡. 佛光大辞典 [M]. 北京：北京图书馆出版社，2004.

[10] 李国泰. 梅州客家"香花"研究 [M]. 广州：花城出版社，2005.

[11] 谭元亨. 中国儿童文学：天赋身份的背离 [M]. 哈尔滨：北方文艺出版社，1993.

[12] 谭元亨. 客家魂 [M]. 北京：北京十月文艺出版社，1997.

[13] 谭元亨. 客家圣典：一个大迁徙民系的文化史 [M]. 深圳：海天出版社，1997.

[14] 张铭清. 闽台关系中的客家文化核心竞争力初探 [EB/OL]. (2010-08-13) [2013-02-20] http：//www.fjql.org/xsyj/456.htm.

[15] 项小米. 英雄无语 [M]. 北京：作家出版社，1998.

[16] 张永和. 大山寨 [M]. 福州：福建人民出版社，2011.

[17] 谭元亨. 我是客家人 [M]. 上海：上海文艺出版社，2014.

[18] 赖际熙. 崇正同人系谱 [M]. 香港：香港崇正总会，1995.

[19] 房学嘉. 客家源流探奥 [M]. 广州：广东高等教育出版社，1994.

[20] 王东. 那方山水那方人：客家源流新说 [M]. 上海：华东师范大学出版社，2007.

[21] 吴永章. 客家传统文化概说 [M]. 桂林：广西师范大学出版社，2000.

[22] 陈支平. 客家源流新论 [M]. 南宁：广西教育出版社，1997.

[23] 刘镇发. 客家：误会的历史、历史的误会 [M]. 广州：学术研究杂志社，2001.

[24] 卢斯飞. 客家历史文化纵横谈 [M]. 南宁：广西教育出版社，1992.

[25] 谭元亨. 客家文化史 [M]. 广州：华南理工大学出版社，2009.